Bernhard Becker

Enthüllungen über das tragische Lebensende Ferdinand Lassalle's

und seine Beziehungen zu Helene von Dönniges

Bernhard Becker

Enthüllungen über das tragische Lebensende Ferdinand Lassalle's und seine Beziehungen zu Helene von Dönniges

ISBN/EAN: 9783743316775

Hergestellt in Europa, USA, Kanada, Australien, Japan

Cover: Foto ©ninafisch / pixelio.de

Manufactured and distributed by brebook publishing software (www.brebook.com)

Bernhard Becker

Enthüllungen über das tragische Lebensende Ferdinand Lassalle's und seine Beziehungen zu Helene von Dönniges

Enthüllungen

über das tragische Lebensende

Ferdinand Lassalle's

und seine Beziehungen

zu

Helene von Dönniges.

———

Von

Bernhard Becker.

Neue Bearbeitung.

Nürnberg 1892.
Verlag von Wörlein & Comp.

Druck von Wörlein & Comp., Nürnberg.

An die Leser.

Für die Schrift, oder richtiger die Neubearbeitung, welche wir hiermit herausgeben, gilt im wahrsten Sinne des Wortes das Horazische Nonum prematur in annum — bis ins neunte Jahr soll mit der Veröffentlichung eines Buches gewartet werden. Sogar noch länger als neun Jahre — volle zehn Jahre hat es gedauert, ehe die Veröffentlichung erfolgen konnte. Das Manuskript stammt aus dem Dezember 1881, und einen Monat nachdem es vollendet, tödtete der Verfasser sich — sein Leben war gegenstandslos geworden, seine „Uhr abgelaufen". Er hatte, ehe er zur Pistole griff, noch einmal in der Erinnerung an die einzige Zeit seines Lebens geschwelgt, wo er Dank dem Zufall, der ihn auf die Schultern eines bedeutenden Menschen gehoben hatte, sich der Meinung hingeben konnte, so etwas wie eine geschichtliche Rolle zu spielen. Und aus der Geschichte des Allgemeinen Deutschen Arbeitervereins, die ein Stück der deutschen Arbeiterbewegung ist, kann Bernhard Becker's Name auch nicht entfernt werden.

Wir wollen ihn hier weder als Präsident des Allgemeinen Deutschen Arbeitervereins, noch als Schriftsteller kritisch beurtheilen und kennzeichnen. Rücksichten der Pietät halten uns ab, und außerdem ist es überflüssig.

Schon Jahre vor seinem Tode war Bernhard Becker aus dem politischen Leben geschieden. Mit Parteigenossen verkehrte er nicht — nur mit Fremden und mit einigen Anverwandten, die der Politik ganz fern standen. Bei diesen lebte er — auf einem Dorf in der Nähe von Lützen — und hier suchte er den Tod. Und fast ein Jahrzehnt blieb sein Tod unserer Partei und dem Publikum unbekannt.

Der „Vorwärts", der am 8. Oktober vorigen Jahres
ben Tod Becker's, jedoch ohne Angabe eines Datums gemeldet
hatte, schrieb in seiner Nummer vom 28. Oktober 1891:
„Ueber Bernhard Becker's Tod wird uns mitgetheilt:

„„B. Becker ist schon länger todt, als Sie anzunehmen scheinen. Er hat sich Mitte Januar 1882,
also vor über 9 Jahren, in der Nähe von Lützen erschossen. Theils Nahrungssorgen, theils die Nicht-
erfüllung seiner Pläne mögen ihn in den Tod getrieben haben. Seine letzten Tage brachte er bei
Verwandten zu — er sprach immer von einer geheimen Macht, die alle seine Pläne durchkreuze, und
die ihn noch dazu bringen werde, sich zu erschießen,
da er keine Aenderung der Sachlage sehe. Als er
eines Abends zum Essen abgeholt werden sollte, war
er nicht da — man erfuhr, daß er gegen 4 Uhr
Nachmittags ausgegangen sei. In der Schlafstube
lag seine Taschenuhr und darunter ein Zettel, auf
dem mit Bleistift geschrieben war: „Lieber—. Nimm
nichts für ungut; meine Uhr ist abgelaufen. Grüße
Herrn — und die Lützener. Suche meine Manu-
skripte später zu verkaufen, damit Ihr zu Eurem
Gelde kommt.""

„Selbstmordgedanken hat B. Becker schon in London
gehabt. Wie vollständig er bereits am Schluß seiner
Laufbahn dem politischen Leben entrückt war, wird am
deutlichsten durch die Thatsache offenbart, daß sein Tod
fast zehn Jahre lang unbekannt bleiben konnte." —
So der „Vorwärts".

Später, d. h. nach Verlauf von über 9 Jahren, kam das
Manuskript in unsere Hände. Wenn das Buffon'sche: „Der
Stil ist der Mann", jemals auf Jemand vollste Anwendung ge-
funden hat, dann auf Bernhard Becker, der selbst, wenn er eine
Pose macht und sich ein Air gibt, niemals verfehlt, seine innersten
Gefühle und Gedanken zur Schau zu stellen. Er ist mit sich
selbst so zufrieden, hält sich für einen so bedeutenden Mann,
daß er jede gesellschaftliche Heuchelei verschmäht und die Ver-

pflichtung fühlt, auch die verborgenste Falte seines Herzens
und Hirns dem Auge der Welt offen vorzulegen.

Und was er von Anderen sagt, ist ebenso durchsichtig, wie
was er von sich selbst sagt. Wo er boshaft ist, verfehlt er nie,
die Triebfedern zu enthüllen. Hie und da haben wir allzu
schroffe und ungerechte Aeußerungen gestrichen — jedoch ohne
daß jemals der Sinn des Ganzen dadurch geändert wurde.
Wie Becker über Lassalle, über Helene von Dönniges und die
Gräfin von Hatzfeldt dachte, das tritt in der vorliegenden
Schrift so klar zu Tag, daß auch die von uns weggelassenen
Stellen die Klarheit nicht heller gemacht hätten. Aber einerseits unseren Lesern, andererseits den todten und lebenden Personen, deren Handeln und Leiden in der Schrift beschrieben
werden, glaubten wir es schuldig zu sein, alles cynisch Verletzende
auszumerzen, wozu uns von den Erben Becker's Vollmacht ertheilt worden ist. Namentlich hatten wir manche Bemerkung
über und gegen Lassalle's Geliebte zu streichen, die von Becker
in der ungerechtesten Weise und ohne jegliche Kenntniß des
Frauenherzens behandelt worden ist.

Ehe wir auf den Inhalt der Schrift erläuternd eingehen,
haben wir über die Gründe, welche die Verlagsbuchhandlung
zur Herausgabe bestimmt haben, Einiges vorauszuschicken. Wohl
war die Verlagsbuchhandlung sich bewußt, daß sie durch
Herausgabe dieser Neubearbeitung einer in den Kreisen älterer
Parteigenossen nichts weniger als in gutem Andenken stehenden
Schrift sich Mißdeutungen aussetzen könne. Allein nach reif-
licher Erwägung und nach ernster Besprechung mit bewährten
Genossen mußten die Bedenken hinfällig erscheinen. Die Schrift
ist durch die zahlreichen authentischen Aktenstücke, die sie mittheilt, unzweifelhaft von hohem Werth; sie wirft Licht auf eine
Episode, die für jeden Menschen ein tiefes menschliches Interesse,
und für jeden Sozialdemokraten noch obendrein ein ganz be-
sonderes parteigeschichtliches Interesse hat. Von Indiskretion
konnte die Rede nicht sein. Alle Aktenstücke waren bereits
früher veröffentlicht — nur daß sie den Massen nicht zugäng-
lich waren.

Uebernahm eine sozialdemokratische Buchhandlung den

Verlag nicht, so that es eine andere, uns feindlich gesinnte, die Alles, was ungerecht, scharf und verletzend ist in der Schrift, gelassen und vielleicht noch zugespitzt hätte, während die sozial-demokratische Buchhandlung, indem sie den Verlag übernahm, das Verletzende mildern, das Schiefe gerade stellen und dem Leser die Möglichkeit eines richtigen Urtheils bieten konnte.

Es soll dies nachstehend in knappester Kürze geschehen. Auf Textnoten haben wir verzichtet, da der Leser, wenn zu Anfang genügend orientirt, keines Führers bei der Lektüre bedarf. Alle Textnoten — mit Ausnahmen einiger Verdeutsch-ungen und ausdrücklich als neu bezeichneter Anmerkungen — rühren also von Bernhard Becker her.

Und nun zu dem Drama und den Personen des Dramas.

Drama heißt Handlung. Und unser Drama ist eine Tragödie — eine Tragödie in des Wortes vollster Bedeutung: der Held war ein Held und er ist das Opfer seines eigenen Verschuldens geworden. Verschulden sagen wir — nicht Schuld; der Begriff der Schuld ist ein zu nebelhafter und zu sehr mit religiösen Vorstellungen versetzt, als daß er, ohne zu Mißver-ständnissen Anlaß zu geben, hier gebraucht werden könnte. Und in diesem Fall ist es doppelt nöthig, scharf abgegränzte Ausdrücke zu wählen, da die Ereignisse, welche Lassalle's Tod unmittelbar vorausgingen, bereits nur zu sehr unbewußter und bewußter Legendenbildung verfallen und von einem schimmern-den Sagen-Regenbogen umrahmt sind.

Es ist die Pflicht des Biographen wie des Geschicht-schreibers, die Handlungen und Ereignisse in ihrem organischen Werden zu zeigen — sie nicht auf künstliche sondern auf natürliche Ursachen zurückzuführen. Wer die Weltgeschichte, wie das vor der wissenschaftlichen, den Grund der Dinge suchen-den Geschichtschreibung Mode war, als das mechanische Werk eines himmlischen oder irdischen Willens, als das Erzeugniß göttlicher oder menschlicher Wunder, als den Ausfluß persön-licher Launen, als ein Helden- oder Ränkespiel darstellt, be-weist dadurch seine Unfähigkeit, die waltenden Entwicklungs-gesetze zu begreifen. Und was vom Geschichtschreiber, das gilt selbstverständlich auch von dem Biographen.

Becker steht ganz auf dem Standpunkt jener altmodischen unwissenschaftlichen Geschichtsschreibung. Statt die Tragödie, welche er zu schildern übernommen hat, sich natürlich aufbauen zu lassen, den ursächlichen Zusammenhang der Dinge darzulegen und die Triebfedern des Handelns psychologisch zu erklären, geht er von der Voraussetzung aus, daß Alles das Produkt absichtlicher Berechnung ist, und würdigt so die Tragödie zu einem Intriguenstück herab. Er verwendet seinen ganzen Scharfsinn darauf, den Nachweis zu liefern, daß Lassalle's tragisches Lebensende nicht die psychologisch nothwendige Folge seines eigenen Handelns war, sondern daß es durch die Intriguen und Leidenschaften zweier Frauen und anderer weniger hervortretenden Persönlichkeiten herbeigeführt wurde. Es kann zwar nicht geleugnet werden, daß verschiedene der Personen, welche in dieser Tragödie auftreten, durch ihr Handeln und Nichthandeln zum tragischen Ausgang mitgewirkt haben, allein dieser tragische Ausgang war durch Lassalle selbst, und durch die von ihm geschaffene Lage so vollständig begründet, daß das Einwirken äußerer Einflüsse ganz unwesentlich erscheinen muß.

Versetzen wir uns in die Zeit, wo die Tragödie beginnt.

Lassalle hatte, trotz des Abmahnens seiner ältesten und erfahrensten Parteifreunde und im Widerspruch mit den Anschauungen, denen er als wissenschaftlicher und revolutionärer Sozialist selber huldigte, in kühner Ueberschätzung seiner persönlichen Kraft den Entschluß gefaßt, den Kampf zwischen dem absolutistischen Junker Bismarck und der fortschrittlichen Bourgeoisie zur Bildung einer neuen Partei zu benützen, die sowohl Bismarck als die Fortschrittspartei im Sturm von der politischen Bühne wegfegen und eine sozialistische Gesellschaftsordnung, so wie er sie sich dachte, aufrichten sollte. Durch seine Beziehungen zur Gräfin Hatzfeldt war er zu Bismarck in ein näheres Verhältniß gebracht worden, das als ein Abfall von seiner demokratischen Vergangenheit zu betrachten sein würde, wenn nicht die felsenfeste Ueberzeugung bei Lassalle bestanden hätte, daß in seiner Titanenhand Bismarck nur eine Puppe sei, die er nach Belieben könne tanzen lassen und nach Belieben hinwerfen. „Bismarck ist nur mein Bevollmächtigter" schrieb er in genialischem Kraftgefühl, und

„wer mit mir Kirschen ißt, bekommt die Steine". Das Kirschen=
essen mit Bismarck war gemeint, der damals im „Konflikt"
mit der fortschrittlichen Kammermehrheit stand und nach Bona=
parte'schem Muster den Plan gefaßt hatte, den Liberalismus
des Bürgerthums durch das „rothe Gespenst" zu bändigen.

Lassalle hatte von Haus aus ein außerordentlich hohes
Selbstgefühl — wir erinnern an den oft zitirten Brief
Heine's. Und die Gesellschaft — eine eigenthümliche, sehr
gemischte, einen ziemlichen Prozentsatz weiblicher und männ=
licher Demimonde enthaltende Gesellschaft, — in welche
ihn sein Verhältniß zur Gräfin Hatzfeldt brachte, — hatte
es planmäßig darauf angelegt, dem für Schmeichelei so
empfänglichen Lassalle auf's Uebertriebenste zu schmeicheln, wo=
durch sein ohnehin ungewöhnlich starkes Selbstgefühl noch be=
trächtlich gesteigert wurde. Die Gräfin Hatzfeldt, die seine
Schwäche wohl kannte, richtete ihm einen förmlichen Hofstaat
ein, der mit Lassalle einen byzantinischen Heroen=Kultus trieb.
So hoffte sie eine Abnahme ihres Einflusses zu verhindern,
und den eingefangenen „Adler" für immer in ihren Zauber=
kreis einzubannen.

Aus vielen der Briefe, die in dieser Schrift mitgetheilt
werden, weht uns die ungesunde, überhitzte Atmosphäre der
Schmeichelei und Personenvergötterung entgegen, in der Lassalle
Jahre lang gelebt hat — sicher nicht zu seinem Vortheil, das muß
ausgesprochen werden. Wir sind nicht da, um Schönfärberei
zu treiben, unsere Pflicht ist es, wahr zu sein. Die Wahr=
heit sind wir uns selbst, der Partei und Lassalle schuldig.

Eine ungesunde und wunderbare Atmosphäre. Aristo=
kratischer Hautgoût und jakobinischer Clubdunst. Unvergeßlich
wird den Theilnehmern eine Szene aus der Faschingszeit 1864
sein — der letzten, die Lassalle erlebt. Es war ein Ver=
gnügungs=Abend der Berliner Mitgliedschaft des Allgemeinen
Deutschen Arbeitervereins, und die Gesellschaft in stark ge=
hobener Stimmung. Ein Theil der Anwesenden trug blut=
rothe Jakobinermützen mit blutrothen Cokarden. Die be=
geistertsten Reden und Trinksprüche ertönten — und mitten
unter den Hochrufen und Toasten auf den Sieg der guten

Sache, und auf die rothe Republik und die „kommende gute Zeit"
(the good time coming) — Hochrufe, ernste, leidenschaftliche
Hochrufe auf Bismarck, den kommenden Mann! — Ein
Freund, den Lassalle an jenem Abend eingeführt hatte, rieb
sich die Augen und fragte erstaunt: Das ist doch kein Karneval
mehr — sind wir in einem Narrenhaus? Lassalle, der gar
nicht erstaunt war, meinte, man dürfe die Worte nicht auf die
Goldwaage legen — und Bismarck werde sehr falsch beurtheilt.

Jedenfalls hat Lassalle ihn nicht richtig beurtheilt.
So sehr er sich selbst überschätzte, so sehr hat er Bismarck
unterschätzt. Nicht dessen geistige Fähigkeiten, die er vielleicht
eher überschätzte, aber die Vortheile, welche dem „Bevollmächtigten" seine Machtstellung und die politische Constellation ver-
lieh. Wer die Elemente und das Wesen der Fortschrittspartei
kühlen Blickes betrachtete — wer die Unmöglichkeit einsah, den
schlummernden Riesen: Proletariat durch einen magischen Sturm-
und Weckruf im Nu zu vollster Kraftäußerung aufzu-
rütteln und in die politische Kampfbahn zu treiben — kurz
wer die vorhandenen Elemente gegenseitig abwog und das
Parallelogramm der Kräfte zu berechnen verstand, der konnte
nicht einen Augenblick zweifeln, daß Bismarck der Herr der
Situation war, und daß der Versuch, ihm durch das mobil
gemachte Proletariat den Sieg über die fortschrittliche Bourgeoisie
erst zu verschaffen und dann wieder aus der Hand zu reißen,
auf eine optimistisch-utopistische Selbsttäuschung hinauslief und
nur mit grausamer Enttäuschung endigen konnte. Lassalle
war kein Praktiker — er war Bismarck gegenüber, trotz seinem
rasch nahenden vierzigsten Jahre, — vor dem, als dem Abschluß
der Jugend, ihm graute, — ein ideal-schwärmerischer Don Carlos.
Und nicht Bismarck war es, der die Steine der gemeinsam
verspeisten Kirschen bekam. Wem Gott ein Amt giebt, dem
giebt er auch Verstand, sagt das Sprichwort, das wie so viele
Sprichwörter in grob hausbackener und scheinbar einfältiger
Form eine tiefe Wahrheit enthält — die Wahrheit, daß der
Besitz der Macht den Instinkt der Macht giebt — den Sinn
und die Fähigkeit der Machterhaltung und Machterweiterung
schärft. Die herrschende Klasse ist deshalb in der Regel der

beherrschten an politischem Verständniß voraus, bis sie
den Glauben an sich verliert, weil ihr in Folge des Waltens
des geschichtlichen Entwicklungsgesetzes die Macht aus den Händen schlüpft.

Also Lassalle war, obgleich er sich für einen vollendeten
Praktiker hielt, der unpraktischste aller Menschen und der
schlechteste Menschenkenner — und Bismarck ein schlauer, mit
allen Hunden gehetzter, vor keinem Mittel zurückschreckender,
geriebener Diplomat und Realpolitiker. Die Parthie war zu
ungleich.

Lassalle half das rothe Gespenst erwecken und die neue
Macht, die er aus dem Boden hervorstampfen wollte, sprang
nicht blitzartig hervor, gerüstet vom Fuß bis zum Scheitel.

Und wenn je von Einem das Wort galt, so galt es von
ihm: er glaubte zu schieben und ward geschoben.

An einem Beispiel tritt das mit überraschender Deutlichkeit
hervor. Wie den meisten der Leser erinnerlich sein wird —
und auch in den nachstehend veröffentlichten Briefen ist wiederholt
davon die Rede —, hatte Lassalle die Absicht, Bismarck zur
Annexion von Schleswig-Holstein zu zwingen, und damit
„auf die Bahn der Revolution zu drängen.“ Dieser Plan,
über den man heute nur kopfschüttelnd lächeln kann, war
Lassalle von Bismarck's Freunden und Creaturen einfach soufflirt
(eingeflüstert) worden. Am Anfang des Jahres 1863, wenn
wir uns nicht irren, — jedenfalls im Laufe des Jahres 1863 —
theilte Lassalle auf einem Spaziergang den merkwürdigen Plan
Liebknecht mit, der verblüfft stehen blieb und Lassalle groß
ansah: „Aber das ist ja Bismarck's Plan; er hat ihn fix
und fertig gleich anderen Plänen mit ins Ministerium gebracht.“
Lassalle war nicht zu überzeugen, obgleich Liebknecht, der in
der Redaktionsstube der „Norddeutschen Allgemeinen“ hinter
die Coulissen gesehen hatte, sich die denkbar größte Mühe gab,
ihm die Binde von den Augen zu entfernen.

Es kam, was kommen mußte.

Trotz titanischer Anstrengungen mißlang die Gründung
einer großen sozialistischen Arbeiterpartei; der Allgemeine
Deutsche Arbeiterverein blieb ein schwächliches Pflänzchen —

der Boden war noch nicht genügend bestellt — und konnte auch dem sanguinischsten Optimismus nicht als ernsthafter Machtfaktor erscheinen. Mittlerweile war Lassalle zu den alten Freunden, die ihn vergebens gewarnt hatten, mehr und mehr in Gegensatz gekommen — die Kluft erweiterte sich von Tag zu Tag — und, obgleich die Gräfin Hatzfeldt den Bruch wünschte, so sträubte sich gegen ihn doch die revolutionäre Natur Lassalle's, die auch in der ungesundesten Atmosphäre nicht erstickt werden konnte. Doch einer Entscheidung war nicht auszuweichen. Fuhr Lassalle auf dem Wege seiner Opportunitäts-Politik fort, so war der Bruch mit den alten Freunden unvermeidlich: Wollte er den Bruch vermeiden, so hatte er seinen Irrthum einzugestehen und in andere Bahnen einzulenken. Ein Drittes gab's nicht.

Im Herbst 1864 sollte eine Conferenz stattfinden. Und die Conferenz bedeutete: Widerruf und Rückzug, oder Kampf auf Leben und Tod mit den alten Freunden. Und der Bruch mit ihnen war der Bruch mit der Revolution und mit der Sozialdemokratie — statt daß Bismarck der „Bevollmächtigte" Lassalle's geworden wäre, war Lassalle der „Bevollmächtigte" Bismarck's.

Die weiteren Einzelheiten gehören nicht hierher. Genug, die Situation war so klar, daß keine Täuschung mehr möglich. Lassalle's Aufregung war unbeschreiblich. Er hatte sich furchtbar überarbeitet, seine Nerven waren zerrüttet, — sollte er, der stolze „Adler", gestehen, daß er kurzsichtig gewesen, daß er sich in all seinen Berechnungen geirrt, daß sein politisches Spiel verloren war? Oder sollte er sich loslösen von seiner Vergangenheit, seiner innersten Natur, seinen Freunden und fortfahren auf dem bisherigen Wege — als Adjutant Bismarck's? Kein Drittes.

Ja doch — die Flucht aus der unerträglich gewordenen Lage, — die Flucht — ins Ausland — der Rückzug ins Privatleben — fern von der Welt und fern von dem tosenden Kampf der Zeit in irgend einem schönen Erdenwinkel sich ausruhen! Nur fort und sich ausruhen! — Der Gedanke beherrschte ihn. Er kehrt wieder und wieder.

Da taucht eines Tags das Bild eines schönen bestricken=
den Weibs auf. Helene von Dönniges kommt auf die Bühne.
Laffalle — ein Roué mehr dem Scheine nach als in Wirklich=
keit, fast wie Fauft unerfahren im Verkehr mit Frauen, wird
hingeriffen, lodert auf in Leidenschaft, seine Sinne sind ent=
flammt — sie soll sein Schicksal theilen. Die Zukunftsbilder
wechseln kaleidoskopisch: jetzt die Palme des Siegers — Helene
die Königin des Triumphators — jetzt irgend ein paradiesischer
Erdenwinkel, weit weit von dem Kampfplatz, und sie an seiner
Seite. —

Laffalle reist in die Schweiz. Die Tragödie beginnt.
Und alles entwickelt sich so natürlich, daß es keines Fadens
bedarf, der durch das Labyrinth hindurch leitet.

Die Ereigniffe sprechen für sich. Die Briefe und Depeschen,
welche dem Leser vorgelegt sind, erzählen mit erschütternder
Lebendigkeit die Leidensgeschichte. Was Becker erläuternd be=
merkt, ist meist überflüffig und — soweit nicht überflüffig —
falsch. Die Intriguen, die er aufdecken will, sind nur in
seinem Kopfe gesponnen.

Gegeben Laffalle, gegeben die Verhältniffe — mußten
die Dinge so enden, wie sie geendet haben. Der Abschluß
war eine Nothwendigkeit.

Die Ruhe, die Laffalle suchte, er fand sie. Jedoch nicht
in einem blumigen Eden — im Grab. Die Dinge gestalteten
sich so, daß nur eine tragische Lösung des Conflikts möglich
war. Laffalle mußte von der Bühne abtreten, und er mußte
sterben. Das Duell mit Racowitz war ein indirekter Selbst=
mord, der ihn vor dem Dilemma: Widerruf und Umkehr
oder Verrath rettete. Er wollte sterben.

Becker tadelt die Rüstow und Genoffen, daß sie nichts
gethan, um das Duell zu verhindern. Nun — Rüstow stak
selber noch selbst in dem Duellglauben; und die Anderen
wurden durch die mächtige Persönlichkeit Laffalle's gelähmt,
wie hypnotisirt. — —

Was Becker's Urtheil über Helene von Dönniges und
die Gräfin Hatzfeldt betrifft, so ist es von ungerechtester und
beschränktester Einseitigkeit. Helene war selbst ein Opfer,

und daß sie es wurde, daß sie von Lassalle konnte weggerissen werden, das war einzig Lassalle's Schuld. Sie gab sich ihm, sie handelte ächt weiblich, und er, der sich auf das Frauenherz noch weniger verstand als auf Männercharaktere, versäumte den „psychologischen Moment", und stieß in kleinlichem Calcul das Weib von sich, das sich rückhaltlos für seine „Sache" erklärt hatte. Solches vergißt kein Weib.

That Lassalle, was jeder Mann mit seinen gesunden fünf Sinnen in dieser Lage gethan hätte — setzte er sich in eine Droschke mit ihr, fuhr er nach Frankreich hinüber, und machte er die Geliebte zu seiner Frau — dann endete Alles in Wohlgefallen und untadeliger Ehrbarkeit. Es setzte sich seiner Verheirathung mit Helene überhaupt kein ernsthaftes Hinderniß entgegen. Jeder Mann mit seinen fünf gesunden Sinnen wäre der vorhandenen Hindernisse spielend Herr geworden. Aber Lassalle war nicht in normalem Zustand, er war wund, krank, nicht zurechnungsfähig, das Wort muß heraus. —

Kaum minder ungerecht sind die Angriffe Becker's auf die Gräfin Hatzfeldt. Sie hat gewiß keinen günstigen Einfluß auf Lassalle ausgeübt, und es wäre sicherlich besser für ihn gewesen, er hätte sie nie kennen gelernt. Aber sie hing an Lassalle mit so glühender, ausschließlicher Liebe und Freundschaft, daß die Größe und Tiefe dieser Leidenschaft uns Achtung abringt. —

Den braven Johann Philipp Becker brauchen wir gegen die albernen Verunglimpfungen seines Namensvetters nicht in Schutz zu nehmen.

Liebknecht, der wiederholt — meist hämisch — in der Schrift erwähnt ist, hat nicht, wie der überaus mißtrauische „Nachfolger Lassalle's" meint, gegen ihn intriguirt. Er entschloß sich nur auf das flehentliche Bitten der Gräfin Hatzfeldt — die sich in ihrer Ekstase buchstäblich vor ihm auf die Knie warf — ihr bei Herausgabe der Aktenstücke behilflich zu sein — jedoch nur unter der Bedingung, daß keine cäsaristisch-demagogische Tendenzpolitik und kein persönlicher Klatsch eingeschmuggelt werde. Das Versprechen ward nicht gehalten, Liebknecht zog sich zurück und wurde nun von der Gräfin mit grimmigem Haß beehrt. „Sie wissen, ich bin reich! Ich werde Alles dran setzen, um Sie

zu vernichten!" war ihr Abschiedswort, dem Liebknecht ein
lächelndes: „Nun, so thun Sie Ihr Bestes!" entgegensetzte.
Sie hat redlich Wort gehalten, — sie war eine gute Hasserin,
wie alle Frauen, die gut lieben. Angegriffen hat er sie niemals.

Becker's Haß gegen die Gräfin Hatzfeldt war ebenso
unbegründet, wie sein Haß gegen Liebknecht. Dieser hatte
genau dieselbe Absicht, welche Becker gehabt zu haben behauptet
und zweifellos auch gehabt hat: den Allgemeinen Deutschen Arbeiterverein in ein demokratisches Fahrwasser zu bringen und den
Händen Schweitzer's zu entreißen. Statt mit Liebknecht gemeinsame
Sache zu machen, erklärte Becker ihm den Krieg, und hatte
dabei kein Glück. Marx und Liebknecht waren ihm der Aus-
bund aller Niedertracht und Bosheit — er wähnte sich stets von
ihnen verfolgt.

Die Aechtheit der in dieser Schrift mitgetheilten Briefe
und Depeschen wird — das sei beiläufig erwähnt — von Liebknecht, in dessen Händen sie 1864 und 1865 sich alle befunden,
formell bestätigt.

Was Becker über seine eigenen Handlungen und Thaten
zu berichten weiß, trägt die Kritik an der Stirn. Wenn er
uns erzählt, wie er „die Bewegung in Oesterreich entzündete",
so gönnen wir ihm die harmlose Einbildung; und für die
Angaben über die Stärke des Allgemeinen Deutschen Arbeitervereins können wir nur dankbar sein, weil die Vergleiche mit
der Gegenwart durch den schlagenden Contrast das gewaltige
Wachsthum unserer Partei uns so recht anschaulich machen. Damals
ein winziges Häuflein — jetzt die stärkste Partei Deutschlands!

Weiteres haben wir nicht zu sagen. Wir wiederholen:
Alles was aus dem einen oder anderen Grund von unserem
Parteigesichtspunkte uns anstößig war, haben wir nach bestem
Können und Ermessen aus der Schrift entfernt oder doch
nach Möglichkeit gemildert. Wir konnten aber die ganze Schrift
nicht umschreiben — sie hat bis zu einem gewissen Grad ein
archivalisches und ein historisches Interesse, und wir hatten
kein Recht, dem Verfasser einen gefälschten Text unterzulegen.

So ist Manches geblieben, was wir, und mit uns Viele,
lieber wegwünschen würden. Dieses unser Vorwort genügt

indeß, um den Leser vor ungerechter Beurtheilung der Menschen und Dinge zu bewahren. Die deutsche Arbeiterwelt muß die Wahrheit über Lassalle's Lebensende kennen. Die Legende, an die noch so Viele glauben, muß zerstört werden. Vor der historischen Wahrheit erlischt jeder Heiligenschein. Lassalle steht in dieser Schrift nicht da als Heiliger, sondern als Mensch. Und die Schwächen, welche der Mensch Lassalle gezeigt, die Fehler, welche er begangen hat, die Verirrungen, zu denen er hingerissen worden — nichts wird der deutschen Arbeiterwelt aus dem Gedächtniß und aus dem Herzen reißen, was Lassalle für die deutsche Arbeiterbewegung gethan hat und was er für sie gewesen ist — nichts wird die deutsche Arbeiterwelt vergessen machen, daß, wenn sie heute an der Spitze der internationalen Arbeiterbewegung marschirt, dies in erster Linie das Verdienst zweier Männer ist, von denen der eine Carl Marx heißt und der andere Ferdinand Lassalle.

Wir können es nicht billigen, daß Lassalles Schwächen benutzt werden, um ihn mäkelnd zu verkleinern. Doch die Wahrheit darf der Welt nicht vorenthalten werden. Sie mindert nicht die Verehrung, sie zerstört nur den Götzendienst.

Ende März 1892.

Verleger und Herausgeber.

Vorwort
zur Neubearbeitung des Buchs.

———

Nachdem die ursprüngliche Ausgabe der „Enthüllungen über Lassalle's Lebensende" 1868 bei ihrer zweiten Auflage durch ein Zerwürfniß mit meinem Herrn Verleger plötzlich unterbrochen worden war, wurden dieselben fortwährend im Buchhandel begehrt und an mich namentlich in der neueren Zeit mehrfache Aufforderungen gerichtet, daß ich eine neubearbeitete Ausgabe veranstalten möchte. Diesem Verlangen wird hiermit von mir entsprochen.

Da ich in der die Geschichte des Buches enthaltenden Einleitung Aufschluß über den Grund der 1868 eingetretenen plötzlichen Unterbrechung meiner damaligen Veröffentlichung gebe, beschränke ich mich hier lediglich darauf, kurz anzugeben, was in der Neubearbeitung von der ursprünglichen Ausgabe geblieben, was weggelassen und was hinzugekommen ist.

Geblieben ist die ganze Darstellung des eigentlichen Drama's, welches mit Lassalle's Eintreffen auf Rigi-Kaltbad den 20. Juli 1864 beginnt und mit den zu seinem Andenken im folgenden September in Deutschland veranstalteten Todtenfeiern endet. Die Richtigkeit meiner Darstellung des Drama's hat von keiner Seite bemängelt, die Echtheit der von mir veröffentlichen Dokumente nicht angefochten werden können. Auch Frau von Racowitza hat die wenigen Briefe, die sie, freilich sehr verkürzt, in ihrem Buche über ihre Beziehungen zu Ferdinand Lassalle wiedergibt und für echt anerkennt, meinen „Enthüllungen" entlehnt, indem sie ausdrücklich sagt, daß sie keine Briefe aus jener Zeit mehr besaß. Sie citirt mich in folgender, auf Seite 166 ihres Buches stehender Stelle:

1

„Was wird er (Laſſalle) nun thun, um das wahr zu machen? Und was hat er ſo lange — in dieſer endloſen Abweſenheit gethan? —

„Letzteres erfuhr ich erſt Jahre nachher, als ich durch Zufall einmal das Becker'ſche Buch in die Hände bekam."

In der Neubearbeitung habe ich Alles, was in der ur- ſprünglichen Ausgabe als von der Laſſalle'ſchen Arbeiter- Agitation angehaucht erſcheinen konnte, weggelaſſen oder ge- ſtrichen. Dieſer Wegfall bildete in der urſprünglichen Ausgabe die Seiten 1—22 und 126—137. Im Ganzen ſind auf dieſe Weiſe etwas mehr als zwei volle Druckbogen geſtrichen worden. Durch ſolche ſtrupulöſe Ausſcheidung liefere ich den Beweis, daß es mir nur um die geſchichtliche Klarlegung des Drama's, in welchem die Hauptperſon unterging, zu thun iſt. Was habe ich nun neu hinzugefügt?

Abgeſehen von der die nicht unintereſſante Geſchichte der urſprünglichen Ausgabe erzählenden Einleitung und von einigen hier und da angebrachten theils erläuternden, theils kritiſchen Anmerkungen, zerfällt das Hinzugekommene in zwei Theile.

Einmal nämlich habe ich nicht umhin gekonnt, dem ſchon erwähnten Buche der Frau Helene von Racowitza, geborenen von Dönniges, inſofern Berückſichtigung zu ſchenken, als das- ſelbe zur Erklärung der Laſſalle'ſchen Liebes-Kataſtrophe wirk- lich beiträgt. Hierher iſt zu rechnen Alles, was

1) das einſtige Fräulein von Dönniges über ihre Er- ziehung und über ihre Liebeshändel ſeit ihrem zwölften Lebensjahre, reſpektive über ihre Verachtung derjenigen „Begriffe, die in nordiſcheren Kreiſen als Moral gelten", ſowie über ihr „Wiegen im Sonnenſchein, Ballblumen- und Meerfahrtenduft";

2) was ſie über ihren zweiten Aufenthalt in Berlin, wo ſie Ferdinand Laſſalle kennen lernte;

3) was ſie über ihren Umgang und ihr Selbſtverlöbniß mit Laſſalle in der Schweiz, und

4) was ſie über die Schluß-Kataſtrophe mittheilt.

Das Buch der Frau von Racowitza gibt ſomit in ge- ſchichtlicher Hinſicht allerdings nützliche Aufhellungen und dient meiner früheren Veröffentlichung als Ergänzung. Da es aber vorwiegend feuilletoniſtiſcher Natur iſt, ſich nicht an Genauig- keit bezüglich der Zeit- und Ortsangaben bindet und obendrein

von der sehr natürlichen, wohl hauptsächlich unbewußten Ten-
benz beherrscht wird, die Vorgänge im rosigen Lichte der Verfasserin, d. h. vorwiegend zu ihren Gunsten, erscheinen zu
lassen, konnte ich die aus ihrem Buche angeführten Stellen
nicht anders bringen, als unter Anwendung eines streng kritischen
Maßstabs. Hätte ich die kritische Sonde nicht angewendet, so
würde die geschichtliche Wahrheit beeinträchtigt worden sein.
Im Uebrigen stimme ich der Verfasserin zu, wenn sie ihr Buch
mit den Worten der Frau von Staël schließt: Tout comprendre c'est tout pardonner. *)

Der andere Theil des in der Neubearbeitung Hinzuge-
kommenen soll dazu dienen, mein Verhältniß zu zwei Haupt-
personen des Dramas, zu Lassalle und zur Gräfin Hatzfeldt,
etwas näher zu präzisiren. Das gilt besonders vom Schluß-
Capitel, in welchem ich einige in der Presse verbreitete Irrthümer über meine Beziehung zur Gräfin Hatzfeldt und über
meinen Rücktritt vom Präsidium des Allgemeinen Deutschen
Arbeiter-Vereins berichtigt habe.

Was den Nutzen meiner Neubearbeitung im Allgemeinen
anbetrifft, so wird jeder Gebildete, wie immer auch derselbe
die Arbeiter-Agitation aus den Jahren 1863—1864 beurtheilen
mag, doch Lassalle als einen so hervorragenden, der deutschen
Geschichte und Litteratur bleibend einverleibten Mann aner-
kennen, daß der erneuten Darstellung des Lebensendes eines
solchen Mannes ein historischer Werth einzuräumen ist, während
sie dem großen Publikum durch den fast romanhaften, aber
durchaus echten Inhalt der Briefe und Handlungen dieser Liebes-
Tragödie eine anziehende Lektüre gewährt.

Berlin, im Dezember 1881.**)

Bernhard Becker.

---

*) Alles begreifen, heißt Alles verzeihen,
**) Das Datum ward im Manuskript nachträglich durchstrichen
(Note des Herausgebers.)

Vorwort.
zur Schweizer Ausgabe von 1868.

Unmittelbar nach dem Tode Laſſalle's ſollte eine ähnliche Broſchüre, wie die hiermit veröffentlichte, dem Druck übergeben werden. Zu dieſem Behufe wurden die ſämmtlichen auf den Untergang des großen Agitators bezüglichen Dokumente geſammelt, geordnet und auf dem Zimmer der Gräfin Hatzfeldt (im Hotel Windſor zu Berlin) in Abſchrift genommen. Außer einem Schreiber waren gelegentlich mit dem Copiren: der Berliner Verlagsbuchhändler Reinhold Schlingmann, der damalige Sekretär des Allgemeinen deutſchen Arbeitervereins Eduard Willms aus Solingen, der Journaliſt Wilhelm Liebknecht aus dem Großherzogthum Heſſen und ich beſchäftigt. Auch die Herren J. B. von Schweitzer und J. B. von Hofſtetten nahmen Einſicht in die betreffenden Dokumente, die ſomit vielen Perſonen bekannt wurden. Mit der Ausarbeitung der Schrift über die letzten Lebenstage Laſſalle's war zuerſt von der Gräfin Hatzfeldt der preußiſche Miniſterialrath Lothar Bucher betraut worden.*) Als er der Gräfin aber ein Stück Manuſkript, welches die Einleitung enthielt, zugeſtellt hatte, beſchloß ſie nach Prüfung dieſer Probe, Herrn Bucher die Aktenſtücke nicht zu übergeben. Darauf gerieth die Gräfin Hatzfeldt auf den Gedanken, bei Karl Marx in London anzufragen, ob er in Anbetracht, daß er mit Laſſalle eine Zeitlang befreundet geweſen war, ſich der Arbeit unterziehen wollte. Allein Karl Marx hatte keine — Zeit dazu. Endlich wandte ſich die Gräfin an mich und übergab mir die ſämmtlichen Aktenſtücke. Ich willigte ein, die Broſchüre zu ſchreiben. Doch war mir ſofort klar, daß die genannnte Dame, weil ſie in

---

*) Herr Bucher wurde ſpäter wirklicher geheimer Legationsrath.

dem zu beschreibenden Drama eine hervorragende Rolle gespielt
hatte, auf meine Darstellung nicht den mindesten Einfluß aus-
üben durfte. Nachdem ich daher aus Vorsicht die sämmtlichen
Dokumente nochmals kopirt hatte, arbeitete ich ganz selbstständig
an der projektirten Broschüre, ohne irgendwie die Gräfin Hatzfeldt zuzuziehen, gleichwie ich sie als Präsident des Allgemeinen
deutschen Arbeitervereins niemals zu Rathe zog. Leider verdiente ich mir durch meine Selbstständigkeit, weil die Gnädige
unbedingt herrschen wollte, ihren tiefen Groll und Zorn. Sie
verständigte sich nun insgeheim mit dem damals bei ihr hoch
in Gunst stehenden Journalisten Wilhelm Liebknecht und schickte
mir eines Abends auf mein Zimmer durch ihre langjährige
Freundin Esser aus Düsseldorf, die als Kammerzofe bei ihr
fungirte, ein Zettelchen, worauf geschrieben stand: „Lieber
Becker! Uebergeben Sie Frau Esser die Briefe. Ich will
noch einige dazu heraussuchen." Demgemäß stellte ich die
Dokumente zurück, hatte aber die genauen Abschriften. Wie
ich vermuthet hatte, übergab die Gräfin die mir abgeforderten
Dokumente ihrem damaligen Freunde W. Liebknecht und arbeitete
mit ihm gemeinsam an der unglücklichen Broschüre, die beim
Buchhändler Reinhold Schlingmann nach dem von mir mit
ihm abgeschlossenen Contrakte verlegt wurde, beziehentlich verlegt werden sollte. Unterdessen hatte ich die Dame hinlänglich
kennen gelernt, um mich von ihr fernzuhalten. Ich wohnte
wieder in Frankfurt am Main und ließ mich durch Nichts bewegen, zunächst meinen Wohnsitz wieder in Berlin zu nehmen.
Aber auch Wilhelm Liebknecht sollte die Broschüre nicht vollenden.
Zwar machte er mit der Gräfin vierzehn volle, von dem Lobe
und Preise Sophiens von Hatzfeldt strotzende Druckbogen fertig;
allein aus irgend welchen Ursachen trat plötzlich ein Stocken in
der Freundschaft und im gemeinschaftlichen Autorengeschäft
ein. Die Eintracht zwischen Liebknecht und Sophien von
Hatzfeldt verwandelte sich in Zwietracht und Hader. Der
Buchhändler Schlingmann, der anfangs nicht schnell genug
hatte drucken lassen können, wurde endlich, weil ihm kein
Manuskript mehr geliefert wurde, der Verzögerung und des
langen Wartens überdrüssig: weßhalb er auf meinen Rath,
um zu seinen Kosten zu gelangen, einen kurzen Schluß
über die Todtenfeier an die schon beinahe fertige Broschüre
unter der Rubrik: „Ende" auf Seite 226 anfügte und die
Schrift der Oeffentlichkeit zu übergeben Miene machte. Jetzt

leiſtete die Gräfin Hatzfeldt Herrn Buchhändler Schlingmann
Schadenerſatz, faßte den lobenswerthen Beſchluß, die Schrift
nicht zu veröffentlichen, und nahm die ſämmtlichen Exemplare,
welche bereits broſchürt worden waren, an ſich, um ſie als
geheimen Schatz aufzubewahren. Nur einem auserleſenen
Kreiſe wurden davon Exemplare zugeſtellt und wenigſtens in
dieſem kleinen Zirkel Gemeingut. Da auch mir zufällig ein
ſolches Exemplar in die Hände gerieth, ſo kann ich ſelbiges,
abgeſehen von den durch mich angefertigten Abſchriften, nöthigen=
falls zum Beweiſe der Echtheit der meiner Darſtellung zu
Grunde gelegten Dokumente produziren. Doch für die Echt=
heit meiner Belege bürgt noch folgender Umſtand. Es ſpielen
in dem Drama, das mit dem Untergange Laſſalle's endigte,
eine Menge Perſonen: zwei Generäle, ein Ritter des militä=
riſchen Ordens von Savoyen, ein Oberſt der badiſchen Inſur=
rektion, zwei Notare, ein Biſchof, ein bayeriſcher Miniſter der
auswärtigen Angelegenheiten, ein bayeriſcher Geſchäftsträger
nebſt Familie, ein Berliner Rechtsanwalt, ein Graf, ein Mit=
arbeiter der Monumenta Germaniae historica, ein Baron
u. ſ. w., u. ſ. w. Dieſe Alle müſſen wiſſen, ob Das wahr
iſt, was in dem hiermit von mir der Oeffentlichkeit übergebenen
Buche ſteht. Endlich muß Herr Liebknecht kennen, ob die Be=
weisſtücke in der von ihm mit der Gräfin Hatzfeldt gemeinſam
angefertigten und zuletzt ins Stocken gerathenen Schrift, die
als gedruckte Broſchüre in meinem Beſitze iſt, enthalten waren
oder nicht. Desgleichen muß Herr Schlingmann als Verleger
jener Broſchüre die Echtheit der von mir benutzten Dokumente
bezeugen können. Außerdem können Herr F. Hoffſchläger in
Berlin, der den Druck beſorgte, ſowie die bei der Arbeit ver=
wendeten Setzer und Druckergehilfen Zeugniß ablegen. Die
Broſchüre war betitelt: „Ferdinand Laſſalle. Dokumen=
tariſche Darſtellung ſeiner letzten Lebenstage. Von Augen=
zeugen und Freunden. Berlin 1865, 8°, Verlag von Reinhold
Schlingmann." Was endlich die Telegramme anbelangt, ſo ſind
ſelbige jedenfalls auch gebucht worden. Wie ſchon bemerkt,
waren mir (Oktober 1864) die fraglichen Dokumente von der
Gräfin Hatzfeldt zu dem Zwecke übergeben worden, daß ich
dieſelben in einer Broſchüre zuſammenſtellen und der Oeffent=
lichkeit übergeben ſollte. Obſchon mir die Gräfin durch ihre
Buſenfreundin Eſſer die Dokumente, von denen ich vorſorglich
ſogleich nochmals Abſchrift nahm, wieder abverlangte, ſo zog

sie doch nicht den mir ertheilten Auftrag der Veröffentlichung derselben zurück, sondern ließ im Gegentheil die Dokumente nur holen unter dem ausdrücklichen schriftlichen Bemerken, daß sie noch einige weitere Stücke heraussuchen wollte. Ich bin also auch in sofern zur Veröffentlichung vollkommen berechtigt und vollziehe gegenwärtig den mir im Herbste 1864 ertheilten Auftrag der erlauchten Dame. Es sollte mir Leid thun, wenn ihr die Unparteilichkeit meiner Darstellung etwa nicht ganz behagt. Lassalle ist ein der neuesten Geschichte angehöriger Mann, ein Mann der Oeffentlichkeit. Das Publikum überhaupt, dann aber insbesondere die socialdemokratische Partei, müssen endlich vollständig erfahren, auf welche Weise er sein unzeitiges Ende gefunden hat. Indem ich die Aktenstücke selber sprechen lasse, wird nicht nur der geehrte Leser einen bessern Begriff von dem innern Zusammenhange der Vorgänge erhalten, sondern auch in das Seelenleben und in den Charakter Lassalle's einen tiefen Einblick zu thun im Stande sein. Wenn ich die Gräfin Hatzfeldt nicht mit jener zarten Rücksicht behandle, welche man sonst aus Convenienz gegen gebildete Damen zu beobachten pflegt, so muß ich dem geehrten Leser, der sich vielleicht über den Mangel an Galanterie wundert, die Gründe hierfür angeben. Ich glaubte nämlich einer jeden solchen Rücksichtnahme, die für ein historisches Buch nicht paßt, um so mehr enthoben zu sein, als erstens eine übel angebrachte Schonung die Wahrheit der Darstellung beeinträchtigt haben würde, zweitens aber auch die Gräfin Hatzfeldt zu den Emanzipirten gehört, die sich wie Männer gebärden und wie Männer behandelt sein wollen, und als endlich drittens die in Rede stehende, dem preußischen hohen Adel angehörende Dame, weil ich die Arbeiterbewegung nicht von dem Junkerthume ins Schlepptau nehmen ließ, mich durch ihre bezahlten Kreaturen und Lieblinge auf die gemeinste Weise verunglimpft hat. Ich zitire schließlich ihre eignen Worte, indem ich sage: „Wir sind es aber dem Opfer dieser Intriguen, unserm Freund Lassalle, und sogar Herrn von Dönniges selber schuldig; denn das volle Maß der Verantwortung und ein gerechtes Urtheil muß Jedem, der bei diesem Trauerspiel betheiligt war, gesichert werden." (Seiten 192—193 der oben erwähnten Broschüre.)

Wien, den 5. April 1868.

Bernhard Becker.

Einleitung.

Ein alter Erfahrungsſatz ſagt, daß Bücher ihre beſondere
Geſchichte haben. Da auch das gegenwärtige Buch eine, wie
mir ſcheint, nicht unintereſſante Geſchichte aufzuweiſen hat, ſei
mir geſtattet, dieſelbe zu erzählen.

Hauptſächlich, um in der unmittelbaren Nähe meines
Wiener Verlegers Pichler, bei dem ich eine Schrift über den
„Mißbrauch der Nationalitäten=Lehre" und eine Geſchichte der
gegen die Bewegung von 1848 erfolgten Reaktion veröffentlichte, wegen des Leſens der Korrekturen zu ſein, hielt ich mich
vom Mai 1867 bis zum Juli 1869 in Wien auf. Doch
hatte ich daſelbſt kaum eine Wohnung bezogen, als mir die
dortige Geheim=Polizei eine ganz beſondere Aufmerkſamkeit
widmete. Wie mir meine Hauswirthin mittheilte, hatte ein
ſogenannter „Vertrauter" ein an das meinige anſtoßendes
Zimmer bezogen, um mich genau beobachten zu können, und
zu dem gleichen Zwecke ſaßen den ganzen Tag, bis ſie mir
bei meinen Ausgängen aus dem Hauſe auf Schritt und Tritt
folgen konnten, vier andere ſolche „Vertraute" unten im Zimmer
des Hausmeiſters, der in Wiener Häuſern das nämliche Amt
verrichtet, wie in Paris der concierge. Ferner ſuchte mich
ein alter vielgewandter Polizei=Agent auf, den ich von England her kannte. Derſelbe, der mich 1865 ſchon in Frankfurt
am Main aufgeſucht und mir auch wie durch einen Zufall
1864 in Hamburg begegnet war, hatte ſich in London für
einen ungariſchen Hauptmann ausgegeben, ſpielte aber in Wien
vor mir, bis ich ihn einmal Abends in Polizei=Uniform auf
der Promenade des um die innere Stadt gehenden Ringes er-
blickte, die Rolle eines Profeſſors. Aber nicht genug hiermit.
Bei meinem Verleger Pichler hatte früher mehrere Jahre in
deſſen Hauſe (Margarethenplatz Nr. 2) ein „Vertrauter" der

Geheim-Polizei gewohnt, und dieser erschien jetzt bei ihm, um ihn vor mir zu warnen, indem er zu ihm sagte, daß ich an der Spitze einer sich durch das ganze Europa erstreckenden geheimen Verbindung stände und deßhalb in Wien unter die schärffte Ueberwachung gestellt wäre. Mein Verleger, ein alter biederer Wiener, lachte zuerst über das Polizei-Märchen, ließ sich aber dennoch in der Folge so ängstlich machen, daß ich nichts mehr bei ihm verlegen konnte.

Um mich wegen dieser ungerechten Behandlung und materiellen Schädigung zu rächen, entzündete ich in Wien die Arbeiter-Bewegung, und zwar war ich es, der dem dortigen damaligen Haupt-Agitator Gros die erste durchschlagende Rede ausgearbeitet hatte. Um aber noch speziell den damaligen Minister-Präsidenten zu verwunden, veröffentlichte ich nach meinem Weggange von Wien 1869 ein in der Hübscher'schen Buchhandlung zu Schleiz erschienenes Schriftchen: „Herr von Beust, der große Regenerator Sachsens und Oesterreichs." Dieses Schriftchen hat in Oesterreich eine große Verbreitung gefunden. Der obenerwähnte Professor der Geheimpolizei bestrebte sich vergebens, mich in Verbindung mit einer Wiener schönen Lustdirne zu setzen, um mich desto bequemer aushorchen zu können. Als dies nicht gelungen war, kam ich dennoch auf einige Zeit in Verbindung mit einer Wiener Dame, die mir durch einen österreichischen Offizier eine Einladung zuschickte. Diese Dame, deren Einladung ich nicht ausschlug, war keine andere, als die Schwester Ferdinand Lassalle's, die damalige Frau des Barons von Friedland. Dieselbe war damals mit ihrem Herrn Gemahl, der vor Austrag der Sache starb, in einem Ehescheidungsprozeß begriffen. Sie bestätigte mir, was ich schon wußte, daß ihr Bruder Ferdinand Lassalle mit ihr in der letzten Zeit seines Lebens verfeindet gewesen war und deßhalb auch in seinem Testament sie gar nicht erwähnt, geschweige denn bedacht hatte. Ich hebe hier diesen Punkt hervor, weil er in grellem Widerspruch steht zu einer Versicherung, welche Madame von Racowitza, geborene von Dönniges, in ihrem Buche: „Meine Beziehungen zu Ferdinand Lassalle", vorgebracht hat, dahin lautend, daß Lassalle seine Mutter und Schwester habe nach Genf kommen lassen wollen, um bei ihnen das Fräulein von Dönniges einstweilen, bis die Heiraths-Angelegenheit geregelt worden wäre, sicher unterzubringen. Mit Lassalle's Schwester brach ich allen Verkehr ab, als sie mir eines Tages erzählte, daß sie häufig von der Tochter eines hohen Polizei-Beamten besucht würde und daß ich dieselbe nächstens bei ihr treffen würde.

In Wien suchte mich auch der Buchhändler Herr Hugo Heyn aus Gotha auf. Derselbe war damals mit dem Wiener Buchhändler und Stadtrath Hügel assoziirt. Mit Herrn Heyn verbrachte ich, bis er Wien verließ und die Hübscher'sche Buchhandlung in Schleiz ankaufte, regelmäßig alle Abende in geselliger Unterhaltung. Bei unsern gemüthlichen Plaudereien erfuhr Herr Heyn von mir, daß ich in Bezug auf das Lebensende Ferdinand Lassalle's, sowie in Bezug auf die Arbeiterbewegung Deutschlands eine Menge Dokumente besaß.

Als sich nun Herr Heyn 1868 in Schleiz etablirt hatte, ersuchte er mich brieflich, ihm diese Dokumente ganz oder nur zum Theil in Verlag zu geben.

Anfangs trug ich Bedenken, mich mit Herrn Heyn, weil ich dessen neues Geschäft nicht kannte, in ein Verlags-Unternehmen einzulassen. Da aber Herr Heyn mir in dieser Angelegenheit mehrere Briefe schrieb und außerdem der Wiener Buchhändler Hügel sich erbot, die Garantie für die erste Auflage zu übernehmen, kam ein Vertrag zu Stande, der in drei gleichlautenden Copien ausgefertigt und zugleich von Hügel als Bürgen mitunterzeichnet wurde.

Ich überlieferte dem Wiener Buchhändler Hügel das Manuskript zu den „Enthüllungen über das tragische Lebensende Ferdinand Lassalle's"; selbiger sandte dasselbe nach Schleiz an Herrn Heyn und zahlte mir als Mittelsmann das Honorar für die erste Auflage aus.

Da Herrn Heyn in Schleiz selbst keine Druckerei zur Verfügung stand, wurde mein Buch über Lassalle's Lebensende in dem Städtchen Zeulenroda, welches von Schleiz etwa 1¹/₃ Stunden entfernt liegt, gesetzt und gedruckt. Aber diese Druckerei war sehr klein. So geschah es, daß der Druck nur sehr langsam vor sich ging. Ich trieb deshalb Herrn Heyn zu größerer Eile an und warnte ihn mehrmals, auf seiner Hut zu sein, weil ich mit Sicherheit annahm, daß die Gräfin Sophie von Hatzfeldt, welche nicht blos in Deutschland, sondern selbst in Wien Schmähschriften gegen mich hatte verbreiten lassen, Alles aufbieten würde, um das Erscheinen meines Buches zu hintertreiben. Herr Heyn meldete mir, daß der Dichter Georg Herwegh sich genau nach dem Inhalt des Buches bei ihm erkundigt hatte. Herwegh aber stand, wie ich wußte, mit der Gräfin in Briefwechsel. Ferner hatte eine Berliner Buchhandlung um Aushängebogen gebeten, und Herr Heyn hatte ihr, nachdem ich zugestimmt, die ersten sechs Druckbogen des Buches zugestellt.

Als ich nun erfuhr, daß die Gräfin nach Dresden reisen wollte, schrieb ich an Herrn Heyn, er möge sich vorsehen, denn die Gräfin würde demnächst entweder in Begleitung von Mende oder von Försterling, oder mit Beiden zusammen nach Schleiz kommen und den Versuch machen, das Buch gerichtlich festlegen zu lassen. Hierauf meldete mir Heyn, daß der Druck vollendet sei und daß das Buch sich beim Buchbinder in Schleiz befinde, um broschirt zu werden. Ich antwortete ihm, er möge das erste fertige Exemplar dem Schleizer Fürsten nach Heinrichsdorf senden, weil wahrscheinlich die Gräfin, wenn sie sonst nichts ausrichten könnte, bei dem Fürsten um Intervention einkommen würde. Zugleich instruirte ich ihn brieflich, was er aussagen sollte, wenn er vor Gericht vernommen würde.

Was ich vorausgesehen, traf vollständig ein. Herr Heyn meldete mir, daß die Gräfin soeben in Schleiz angelangt sei. Ich antwortete ihm sofort, er solle die Broschüre nicht beim Schleizer Buchbinder lassen, sondern sie auf einem Wagen entweder in der Nacht oder in der Frühe nach einer benachbarten ausländischen Stadt fahren lassen und vor Gericht aussagen, daß er sie mir nach Wien, von wo aus ich sie verbreiten wollte, gesandt hätte.

Herr Heyn sandte mir von jetzt ab zwei Wochen lang täglich in der Regel drei Briefe, um mich über Alles genau zu benachrichtigen und meinen Rath zu vernehmen. Ich erfuhr von ihm Folgendes:

„In meiner Buchhandlung," so schrieb er mir, „erschien ein fremder Herr, der eine krebsrothe Weste trug. Derselbe erkundigte sich nach der Schrift über den Mißbrauch der Nationalitäten-Lehre von Bernhard Becker und blickte überall im Laden herum, als ob er irgend etwas entdecken wollte. Sein Benehmen fiel mir um so mehr auf, als Sie mir wiederholt geschrieben hatten, ich möchte auf meiner Hut sein, weil die Gräfin mit einem oder zwei Herren demnächst nach Schleiz kommen würde. Als er fort ging, sandte ich ihm meinen Commis nach, um zu erfahren, wohin er gegangen sei. Da mir der Commis mittheilte, daß der besagte Herr in das Hotel zum braunen Roß gegangen wäre, begab ich mich sofort in dieses Hotel und fragte den Oberkellner, was für Fremde im Hause logirten. Der Kellner antwortete, daß eine schwarzgekleidete, hochgewachsene, schon bejahrte Dame, die fortwährend Cigarren rauche, in Begleitung eines Herrn, der eine rothe Weste anhabe, Zimmer bezogen hätte. Ich ersuchte ihn nun, daß er dem Herrn das Fremdenbuch zum Einschreiben des Namens vorlegen sollte, und er brachte mir nach einiger Zeit das Fremdenbuch, in welches sich der Herr als „„Friedrich Mende aus Dresden"" eingezeichnet hatte. Da sagte ich zu ihm: Die Dame, welche bei Ihnen sich einquartiert hat, ist die Gräfin von Hatzfeldt und Friedrich Mende ist einer ihrer unterhaltenen Günstlinge. Der Oberkellner meldete sofort dem Hotelbesitzer, daß die einquartierte Dame die Gräfin Hatzfeldt sei, worauf dieser es für seine Pflicht hielt, ihr ohne Verzug seine gehorsamste Aufwartung zu machen. Darüber erstaunt, daß der Hotelier wußte, wer sie war, fragte sie ihn: Wer hat Ihnen denn gesagt, daß ich die Gräfin Hatzfeldt bin? — Der Hotelier antwortete: Mein Oberkellner! — Sofort setzte die Gräfin den Klingelzug in Bewegung, um den Oberkellner vor sich erscheinen zu lassen. Auch an diesen richtete sie die Frage: Woher wissen Sie, daß ich die Gräfin Hatzfeldt bin? Der Oberkellner versetzte: ich weiß es vom Buchhändler Heyn, der ins Gastzimmer gekommen ist, um eine Flasche Bier zu trinken. Die Gräfin sah, daß sie entdeckt war."

Ferner schrieb mir Herr Heyn nach Wien:

„Diesen Brief sende ich vom weimarischen Städtchen Auma, welches vier Stunden weit von Schleiz entfernt liegt. Heute Früh 3 Uhr habe ich Ihr Buch in Schleiz auf einen Wagen, welcher die Aufschrift „„Glaswaare"" trug, aufladen und hierher bringen lassen. Den Fuhrmann und auch den Auflader der Exemplare machte der zuverlässige Mann aus der Zeulenroaer Druckerei, der dort der Druckarbeiter ist; sonst weiß kein Mensch, wohin Ihre Schrift gekommen ist. Hier hat sie der Buchbinder in Verwahrung genommen, und zwar haben wir die sämmtlichen Exemplare unter zwei Leichensteinen versteckt, wo sie Niemand suchen und finden wird. Wenn ich vor Gericht vernommen werden sollte, werde ich aussagen, daß ich alle Exemplare nach der Eisenbahn gefahren und sie auf Ihren Wunsch nach Wien gesandt habe."

Weiter meldete mir Herr Heyn:

„Die Gräfin hat hier einen Abvokaten angenommen. So- viel ich erfahren, will derselbe Ihr Buch gerichtlich unter Siegel legen lassen. Die Sache ist nicht blos hier in Schleiz, sondern in der ganzen Umgegend bekannt und macht großes Aufsehen. Ueberall spricht man nur von Ihnen und von mir, von Mende mit der krebsrothen Weste und von der geschminkten rauchenden Gräfin.“

Dann erhielt ich einen Brief folgenden Inhalts:

„Ich bin gerichtlich vernommen worden und habe geradeso ausgesagt, wie Sie mir geschrieben hatten. Der Gerichts- präsident sagte, daß Alles, was ich angebe, den Stempel der Wahrheit trage und daß Sie und ich in unserem vollen Rechte seien. Wenn nun gar, setzte er hinzu, die Schrift nicht mehr in Schleiz vorhanden sei, könne von einem Versiegeln nicht die mindeste Rede sein. Weitere Schritte der Gräfin gegen mich werde er zurückweisen.“

Ferner wurde ich von Herrn Heyn benachrichtigt:

„Die Gräfin ist mit Mende vor dem Gerichts-Präsidenten erschienen. Als Mende in die Sache sich hat einmischen wollen, ist ihm vom Präsidenten Schweigen geboten worden. Da Mende aber nicht geschwiegen hat, ist er auf Befehl des Präsi- denten durch den Gerichtsdiener abgeführt worden. Hierauf hat die Gräfin einen großen Lärm angeschlagen und dem Präsidenten gedroht, sie werde sich an den Fürsten wenden. Aber der Präsident hat ihr entgegnet: Wenden Sie sich an wen Sie wollen; hier in diesem Saale gilt das Gesetz; hier bin ich Fürst!“

Später theilte mir Herr Heyn mit:

„Die Gräfin ist fort. Sie ist mit Post durchs südliche Thor gefahren. Wahrscheinlich ist sie nach der Eisenbahn, um nach Wien zu reisen, weil ich ausgesagt habe, daß ich Ihnen die sämmtlichen Exemplare nach Wien geschickt hätte. Somit hat wenigstens hier die Sache ihr Ende gefunden, und ich werde nun bald die Schrift in den Buchhandel bringen können.“

Doch am folgenden Tage schrieb mir Herr Heyn:

„Die Gräfin war gestern nicht nach Wien abgereist, sondern mit Mende nach Heinrichsdorf gefahren, um den Fürsten zu sprechen. Der Fürst hat ihr jedoch keine Audienz ertheilt. Er hat sie abweisen lassen mit den Worten: Die Gräfin Hatzfeld ist eine anrüchige Person, die bei ihm nicht

vorkommen dürfe. So ist sie denn mit Mende wieder nach
Schleiz gekommen und wohnt immer noch im Hotel zum Roß."

Ein anderer Brief besagte:

„Die Gräfin ist nun wirklich fort. Sie ist mit Extra-
Post nach der Eisenbahn gefahren. Sie hat bei ihrer Abreise
bittere Thränen geweint. Mende hat mitgeweint. Wahrscheinlich erscheint sie demnächst in Wien. Ich bitte Sie, mir
sofort Nachricht zu geben, wenn sie dort eingetroffen sein wird."

Noch ehe die Abreise der Gräfin geschehen war, fragte
Herr Heyn bei mir an:

„Wollen wir mit der Gräfin ein Geschäft machen? Der
Präsident sagte mir, daß sie zwanzigtausend Thaler gibt, wenn
die Schrift nicht erscheint."

Hierauf ertheilte ich Herrn Heyn die Antwort:

„Wenn Sie für Ihre eigene Person mit der Gräfin ein
gutes Geschäft machen können, thun Sie es immerhin! Was
mich anbetrifft, so schickt sich solches für mich nicht. Selbst
wenn sie eine Million geben könnte und wollte, würde ich
mich mit ihr nicht einlassen. Können Sie eine gute Summe
als Abfindung erlangen, werde ich mit Ihnen darob nicht
zürnen, sondern sofort, da das Manuskript wieder in meinen
Händen ist, bei einem Buchhändler Wiens die Schrift veröffentlichen. Verleger finde ich hier genug dazu. Sogar
Hügel ist sofort bereit."

Begreiflicherweise konnte Herr Heyn mit der Gräfin kein
Geschäft für sich allein machen. Denn wenn ich mich nicht von
ihr abfinden ließ, warf sie das Geld weg, ohne ihren Zweck
zu erreichen.

An mich wagte sich die Gräfin nicht mit einer Offerte
heran, nachdem sie mir durch ihren Wiener Agenten, der gegen
mich ihre gedruckten Schmähschriften verbreitet hatte, die Aussöhnung hatte anbieten lassen, aber von mir Antwort erhalten
hatte, daß ich mich mit einer Person, die, um mir zu schaden,
viele Tausende Thaler angewandt und zudem eine Menge
Pasquille gegen mich verbreitet hätte, nie zum Vergeben und
zum Vergessen bereit finden würde.

Aber dieser Wiener Agent der Gräfin, der sich auf seinen
Visitenkarten sonderbarerweise als Doctor juris utriusque,
als gewesener preußischer Offizier der rothen Husaren, als
Ritter des freien Hochstifts in Frankfurt am Main und als
Mitglied mehrerer gelehrten Gesellschaften bezeichnete, hatte sich

einen Plan entworfen, um sich in meiner Wohnung des Manuskripts zu meiner Schrift zu bemächtigen. Nachdem er mir zweimal schon Geld abgeborgt, ohne mir es zurückzugeben, aber zum Dank für die ihm erwiesenen Dienste die gedruckten Schmähschriften der Gräfin gegen mich in Wien verbreitet hatte, schrieb er jetzt an mich einige Zeilen, in denen er mich kläglich um die Gefälligkeit bat, ihm, da er plötzlich aus seinem Logis vertrieben worden sei, für die folgende Nacht bei mir ein Unterkommen zu geben. Er sagte in seinem Briefe, daß ich ihm diesen Gefallen, wie er schon aus der ihm bereits bewiesenen Güte schließen dürfte, wohl gern erweisen würde, und daß ich ja dies auch sehr leicht könnte, weil ich zwei Betten in meiner Wohnung hätte, während ich doch blos eines derselben benutzte.

Ich ließ sein Schreiben unbeantwortet und instruirte meine Wirthin dahin, daß sie, wenn er käme, sagen sollte, ich wäre gegen Abend zum Bier oder zum Wein ausgegangen, hätte die Schlüssel mitgenommen, sobaß sie mein Zimmer nicht öffnen könnte, und hätte ihr auch nicht gesagt, wann ich nach Hause kommen würde. Ich hielt jedoch für klug, gerade diesen Abend nicht auszugehen, sondern zu Hause strenge Wache zu halten. Der gräfliche Agent kam, und ich konnte genau hören, was er braußen in der Küche, durch welche der unbequeme Eingang zu meiner sonst ziemlich schönen und geräumigen Wohnung führte, mit meiner Wirthin sprach. Er ließ sich von ihr nicht abweisen, sondern erklärte ihr, daß er sich, weil er sonst kein Unterkommen für die Nacht hätte, quer vor meine Thür auf die Schwelle legen würde, wo ich ihn beim Nachhausekommen finden müßte.

Da meine Wirthin ihn nicht fortbringen konnte, sagte sie ihm, daß sie die Küche zuschließen müßte, worauf er antwortete, sie möge dies immerhin thun. So blieb er die ganze Nacht hindurch wie ein treuer Phylax liegen, bis meine Wirthin am andern Morgen erschien, um Kaffee zu kochen. Mit etwas steifen Gliedern verließ er, ohne seinen Zweck erreicht zu haben, dann unser Haus. Seitdem habe ich ihn nie wieder zu Gesicht bekommen.

Bisher war ich in jeder Beziehung gegen meine Todfeindin siegreich gewesen. Jedoch schien plötzlich sich das Glück wenden zu wollen. Ich erhielt nämlich ganz unvermuthet von Herrn Heyn folgende Meldung:

„Bei bem Fortgange von hier hatte bie Gräfin bas Ge-
rücht ausgesprengt, baß sie Demjenigen, ber ihr verriethe, wo
bie Broschüren versteckt wären, breitausenb Thaler Belohnung
zusicherte. Der Arbeitsmann aus ber Zeulenrobaer Buchbruckerei
hat sich mit seinem Prinzipal verfeinbet unb ber Gräfin, um
bie versprochenen breitausenb Thaler zu verbienen, ben Ver-
steck bes Buches verrathen. Daraufhin ist bas hiesige Gericht genöthigt gewesen, beim weimarischen Gericht in Auma
zu requiriren. Die Broschüren sinb unter ben Leichensteinen
aufgefunben unb hierher gebracht worben. Der Gerichts-
Präsibent sagte mir, baß gegenwärtig nur Sie von Wien aus
bie Aufhebung ber Siegel bewirken könnten.“

Nachbem ich biesen Brief gelesen hatte, begab ich mich
in Wien aufs Oberlanbesgericht. Ich fanb, ba es noch ziemlich früh am Tage war, ben Gerichts-Präsibenten allein unb
in sehr guter Stimmung vor. Er rauchte seine Cigarre unb
sagte mir, baß ich, ba wir Beibe allein wären, mir ebenfalls
eine Cigarre anzünben möchte. Ich setzte ihm meinen Fall,
ber ihn sehr zu interessiren schien, auseinanber unb ersuchte ihn
schließlich, eine von mir an Eibes Statt abgegebene Erklärung bem Gerichte in Schleiz zuzusenben. Er antwortete mir,
baß ich im vollkommensten Rechte wäre, aber baß nach österreichischem Gesetze hier in Wien, auch wenn meine Sache nicht
so recht unb billig sein würbe, wie sie es wirklich wäre, man
mir gar Nichts würbe anhaben können, ba nach österreichischem
Gesetz bie Veröffentlichung von berartigen Papieren, selbst wenn
man nicht so gut legitimirt wäre wie ich, völlig erlaubt unb
straffrei wäre. Was mein Ersuchen anbelangte, so erklärte er
sich mit Vergnügen bereit, basselbe sofort zu erfüllen unb meine
Erklärung noch an bemselben Tage an bas Schleizer Gericht
abgehen zu lassen.

Inzwischen hatte ber Schleizer Gerichts-Präsibent, ber
mir ebenfalls vollkommen Recht gab, aus eigner Machtfülle
mein Buch freigegeben, ohne bie Ankunft meiner Erklärung
abzuwarten. Die Gräfin von Hatzfelbt, burch ihren Schleizer
Abvokaten von bem Stanbe ber Dinge telegraphisch benachrichtigt, hatte sich an ben preußischen Ober-Staatsanwalt ge-
wanbt unb bieser hatte nach Schleiz telegraphirt, baß bas
bortige Gericht bie Broschüre einstweilen noch nicht freigeben
möge, wenn bie Aufhebung ber Siegel noch nicht erfolgt sei.
Das Schleizer Gericht gab zur Antwort, baß bie Freigebung

bereits eine vollendete Thatsache sei, und übersandte zugleich meine mittlerweile vom Wiener Oberlandesgericht eingetroffene Erklärung. So meldete mir wenigstens Herr Buchhändler Heyn. Hiermit hatte die Sache ihr Bewenden. Mein Buch kam nun in den Buchhandel, und ich ersah aus den Besprech- ungen fast aller großen Journale, von denen mehrere ihren Lesern fortlaufende Auszüge daraus brachten, zu meiner Freude, daß es allgemeine Beachtung fand.

Nach einiger Zeit sagte mir ein Herr, der eine Reise nach Nürnberg gemacht hatte, daß mein Buch namentlich vom bayerischen Adel eifrig gelesen, ja förmlich verschlungen worden sei, und daß dies bereits eine neue Auflage nöthig ge- macht habe.

In Folge hievon schrieb ich an meinen Schleizer Herrn Verleger um die Freundlichkeit, mir mitzutheilen, ob wirklich, wie ich gehört, eine neue Auflage erschienen sei, und ersuchte ihn, im Bejahungsfalle das im Verlags-Vertrage festgestellte Honorar für die zweite Auflage mir zu übersenden.

Mein Herr Verleger ließ mich, obschon ich ihm mehrere Briefe schrieb, ohne Antwort.

Darauf wandte ich mich brieflich nach Hamburg an den damals noch am Leben befindlichen Buchhändler Richter und erhielt von ihm umgehend den erbetenen Aufschluß. Richter bestätigte nicht nur, daß eine zweite Auflage erschienen war, sondern sandte mir auch nach Wien ein Exemplar dieser zweiten Auflage. Aus den Druckfehlern und den ungehörigen Zusätzen, die Herr Heyn in der zweiten Auflage angebracht hatte, ließ sich mit der größten Leichtigkeit vor Gericht, wenn Solches nöthig wurde, der Beweis führen, daß die zweite Auflage nicht eine Scheinauflage, sondern eine wirkliche Auflage war. Ebenso theilte mir der Wiener Verleger Herr Hartleben mit, daß im Buchhändler-Börsenblatt die zweite Auflage als wirkliche Auf- lage bekannt gemacht worden war.

Doch mir widerstrebte es, gegen meinen Herrn Verleger Heyn, weil ich mit ihm in Wien persönlich befreundet gewesen war, vor Gericht klagbar zu werden. Ich versuchte nochmals den Weg der Güte, und der Buchhändler Hügel, der den Ver- trag mit unterschrieben hatte, versprach mir, gleichfalls bei Herrn Heyn auf die Erfüllung der Vertragspflicht hinwirken zu wollen. Vergebens. Herr Heyn ließ uns Beide ohne Antwort.

2

Endlich erhob ich beim Schleizer Gericht Klage gegen ihn. Da ich aber im Auslande wohnte und der von mir in Schleiz angenommene Advokat meinen Instruktionen nicht folgte, sondern die Sache nach seiner Weise betrieb und so lang als möglich spann, dauerte es eine geraume Zeit, ehe die Sache spruchreif wurde. Als der End-Termin anberaumt war, schrieb Herr Heyn an mich, indem er mir versicherte, daß er bloß aus dem Grunde, weil er in finanzieller Verlegenheit wäre, seine Vertragspflicht nicht erfüllt hätte. Er erinnerte mich an die frohen Stunden, die er mit mir in Wien verlebt hätte, und bat mich, ihn vor der sicher bevorstehenden Verurtheilung zu retten.

Bei mir ist es Lebensgrundsatz, daß ich in solchem Falle einem Manne, auch wenn derselbe sich feindlich gegen mich benommen hat, immer verzeihe. Ich schrieb daher an das Schleizer Gericht, daß ich meine Klage gegen Herrn Heyn zurücknehme und meinem dortigen Rechtsvertreter, mit welchem ich ohnehin unzufrieden war, die Vollmacht entzogen hätte. Zu gleicher Zeit schenkte ich Herrn Heyn das mir geschuldete Honorar für die zweite Auflage.

Dieses Mißgeschick ist der Grund gewesen, warum nicht mehr Auflagen von den Enthüllungen über das Lebensende Ferdinand Lassalle's erschienen sind, obschon bis auf die neueste Zeit Nachfrage nach dem Buche gewesen ist.

Herr Heyn fallirte erst nach dem deutsch-französischen Kriege, während dessen er sich dadurch flott erhalten, daß er Kriegsprophezeihungen des alten Schäfer Thomas massenhaft angefertigt und an leichtgläubige Thoren verkauft hatte. Er besaß zur Anfertigung solcher Prophezeiungen eine große Gewandtheit, hatte aber an Herrn Buchdruckereibesitzer Hager in Chemnitz einen Concurrenten, mit dem er sich ernsthaft entzweite, da jeder von ihnen Beiden der ächte Schäfer Thomas vom Thüringer Walde sein wollte. Herr Hager hat mir dies selbst erzählt und war gegen Herrn Heyn, als der Krieg schon beendet war, noch sehr erbittert. Ich verlegte bei Herrn Heyn noch die „National-ökonomischen Raketen", die ich ihm gratis in Verlag gab: wie ich denn überhaupt für meine in der Arbeiterbewegung geschriebenen Schriften immer sehr schlecht bezahlt worden bin. Herrn Heyn zürne ich auch heute nicht und habe das Verlagsverhältniß zwischen ihm und mir nur deshalb mitgetheilt, weil ich dem Publikum Aufschluß geben mußte, warum die Auflagen meines Buches plötzlich unterbrochen worden sind. Auf den Gedanken, eine neue Bearbeitung des Gegenstandes zu veröffentlichen, brachte mich 1878 in Leipzig Herr Brockhaus, der mir auch sagte, daß er den dortigen Professor Dr. Arndt aufgefordert hätte, gleichfalls seine Erlebnisse in Bezug auf das Lassalle'sche Lebensende niederzuschreiben.

Erstes Kapitel.

Lassalle als Revolutionär und mein Verhältniß zu ihm.

Lassalle war von jener Nothwendigkeit des Schicksals, die Manche mit dem Namen Zufall, Andere mit dem Ausdruck Vorsehung bezeichnen, zum revolutionären Diktator herangebildet worden. In seinem Charakter, insoweit derselbe unter dem politischen Gesichtspunkte in Betracht kommt, trug er das unverkennbare Gepräge revolutionärer Weihe. Sein Denken, sein Dichten und Trachten, seine ganze Weltanschauung war revolutionär. Solchen Männern ist es eigenthümlich, daß sie schon in früher Jugend sich bisweilen gegen die väterliche Gewalt auflehnen und daß viele Fügungen ihres Lebens sie nach dem nämlichen, revolutionären Ziele hinlenken.

In dieser Hinsicht möchte ich, ohne noch andere Beispiele anzuführen, auf Gambetta hinweisen. Selbiger stach sich auf dem geistlichen Seminar, als sein Vater ihn zwingen wollte, sich dem geistlichen Stande zu widmen, das eine Auge aus, und drohte, daß er sich, wenn er nicht binnen 14 Tagen aus der Anstalt weggethan würde, auch noch das andere Auge ausstechen wollte. Hierdurch setzte Gambetta seinen Willen durch und wurde im Gegensatz zu dem bekannten früheren Staatsmann Talleyrand, der sich in dieser Hinsicht, obschon widerwillig, seiner Familie fügte, jener kräftige, gebieterische Geist, als welchen wir ihn bisher gelernt haben.

Was Lassalle anbetrifft, so wollte sein Vater ihn zwingen, Kaufmann zu werden. Aber Lassalle widersetzte sich der väterlichen Anordnung, verließ die Handelsschule in Leipzig, wo er seine theoretische Ausbildung als Kaufmann sich aneignen sollte, und bildete sich im elterlichen Hause zu Breslau durch Privat-

Stunden so weit aus, daß er die Universität zu Berlin beziehen konnte.

Das ganze folgende Leben und Wirken Lassalle's ist
revolutionär, ausgenommen sein Werk über „Herakleitos
den Dunkeln", durch welches er sich in der gelehrten Welt
die Rittersporen verdiente. Selbst sein Büchlein gegen Julian
Schmidt wurde von ihm hauptsächlich aus dem Grunde veröffentlicht, weil er in dem Werke Schmidt's einen ihm sehr
mißfallenden reaktionären Zug entdeckt hatte.

Sein „Franz von Sickingen" verherrlichte die revolutionäre Herstellung der deutschen Einheit. Er betonte, daß
durch das Schwert alles Große geschaffen, durch Blut jedes
geschichtliche Werk festgekittet worden sei.

Für revolutionär galt freilich damals schon die Auflehn-
ung Preußens gegen die unter österreichischem Vorsitz zu
Frankfurt tagende deutsche Bundesversammlung, die Verdräng-
ung des österreichischen Einflusses aus Deutschland.

Man muß sich hineinversetzen in jene Zeit, in welcher
selbst der bisherige demokratische Revolutionär Arnold Ruge
sich zusammenraffte zu seinem in Bremen bei Schünemann verlegten Schriftchen: „Was wir brauchen?", ein Schriftchen,
worin er seine ganze Hoffnung auf Preußen setzte und sich
selber einen „unverbesserlichen Preußen" nannte. Nachdem
die deutsche Demokratie 1848 vollständigen Bankerott gemacht
hatte und gründlich zur Ruhe verwiesen worden war, zeigten
sich die meisten früheren Demokraten schon froh, wenn wenigstens
von Preußen ein Anfang zur Herstellung der deutschen Einheit
gemacht wurde.

Unter solchen Verhältnissen veröffentlichte Lassalle seine
bei Duncker in Berlin verlegte Broschüre: „Der italienische
Krieg und die Aufgabe Preußens — eine Stimme
aus der Demokratie." In dieser Broschüre behauptete
Lassalle, daß die Bewegung des Jahres 1848 gescheitert sei,
weil man damals Oesterreich nicht zerschlagen habe. Nach
seiner Ansicht sollte Preußen den italienischen Krieg benutzen,
um sich im Norden Deutschlands zu vergrößern und vor allen
Dingen Schleswig-Holstein den Dänen wegzunehmen. Wörtlich schrieb er:

„Jetzt wäre der Moment, während die Demolirung Oesterreichs sich schon von selbst vollzieht, für die Erhöhung Preußens
in der deutschen Achtung zu sorgen. Jetzt wäre der Augen-

blick da, diese schwer blutenden Wunden zu heilen. Möge die preußische Regierung sich davon durchbringen: die Sterne winken günstig! Die Stunde gehört ihr — aber nochmals versäumt, wird sie ihr nicht wieder zurückkommen! Die Sympathie für Schleswig-Holstein, der Drang nach einer nationalen Stellung in der jetzigen Krise, der Durst nach nationaler Größe überhaupt, der Haß gegen Napoleon, die heiße fiebernde Sehnsucht nach nationaler Einheit, alle diese Flammen würden zu Einem Feuer zusammenschlagen, welches, sein Hinderniß selbst in seine Nahrung verwandelnd, mit jedem Widerstand nur wüchse, den man ihn entgegenstellte . . . Und möge die preußische Regierung dessen gewiß sein: In diesem Kriege, der ebensosehr ein Lebensinteresse des deutschen Volkes als Preußens ist, würde die deutsche Demokratie selbst Preußens Banner tragen und alle Hindernisse vor ihm zu Boden werfen mit einer Expansib-Kraft, wie ihrer nur der berauschende Ausbruch einer nationalen Leidenschaft fähig ist, welche seit fünfzig Jahren comprimirt in den Herzen eines großes Volkes zuckt und zittert."

Indeß vollzog sich die Einheit Deutschlands nicht so rasch, wie Lassalle hoffte. Er erlebte es nicht einmal mehr, daß Preußen, indem es sein Programm vollzog, in Schleswig-Holstein gegen Oesterreich den Kampf begann und den Anfang zur Einigung eines neuen Deutschlands machte.

Inzwischen veröffentlichte er seine „Theorie der erworbenen Rechte", die darauf berechnet war, für den Fall der von ihm gehofften demokratischen Revolution Deutschlands als Leitstern für die gegen die Reaktionäre zu ergreifenden gesetzlichen Maßnahmen zu dienen. Ueber dieses Werk, das er seinem alten Vater widmete, schrieb er mir später, daß er seine Gedanken absichtlich in eine schwerverständliche Gelehrtensprache eingehüllt habe. Er erwartete, daß die Revolution, die zur Einheit Deutschlands führen sollte, im Gefolge eines Krieges zum allgemeinen Durchbruch kommen würde. An den Krieg gegen Oesterreich und gegen Frankreich hat er bis an sein Lebensende geglaubt. Daher hielt er es für nothwendig, bei Zeiten den Kern und Sammelpunkt für eine demokratisch-revolutionäre Partei zu gründen.

Weil er aber sah, daß die Fortschrittspartei, der linke Flügel des deutschen National-Vereins, sogar den alten Ehrennamen der Demokratie verschmähte und das allgemeine Stimm-

recht von sich wies, entschloß er sich, eine besondere socialdemokratische Arbeiterpartei zu gründen, um die Fortschrittspartei
entweder vorwärts treiben oder, wenn dies nicht glückte, sie
paralysiren und vernichten zu können. Nunmehr veröffentlichte
er sein Schriftchen: „Macht und Recht", durch welches er
mit der Fortschrittspartei brach; und bald darauf erschien sein
„Arbeiter-Programm", ein an die deutschen Arbeiter ge-
richteter, gedruckter Vortrag.

Damals bemerkte die „Kreuzzeitung", Lassalle sei ein aus
dem Jahre 1848 her bekannter revolutionärer Jude, der seiner
Zeit viel von sich sprechen gemacht habe. Erst von jetzt an
richtete ich auf Lassalle meine ungetheilte Aufmerksamkeit.

Als wir mit einander in persönliche Berührung kamen,
empfanden wir sofort für einander Sympathie. Denn jeder
von uns Beiden erkannte in dem andern den ernsten Revolutionär. Das Einzige, was ich an Lassalle — abgesehen von
seinen kleinen Schwächen — auszusetzen hatte, war sein Umgang mit Frauen aus der Aristokratie und vornehmen Bourgeoisie, weil ich durch das Studium der Revolution wußte,
wie korrumpirend und entnervend ein solcher Umgang wirkt.
Zudem hatte auf mich das Schriftchen Alfieri's über die Frage:
„Ob sich ein Revolutionär verheirathen darf?" einen tiefen
Eindruck gemacht, und außerdem hatte ich aus meiner Lebenserfahrung die Ueberzeugung geschöpft, daß nur wenige Frauen
ihren Männern, wenn sich ihnen in schwachen Momenten der
Verführer naht, treu bleiben, und daß der Mann für das
Bischen Fleischesgenuß sehr viele Widerwärtigkeiten in den Kauf
nehmen, ja in sehr vielen Fällen seine Unabhängigkeit und
Lebensheiterkeit einbüßen muß.

Sobald ich in Frankfurt am Main 1863 zum ersten
Male mit Lassalle unter vier Augen war und er mir für den
Sieg, den ich ihm bereitet hatte, dankte, fragte ich ihn, ob er
mit seiner Agitation eine deutsche Revolution oder nur eine
Diversion für die preußische Regierung bezweckte. Lassalle
blickte mich lange mit großen Augen an; dann sagte er: „Ich
will in Wahrheit eine gründliche deutsche Revolution!" Da
reichte ich ihm die Hand und sprach zu ihm: „Empfangen Sie
hiermit das Versprechen treuer Unterstützung, die, wenn es
nöthig wird, auch das Leben in die Schanze schlägt. Ich bin
Republikaner, hasse im Grunde meines Herzens die Commu-
nisten, besonders Marx und die Marxianer, deren Treiben ich

in London genugsam kennen gelernt habe, betrachte aber diese
Arbeiterbewegung, die ja in keiner Weise communistisch ist, unter
den jetzigen Verhältnissen als das einzige Mittel, um zu besseren
Zuständen in Deutschland zu gelangen. Wenn wir für den
Anfang eine Diktatur brauchen, mögen Sie dieselbe immerhin
führen. Ich für meinen Theil hege nicht den geringsten Ehrgeiz, und würde Sie mit Aufopferung aller meiner Kräfte
treu unterstützen, solange Sie die Diktatur nicht mißbrauchen,
das heißt, so lange dieselbe nöthig sein wird."

Lassalle erzählte mir nun einiges aus seinem Leben,
namentlich von seiner Düsseldorfer Zeit jene Auftritte bezüglich
der Steuerverweigerung aus dem November 1848, deretwegen
er längere Zeit im Gefängnisse zu sitzen gehabt hatte.

Dann ersuchte er mich, ihm einen kurzen Abriß von meinem
Leben zu geben.

Ich entsprach seinem Wunsche und ersah aus seinen zwischen
meine Rede geworfenen Bemerkungen, daß er einen Theil
meiner Erlebnisse kannte. Ich war kurz zuvor, ehe ich mit
Lassalle in persönliche Berührung kam, aus zehnjährigem englischen Exile nach Deutschland zurückgekehrt und deshalb den
deutschen Verhältnissen ziemlich entfremdet.

* * *

Begreiflicher Weise konnte ich Lassalle aus meinem Leben,
weil selbiges sehr inhaltreich und wechselvoll ist, in der kurzen
Zeit, die wir in Frankfurt allein beisammen waren, nur Bruch-
stücke und Andeutungen zum Besten geben. Die Hauptsache
war meine revolutionäre Erziehung; denn selbige mußte ihn
überzeugen, daß er auf mich bei seinem Vorhaben bauen
konnte.

Freilich waren wir im Zweifel darüber, ob uns die
deutschen Arbeiter massenhaft zufallen würden. Hätte die
Agitation bei mindestens zweimalhunderttausend Arbeitern ge-
zündet, so würde die Einheit und Freiheit Deutschlands schneller
herbeigeführt worden und anders ausgefallen sein.

Ich vertraute selbst auf Lassalle, weil sein eigenwilliger
Charakter mir die Bürgschaft leistete, daß er sich von Nie-
mandem benutzen ließ, insofern er keinen Herrn über sich er-
tragen konnte und sehr scharfsichtig war. Er war ein geborner
Diktator, dabei auch ein sehr guter Organisator; er war bei
Weitem mehr construktiv als destruktiv.

Allein unsere Erwartungen vom massenhaften Beitritt der deutschen Arbeiter zum Arbeiterverein erfüllten sich nicht. Als Lassalle dies gewahrte, sprach er von „diesem und jenem Wege", und suchte Einfluß bei Bismarck zu gewinnen, um seinen Gegnern, die ihm das Leben sauer machten, wenigstens keinen frohen Triumph zu lassen. Bereits im Februar 1864 wollte er von der Präsidentschaft zurücktreten; aber ich hinderte ihn daran, indem ich ihm schrieb, daß er uns, die wir uns seiner Führung vertrauensvoll angeschlossen, nicht im Stiche lassen dürfte.

Ich stand bei ihm sehr gut angeschrieben. Ich führte für ihn die Feder im „Nordstern" und im „Frankfurter Volks-freund", unseren beiden Parteiblättern. An mich wandte er sich mit dem Ersuchen, gegen den Professor Huber zu schreiben, ebenso gegen Karl Blind, gegen Sonnemann, Max Wirth 2c. Einen meiner polemischen Artikel hat er sich in Düsseldorf drei-mal hintereinander vorlesen lassen und sich dabei vor Freude gewälzt. Von mir erhielt er regelmäßig, was kein Anderer that, umfassende Berichte über die Vereinslage. Auch sonstige Aufträge, die er mir gab, vollzog ich immer rasch und zu seiner vollen Zufriedenheit. Auch ließ er meine Vorstellungen in Bezug auf die ihm von anderer Seite vorgeschlagene Arbeiter-Assekuranz, sowie meine Bemerkungen über die polnische und schleswig-holsteinische Frage keineswegs unberücksichtigt.

Nur über das von H e r w e g h gedichtete und von Hans von Bülow componirte Arbeiterlied: „Bet' und arbeit', ruft die Welt", differirte ich mit ihm vollständig und konnte ihn nicht überzeugen. Er war nämlich von diesem Liede ganz ent-zückt und glaubte, daß dasselbe eine zweite Marseillaise werden würde. Ich dagegen war der Ansicht, daß die Reimstrophen viel zu kurz, die Rede zu beklamatorisch und nicht herzergreifend genug, die Consonanten-Häufungen, wie zum Beispiel in den Worten: „Schürfst im Erz- und Kohlenschacht" äußerst un-musikalisch, und das Ganze seinem zu wechselvollen Inhalte nach, der den Gesammteindruck abschwäche, zum durchschlagenden Volksliede ungeeignet sei. Hans von Bülow hatte sich bewogen gefunden, dasselbe ganz durchzucomponiren, jeden folgenden Vers anders, als den vorhergehenden, sodaß die Arbeiter ihre schwere Noth hatten, es vierstimmig singen zu lernen. Sie haben es auch blos in Frankfurt am Main, wo ich die Ein-übung persönlich überwachte, nach der vierstimmigen Composition Bülow's richtig gelernt, sonst nirgends. Lassalle freilich war gar nicht musikalisch, und das mochte der eigentliche Grund sein, warum ich ihn nicht überzeugen konnte. Er sagte mir, daß für sein Ohr das Krächzen der Raben ebenso klänge wie das Flöten der Nachtigall. Ich erhob später als Präsident des Allgemeinen deutschen Arbeitervereins ein von Jakob Aub orf junior in Hamburg gedichtetes Arbeiter-Lied zur deutschen Arbeiter-Marseillaise. Sonst haben die aus der Bewegung hervorgegangenen Lieder, was ich für ein schlechtes Augurium ansah, wenig poetischen und ästhetischen Werth gehabt: weshalb ich 1875 einem Buchhändler die Bitte abgeschlagen habe, diese Lieder gesammelt in einem Liederbuche bei ihm zu verlegen.

Lassalle wurde durch die nur langsam und mühevoll zu kleinen Resultaten führende, mit den größten Widerwärtigkeiten und Aergernissen verknüpfte Agitation abgemattet und abgemartert. Obschon er 1864 mit Bismarck Zusammenkünfte gehabt hat, hat er doch weder sich noch den Verein irgendwie dadurch gebunden. Im Mai 1864 hatte er bereits beschlossen, das Präsidium an mich abzugeben. Nicht nur theilte er mir diesen Entschluß, indem er von seinem nahen Tode sprach, dem Cassier Gustav Levy in Düsseldorf mit, sondern ließ mich selbst zu sich nach Ronsdorf kommen, und behielt mich bei sich zwei Tage im Hotel Domharbt zu Düsseldorf, um mit mir von dieser Eventualität zu sprechen und um von mir zu erfahren, wie viel Geld ich jährlich zu meinem Lebensunterhalte brauchte. Die ihm von mir angegebene Summe hat er mir wirklich in seinem Testamente ausgesetzt, doch ist die betreffende Stelle am zweiten Tage nach seiner Verwundung, als er unter den heftigsten Schmerzen sich im Bett krümmte, gestrichen und umgeändert worden. Vom Rhein kam Lassalle am 2. Juli 1864 in Begleitung der Gräfin Hatzfeldt, die ich jetzt zum ersten Male sah, und die in den an der Eisenbahn bereit gehaltenen Wagen mitaufzunehmen er mich ersuchte, nach Frankfurt am Main, wo er bis zum 6. Juli blieb. Als ich ihm hier bemerkte, daß wir unsere Hoffnung nur noch auf eine in Frankreich sich vorbereitende Revolution setzen könnten, erwiderte er: „Oder auch auf einen Krieg mit Oesterreich und Frankreich."

Von Frankfurt reiste er mit der Gräfin Hatzfeldt in die Pfalz und ersuchte mich, ihn dahin zu begleiten. Ich entschuldigte mich mit Vereinsgeschäften, weil ich nicht mit der Gräfin, die mir beim ersten Anblick viele Antipathie eingeflößt hatte, zusammen reisen wollte. Dagegen begleiteten ihn die beiden Barone Schweitzer und Hofstetten, und der Vergnüg= ungstour gesellten sich auch Frau und Fräulein von Hofstetten, zwei liebenswürdige Damen bei. Dann reiste er den 16. Juli von Karlsruhe aus nach Rigi=Kaltbad in der Schweiz, während die Gräfin Hatzfeldt mit ihrer Kammerzofe zur Molkenkur nach Wildbad abfuhr.

Ich neige mich der Ansicht zu, daß Lassalle in der Schweiz nicht die Heirath mit dem Fräulein von Dönniges so eifrig betrieben und folglich nicht den Tod im Duell gesucht haben würde, wenn ihm nicht die Aergernisse der Arbeiterbewegung das Leben verleidet gehabt hätten.

Durch eine junge Frau glaubte er sich verjüngen und kräftigen zu können. Ihm schien eine passende Verheirathung jetzt durchaus nothwendig. Ihn beschäftigte dieselbe schon in Frankfurt am Main, als er sich vor seiner Abreise in die Pfalz mit mir privatim unterhielt, so lebhaft, daß er auch mir anrieth, mich „in einer Frau zu individualisiren". Auf meinen Einwand, daß die Frau, wenn man eine unglückliche Wahl träfe, der politischen Laufbahn des Mannes hinderlich werden könnte, erwiderte er: „Heirathen Sie eine reiche Frau mit 100,000 Mitgift, dann können Sie erst recht agitiren; man kann Alles, was man will; heirathen Sie doch die Schwester Schweitzer's, die wohl ziemlich viel Geld ihrem Manne zu= bringen wird!"

Zweites Kapitel.

Das Zusammentreffen Lassalle's mit Helene v. Dönniges.

Helene, geborene von Dönniges, nachherige Frau v. Raco-witza, hat 1879 ein Buch veröffentlicht unter dem Titel: „Meine Beziehungen zu Ferdinand Lassalle", ein Buch, das viele Auflagen erlebt hat. Dasselbe gibt uns, wenn es cum grano salis (mit Verstand) gelesen wird, schätzbare Aufschlüsse, in sofern es uns einen tiefen Einblick in die Seele Helenens thun läßt. Es eignet sich weniger zur Lektüre für reine unschuldige Herzen, als für blasirte roués (Wüstlinge) und galante Damen, die eines pikanten Kitzels bedürftig und dessen noch fähig sind. Man kann, indem man auf die Verfasserin schließt, von diesem Buche sagen: le style c'est l'homme*), oder vielmehr le style c'est la femme**). Helene gehörte in das nämliche weibliche Genre wie die Gräfin von Hatzfeldt, nur daß sie leichtlebiger, roman-hafter, schauspielerartiger und nicht so eigenwillig, als die selig im Schooße der römisch-katholischen Kirche am 27. Januar 1881 dahingeschiedene Gräfin Sophie ist. Beide gehörten zu den sogenannten Emanzipirten, für sie war das Frauengeschlecht nicht der Träger und Bewahrer der bescheidenen Sitte, sondern Beide durften von sich sagen: Je me moque du reste du monde. ***)

Helene ist in der Angabe der Thatsachen nicht bestimmt, nicht taktfest genug. Sie gibt uns nicht einmal das Jahr und den Monatstag ihrer Geburt an, wenn sie uns auch eine gewisse Vorliebe für die Zahl 19 zeigt. Ich freue mich, daß ihr Buch über ihre Erziehung spricht. Sie sagt nämlich:

---

*) Französisch: der Stil ist der Mensch — das Wort homme heißt aber nicht bloß Mensch, sondern auch Mann.
**) Der Stil ist die Frau.
***) Ich pfeife auf die übrige Welt.

„Ich will mich dadurch nicht rechtfertigen, die Schuld der Willensschwäche und Frivolität, die auf mir lastet, nicht zurückweisen, — ich will nur dem mir völlig fremden Leser die Möglichkeit geben, manche gar zu schroffe und unverständliche Gegensätze in meinem Charakter und späteren Benehmen, wenn nicht zu entschuldigen, so doch zu begreifen. Vielleicht hoffe ich dabei im tiefsten Herzen auf die Bewährung des Spruches: que tout comprendre, c'est tout pardonner. —

„... So komme ich denn gleich in mein zwölftes Lebensjahr hinein, denn so alt war ich, als meine Eltern für gut fanden, mich „salonfähig" zu erklären. Freilich war ich so groß und entwickelt, wie andere junge Damen mit neunzehn Jahren; und meine Mutter, eine sehr schöne, geistreiche und gefeierte Frau, war selbst noch jung genug, um es amüsant und spaßig zu finden, eine „erwachsene" Tochter zu haben. Das Klima Italiens, wo mein Vater Gesandter war, trug wohl auch zu dieser Exzentrizität bei, damit will ich wenigstens meine Mutter, die sonst kluge Frau, entschuldigen.

„Meinen Vater hatte ich wenig Gelegenheit zu sehen: er bekümmerte sich damals nicht um seine Kinder, und ich glaube, ich habe von meinem 5. bis 16. Jahr keine tausend Worte mit ihm gesprochen. Dabei hielt ich ihn und seinen Geist in wahrhafter Verehrung, und vor Allem liebte ich sein schönes, weiches Organ, das mir aus der Kinderzeit, wo er, noch ein jüngerer Mann, uns Märchen erzählte, und von späteren dichterischen Wettkämpfen gar wohl im Gedächtniß klingt, wenn Heyse, Geibel, Bodenstedt und Andere bei Tafel improvisirten, und mein Vater mit Dingelstedt, durch antreibende Zwischenreden diese Poeten immer wieder zu neuem, feurigem Schwung anregte. Ich werde im Verlauf dieser Erzählung so selten über die guten Eigenschaften meines, mir einst so lieben Vaters sprechen können, daß es mir gestattet sei, hier (ich spreche von 1859 bis 62), wo noch kein allzu finsterer Schatten sein Bild in meinem Herzen trübt, mit kindlicher Pietät etwas zu verweilen und zu versuchen, dieses Bild durch eigene und Freundeserinnerungen, wie sie mir in einigen Nekrologen von 1872, nach des Vaters Tode, vorliegen, im günstigsten Licht zu zeigen. Da heißt es ungefähr: Der plötzliche Tod von Dönniges, unserem Gesandten in Italien, der in Rom den Blattern erlag, erinnert uns an die Zeit, wo er als junger Mann

in München einzog und seine heilsam anregende Wirksamkeit
entfaltete. Wenn Bayern im entscheidungsvollen Kriegsjahre
treu zum Reiche stand, so hat München den Hauptantheil daran
gehabt, und wenn das von Bedeutung für die große, deutsche
Sache war, so gebührt Dönniges' Wirksamkeit die Palme.
Er war als jugendlicher Docent in Berlin der Lehrer des
bayerischen Kronprinzen gewesen, welcher an der frischen, offenen
Natur und namentlich an dem vielseitigen Wissen des Mannes
ungemeines Wohlgefallen fand. — Als Kronprinz Max nach
seiner Vermählung mit der preußischen Prinzessin Marie in
sein Land zurückkehrte, bat er Alexander von Humboldt, ihm
einen Mann zu empfehlen, der ihn in seinen Studien förderte,
und ihm zugleich ein wahrer Freund und Berather sein könnte.
Humboldt nannte Dönniges, und so zog dieser denn ebenfalls
mit seiner jungen Frau nach München, wo er, als Maximilian II.
den Thron bestieg, eine höchst einflußreiche Stellung beim jungen
König einnahm. Er war es, der vom Cabinet aus alle Be-
rufungen leitete; so kamen auf seine Veranlassung seit 1852
die Naturforscher Liebig, Pfeuffer, Siebold, Bischoff, so kamen
für Philosophie, Litteratur und Geschichte Carriere, Riehl,
Sybel an die Universität; dem Juristen Bluntschli gesellte sich
Windscheid, und dem Zusammenwirken dieser Kräfte gelang es,
die Macht des Ultramontanismus zu brechen und die heran-
wachsende Jugend an sich zu fesseln. Aber diese Fremden
waren für's Erste nicht auf Rosen gebettet; der „Volksbote",
die „Augsburger Volkszeitung" und andere der giftigen ultramontanen Blätter feindeten jeden neu Berufenen auf das Ge-
hässigste an; selbst Döllinger redete damals davon, daß das
bayerische Volk seine Fürsten liebe, die nur selber keine Dornenhecke zwischen sich und ihr Volk ziehen sollten; und als diese
Dornenhecke bezeichnete man jene Gelehrten und die Dichter,
welche gleichfalls unter Dönniges' Einfluß nach München be-
rufen wurden: Dingelstedt, der das Theater übernahm, Geibel,
Heyse, Bodenstedt, denen freie Muße gewährt wurde. — König
Max versammelte im Winter Abendgesellschaften um sich, wo
Probleme, die er stellte, besprochen, neue wissenschaftliche Er-
scheinungen erörtert, und von den Poeten frische Dichtungen
vorgetragen wurden; und daß hier ein so menschlich heiterer,
ungezwungener Ton herrschte, wie im Herbst bei den Reisen
und Jagden des Königs, das war wieder ein Verdienst von
Dönniges. — Die Schwarzen aber sangen:

A duobus D et uno T
Libera nos domine!*)

Die beiden D waren Dönniges und Dingelstedt, das T war
von der Tann, damals Adjutant des Königs und Dönniges'
intimster Freund, der sich als bayerischer Heerführer so glänzend
bewährt hat. An die Berufenen schlossen heimische anstrebende
Talente sich an, andere reisten von auswärts zu, und so bildeten
sich Felix Dahn, W. Hertz, Hopfen, Lemke und Andere in
diesem Kreise; Hermann Lingg, der bis dahin im Verborgenen
vergebens nach einem Verleger gesucht hatte, ward neiblos auf
den Schild gehoben und Melchior Meyer freudig aufgenommen.
Dazu kamen unter den Künstlern Kaulbach und Schwind, unter
den Schriftstellern Fallmerayer, Steub, Förster und Kobell,
um den von Dönniges berufenen und stets in Anregung unterhaltenen Kreis zu vollenden. Es wurde erreicht, daß München
nicht nur als Kunststadt die öffentliche Aufmerksamkeit erregte,
sondern es fand auch in der Gesinnung der Einwohner ein Um-
schwung statt, der für die deutsche Geschichte bedeutsam geworden ist. —

„Im eigenen Hause war der Vater ein unendlich liebens-
würdiger, immer heiterer Wirth, wenn er, unterstützt von seiner
höchst gebildeten, geistvollen Frau, Gesellschaften bei sich sah,
die sich aus den Genannten und der Elite der höchsten Aristokratie rekrutirten und gewiß für jeden Gebildeten an interes-
santer Zusammenstellung ihres Gleichen suchten.

„Aber so kam es, daß er seine ganze Zeit zwischen den
Staatspflichten, dem persönlichen Dienst beim König und den
erwähnten gesellschaftlichen Interessen theilte, und für seine
Kinder Nichts davon übrig blieb, — außer was wir im Salon,
wo namentlich ich immer zugelassen war, von ihm sahen.

„Dieselbe Entschuldigung des Zeitmangels hatte die Mutter,
die sehr bald zur intimen Freundin der Königin wurde, wenn
sie die Sorge für ihre Kinder Lehrern und Gouvernanten über-
ließ, die glücklicherweise gute, brave und herzensgebildete Personen waren.

„Durch dieses, abseits von der Familie geführte Leben
der Eltern läßt sich auch nur das erste bemerkenswerthe Er-
eigniß in meinem Leben erklären, welches durch die wunder-

---

*) Latein. Von zwei D und einem T befreie uns, o Herr.

liche Erziehungs-Anschauung der chère maman (lieben Mama) herbeigeführt wurde.

„Ich meine die corrupte Thatsache, mich als zwölfjähriges Mädchen mit einem 40 bis 42 Jahre alten Manne zu verloben!! Das kam so: meine Eltern machten eine Reise durch die Insel Sardinien und lernten dort unter halb und ganz wilden Menschen einen etwas zahmeren kennen, — der, Gott weiß durch welche Künste (er kochte vorzüglich, so ziemlich die einzige gute Eigenschaft, die ich an ihm erkannt) die Herzen meiner Eltern so fascinirte, daß sie ihm versprachen (oder war an diesem Wahnsinn nur die Mutter schuld), ihm ihre zwölfjährige Tochter zur Frau zu geben. — Wie man sich die ganze Sache dachte, ob die Hochzeit aufgeschoben werden sollte, bis ich in einigermaßen heirathsfähigem Alter sein würde oder wie das Alles werden sollte, darüber sind sie sich, glaube ich, selbst niemals ganz klar gewesen; genug, es amüsirte meine Mutter, als eine selbst noch junge, schöne, gefeierte Frau, mit einem ihr sympathischen Mann „„Schwiegermama"" zu spielen, und so wurde ich einfach verlobt.

„Man erfüllte den Kopf des Kindes, das an Nichts als an seine Bücher hätte denken sollen, mit wunderlich confusen Gedanken an Heirathen, Eheleben, Kinderbekommen und dergleichen. Daß ich damals zu dem verrückten Projekt nicht Nein sagte, ist wohl natürlich; denn wenn auch, zur Entschuldigung meiner Eltern sei es gesagt, mein Körper der einer entwickelten jungen Dame war, an Geist und Gemüth war ich doch noch ein Kind. Aber ein phantastisches, durch Märchen, Poesien und das bereits erwähnte Aufwachsen in Künstler- und Poetenkreisen (von denen ich nur Kaulbach, Geibel, Heyse zu nennen brauche, um vor den Blicken der Leser jene entzückende, aber für die Phantasie eines lebhaften, frühreifen Mädchens auch gefährliche Münchner Gesellschaft hervorzuzaubern) sinnlich entwickeltes, leidenschaftliches Kind.

„Es machte mir ein königliches Vergnügen, die glühenden Liebesbriefe des feurigen Italieners zu erhalten, sie meinen kleinen Freundinnen zu zeigen und mich von diesen beneidet zu fühlen.

„Ich hatte den mir bestimmten Gatten noch nicht gesehen. Er konnte als Festungs-Commandant von Alessandria nicht gleich Urlaub erhalten, und sein Fortgehen von dort machte einige Schwierigkeiten. Alle meine zwölfjährigen Brautfreuden

bestanden demnach für's Erste in den phantasievollen Vor-
spiegelungen, die meine Mutter nicht müde wurde mir auszu-
malen: wie reizend es sein werde, fast noch ein Kind, in
Bälde Frau Generalin — Excellenz zu heißen! Wie mein
reicher, vornehmer und vor allen Dingen älterer Gatte mich
mit allen Herrlichkeiten der Welt überschütten würde; denn ein
alter Mann nur verstehe es, eine Frau wahrhaft zu lieben und
glücklich zu machen, er sei ihr in jedem Augenblick des Lebens
dankbar für ihre Zuneigung — selbst wenn sie eine solche nicht
für ihn empfinden könne, so danke er ihr noch dafür, daß
sie mit ihm lebe! Kurz, die Zukunft wurde mir in den rosigsten
Farben ausgemalt; ich sah mich im Geiste nur noch in Sammt
und Edelsteinen, von Dienern und aller erdenklichen, orien-
talischen Pracht umgeben, von blendenden Schimmeln durch's
Leben gezogen!! Einstweilen kam ich mir riesig interessant
vor, bekam wohl auch einen hohen Begriff von meiner unwiderstehlichen Schönheit, da sich der „„wilde Italiener““ ja
nur durch ein Bild von mir hatte zähmen lassen (all' Dieses
Aussprüche meiner Mutter und ihrer Freundinnen), und blickte
vorläufig mit größter Geringschätzung auf meine Gouvernanten,
die, obgleich soviel älter als ich, doch noch immer alte Jung-
fern waren!"

So erzählt uns Helene von der Zeit ihrer Kindheit. Der
Mann folgt unmittelbar auf die Puppe. Sie berichtet weiterhin, daß sie ihrem Bräutigam, als derselbe kam und sie ihn
sah, einen Korb gab, um einem russischen See-Offizier zuzu-
flattern. Schmetterling, Schmetterling fliege!

Aber vielleicht hatte ihre Mutter gar nicht so unrecht,
wenn sie die Tochter Helene schon im zwölften Jahre mit einem
vierzig Jahre alten Gatten versehen wollte; denn Helene bedurfte in der That einen Mann, welcher sie in Disciplin nahm
und ihre Erziehung corrigirte und vollendete.

Leider kam sie noch nicht unter die Haube, sondern zu
ihrer sie verhätschelnden Großmutter in Berlin. Helene sagt
uns selbst, daß sie hier den wohlerzogenen Jungfrauen ein
Greuel gewesen sei und sie setzt hinzu:

„Dafür war ich so recht geschaffen zum Genossen und Vertrauten der jungen Männerwelt."

Natürlich war sie auch schon —

„von selbst älteren Herren der ganzen Verwandtschaft
und Freundschaft gesucht und vergöttert."

Hier schaffte sie sich einen besonderen „Leib-Pagen" Yanko, Fürst Gehen Racowitza, der, wie sie versichert, im Alter nur wenig verschieden, sonst aber „in Allem ihr direktes Widerspiel war", an, gleich als ob derselbe ebenfalls zu der ganzen Verwandtschaft und Freundschaft gehört hätte! Im Bojarenlande hat man bekanntlich von weiblicher Tugend sehr laxe Begriffe, wie alle wissen, welche jene reizende Gegend besucht haben. Helene beschreibt uns den Bojaren äußerlich und innerlich mit den Worten:

„So dunkel der Teint und das lockige Haupthaar, die Augen von jenem schwarzen, sammetweichen Glanz, wie sonst nur die afrikanischen Volksstämme aufweisen, das Alles brachte ihm sofort von mir den Spitznamen ein: mein Mohren-Page. Der Verstand war nicht überwiegend, sondern das Herz, und in diesem hatte die Liebe bald die alleinige Herrschaft gewonnen, die sie allmählich und rastlos behauptete, bis dieses junge Herz selbst stillstand. Seine Freundin wurde ich vor Allen." —

Ferner sprach Helene von Dönniges über sich selber:

„Ich habe trotz all meines oft verdammten Leichtsinns nie eine Spur von Koketterie in mir gehabt; ich habe mich nie damit amüsiren können, ein Männerherz, selbst nur oberflächlich, an mich zu fesseln, um mich dann seiner Qualen mit kalter Gleichgiltigkeit zu freuen; ich habe immer mit meiner Person hergehalten, sobald ich eine wahre Empfindung zu erblicken glaubte (j'ai toujours payé de ma personne, là où je croyais voir un vrai sentiment.)

Also hat Helene von der Koketterie einen sehr engen Begriff. Sie meint, dieselbe bestehe nur dann, wenn man einen Herrn, den man im Netze gefangen, zappeln lasse. Da sie nun keinen, den sie gefangen, ihrer Versicherung nach zappeln gelassen, sondern immer mit ihrer Person bezahlt hat, glaubt sie sonderbarerweise, daß sie nicht kokett gewesen sei. Allein die Koketterie wird nicht durch dieses von ihr angenommene Merkzeichen charakterisirt, sondern durch das Aufstellen der Netze, gleichviel, ob der gefangene coq (Hahn) lange zu zappeln hat, ehe er Futter bekommt oder nicht. Daher kann selbst jede Hetäre, die den Mann nicht lange grausam herumzerrt, kokett sein. Die Koketterie ist eben buhlerische Gefallsucht. Vor 200 Jahren sang ein deutscher Dichter:

Die Liebe ist ein Narrenseil,
In welchem sich die Gecken fangen,
Und auf den schön geschminkten Wangen
Hält man der Thoren Futter feil,
Die Liebe ist ein Narrenseil.

Die Liebe ist ein Spiegelglanz,
Worin die Thorheit sich besiehet,
Und wen dies Kleinod stets bemühet,
Der kennt sich weder halb noch ganz.
Die Liebe ist ein Spiegelglanz.

Die Liebe ist der Männer Garn,
In welchem sie als Hasen liegen
Und sich wie eitle Sklaven schmiegen,
Der Venus wohlbestallte Narr'n.
Die Liebe ist der Männer Garn.

Fast könnte man auch das Buch der Beziehungen Helenens
zu dem nun todten Lassalle, der leider hat verbluten müssen,
wie ein solches Männergarn der Gefallsucht betrachten. Hätte
sie doch Lassalle im Grabe, in das er durch sie gekommen,
ruhen lassen! Hätte sie ihm doch nur stille Thränen geweint!

Während Helene ihren Leib-Pagen oder jungen Mohrenfürsten beibehielt, hatte sie mit dem alten Italiener, dem vierzig-
jährigen Festungskommandanten, welcher gut zu kochen verstand,
doch noch nicht ganz abgebrochen. Sie erzählt uns nämlich
weiterhin:

„Ich gehe jetzt schnell über einige Jahre hinweg, die
in ihrem Laufe nur das auch hier Bemerkenswerthe brachten,
daß ich nach einigen Monaten nach Italien zurückkehrte,
dort ein etwas wärmeres Interesse für einen jungen russischen See-Offizier gewann, und dies mir den Muth eingab,
dem alten Italiener bei seinem nächsten Besuche zu sagen: ich
hätte ihn immer unausstehlich gefunden, jetzt aber hasse
ich ihn."

Der Muth, dem alten Italiener einen Korb zu geben,
rührt sonach allein daher, daß sie jetzt an seiner Statt einen
jüngeren Mann gefunden hat.

Hier werden einige Monate mit einigen Jahren zusammen-
geworfen, wie Kraut und Rüben. — —

Nachdem Helene den alten Italiener, sowie den jungen
See-Offizier losgeworden war, fühlte sie sich nicht mehr irgendwie gebunden; denn was den Mohrenfürsten anbelangte, so war
bei ihm der Verstand nicht vorwiegend, sondern nur das Herz.

Nun ging es bei ihr lustig her im tollen Trubel. Helene schildert diese Zeit bunter Wasserjungferei und koketter Seenixerei wie folgt:

„Diese nächsten, hauptsächlich in Nizza verbrachten Jahre möchte ich eher als einen Taumel, ein Wiegen in Sonnenschein, Ballblumen- und Meerfahrtenduft, rasenden Kavalkaden und königlichen Festen bezeichnen, wie als wirkliches Leben. Denn zum Leben gehört Streben und damals kannte ich kein anderes als: die wildeste Reiterin, die gesuchteste Tänzerin, die Königin aller Tollheiten zu sein."

Wäre der 1725 in Venedig geborene, zu Wien 1803 gestorbene Johann Jakob Casanova von Seingalt, der Bruder des Malers Franz Casanova, ein Wasserweibchen gewesen, hätte er sich in seinen Memoiren eines solchen Styles nicht zu schämen gehabt. Helene bemerkt ferner:

„Aber damals, ich muß es leider gestehen, hatte doch ein rauschendes Ballfest oder ein Picnic in den blühenden Veilchenfeldern von St. Jean oder la petite Afrique, wenn auch die Mitwirkenden der oberflächlichsten aristokratischen Eleganz oder selbst der buntesten Abenteuerlichkeit angehörten, den Hauptreiz für mich, und ich verlor immer mehr jede ernstere Richtung, wurde in den Begriffen, die in nordischeren Kreisen als Moral gelten, immer unklarer und leichtdenkender. Dafür kann nun wohl weder mich noch meine direkte Umgebung ein Tadel treffen; es lag eben in der Luft, wenigstens in der Luft! Eine Gesellschaft, zusammengemischt aus dem Schaum aller Gesellschaften, der besten, guten, halben und schlechtesten Welt, — aber eben aus dem Schaum, das heißt aus all dem, was oben bleibt; was seine sprudelnden Perlen hinaufwirft, sie tanzen — schäumen und — zerplatzen läßt, ohne daß Jemand fragt, was aus diesen eben noch brausenden, blitzenden, dann zersprungenen Dingern geworden, — solche Gesellschaft ist überhaupt kein Aufenthalt für junge Wesen, die noch nicht Ruhe und Kenntniß haben, um die Spreu vom Weizen zu sondern, die Alles für gleich echt, gleich gut, gleich berechtigt nehmen. Diese Jahre, in dieser Gesellschaft, haben denn auch nachdrücklichst auf mein ganzes Leben gewirkt; ich habe das richtige Maß, um Gut und Schlecht, Moral und Unsitte nach deutschem Muster zu messen, nie mehr finden können."

Helene rechnet sich hier unter die noch ganz jungen Wesen, für die solche Schaumperlen-Gesellschaft kein geeigneter Aufenthalt ist. Aber sie hat uns doch erzählt, daß sie, als sie in ihrem dreizehnten Lebensjahr nach Berlin kam, dort den wohl-erzogenen Jungfrauen bereits als ein Greuel vorkam und daß sie schon damals so „recht geschaffen war zum Genossen und Vertrauten der jungen Männerwelt", ja daß sie „selbst von älteren Herren der ganzen Verwandtschaft und Freundschaft ge-sucht und vergöttert wurde." War das etwa auch schon der Schaum aller Gesellschaften? Was konnte jetzt noch an ihr verdorben werden? Und wie alt war sie denn jetzt in Nizza bei dem Taumel und dem Wiegen im Sonnenschein? Suchen wir ein wenig zu rechnen!

Nach Berlin war sie gekommen mit 13 Jahren. Wie viele Jahre sie sich in Berlin aufhielt, gibt sie nicht an. Dann geht sie, wie sie sagt, über „einige Jahre" hinweg, und reist hierauf nach „einigen Monaten" in den Süden. Wie lange dort das „etwas wärmere Interesse" für den jungen russischen See-Offizier und das schon etwas kältere Interesse für den alten Italiener gedauert hat, erfahren wir von ihr nicht. Dann erst kommen die in Nizza verbrachten Jahre, die wie Veilchen ge-duftet haben sollen, und zwar werden uns diese Jahre wieder etwas unbestimmt „als die nächsten" bezeichnet. Die Gräfin Sophie von Hatzfeldt war den 10. August 1805 geboren! Helene gibt uns wohl das Geburtsjahr der Gräfin, aber nicht ihr eigenes an. Helene ist

13 Jahre alt bei ihrer Ankunft in Berlin;

X Jahre blieb sie in Berlin bei der Großmutter;

„einige Jahre" überspringt sie, wie sie sagt;

„nach einigen Monaten" reist sie darauf nach Italien;

nach einiger Zeit kommt das wärmere Interesse für den jungen russischen See-Offizier;

dann kommt der „nächste Besuch" des alten Italieners, und zuletzt

„die nächsten Jahre" voll Ballblumen- und Meerfahrten-Duft!

Nun wird eine zweite Reise nach Deutschland projectirt und von ihr mit Jubel begrüßt. Jetzt erst lernt sie in Berlin Ferdinand Lassalle kennen. Wie viele Lenze mochte das im Sonnenschein Nizza's gewiegte Kind wohl jetzt hinter sich haben? Ich werfe diese Frage jetzt mit gutem Grunde auf. Lassalle nämlich hielt die Jungfrau für jünger, als sie wirklich war. Er hielt sie für ein Juwel! Diese Täuschung bezüglich des

Alters, welche Helene in ihrem Buche zu verdecken sucht, trug wesentlich, wie wir sehen werden, zu den falschen Schritten bei, die den Tod Lassalle's unvermeidlich machten.

Helene suchte sich zu decken, indem sie auf Seite 4 sagt: „Wenn Manches lückenhaft oder ungenau erscheint, Zeit, Orts- und Namensbezeichnungen, oder andere Kleinigkeiten (denn nur um solche kann es sich handeln), so ist mein Gedächtniß verantwortlich, das weder durch ein Tagebuch, noch durch irgendwelche Aufzeichnungen unterstützt wird."

Ist aber die Angabe von Zeit, von Orts- und Namensbezeichnungen, sowie von ähnlichen Sachen, die keineswegs unter die Kleinigkeiten zu rechnen sind, wenn es sich nicht blos um einen schlechten Roman handelt, lückenhaft und ungenau, vielleicht geradezu falsch: was für geschichtlicher Werth verbleibt alsdann wohl ihrem Buche noch? Welche Treue der Wahrhaftigkeit darf man alsdann noch auf sie setzen? Ohnehin wünsche ich von ihr zuvörderst nur den Nachweis ihres Geburtsjahrs. Sie muß doch wissen, wie alt sie war, als Lassalle in ihr Netz verstrickt wurde und in demselben sich zu Tode zappelte!

Helene erzählt von sich und ihrer Großmutter:

„Nach einer schönen Reise durch Frankreich, die Schweiz und Süddeutschland kamen wir wieder nach Berlin und ließen uns im Winter 1861 dort nieder."

Hier erwähnt sie wieder ihren Leib-Pagen, den jungen Mohrenfürsten Yanko, von dem sie sagt, daß er am Tage nach ihren Freuden immer habe ihre Begeisterung über sich ausströmen lassen müssen, und daß ein Widerspruch oder gar ein kühles Urtheil, wo sie geglüht, ihm ihren höchsten Zorn eingetragen habe.

Sie erzählt, es müsse ungefähr im Januar 1862 gewesen sein, als sie auf einem glänzenden Balle der Präsidentin Bonserie zum ersten Male von Ferdinand Lassalle gehört habe. Die Schauspielerin Formes habe auf diesem Balle, als der Abend schon weit vorgeschritten gewesen, plötzlich und mit Lebhaftigkeit einen vorbeigehenden Offizier beim Aermel ergriffen und ausgerufen:

„Hierher müssen Sie kommen, Baron, hier ist ein merkwürdiges Wunderthierchen, ein Phänomen zu sehen!" —

Helene fährt fort:

„Und sich zu mir wendend stellte sie vor: Rittmeister Baron Korff von den Garde-Dragonern, Meyerbeer's Schwiegersohn. Dieses rothgoldene Nixenkind hier werden Sie wohl schon gesehen haben. Sie schauten sich wenigstens vorhin halb blind, als sie tanzte; im Uebrigen heißt sie Fräulein Helene von Dönniges!"

Es entspann sich in der Folge eine Unterhaltung und: „Plötzlich, als ich eben wieder irgend etwas, für eine „„nordische Jungfrau"" wohl Unzuträgliches gesagt hatte, — ich kann mich nicht erinnern, was oder worüber wir sprachen, — stutzte Korff und mich einen Augenblick, ohne zu reden, anblickend sagte er, sich näher zu mir beugend und als wollte er mir etwas Geheimnißvolles mittheilen: „Sie kennen Lassalle?"

Helene verneinte die Frage, aber Korff erwiderte fest: „Sie kennen ihn doch! So kann nur eine sprechen, die Lassalle kennt und seine Gedanken theilt."

Nachdem Helene dergestalt auf Lassalle aufmerksam gemacht worden war, wurde ihr einige Wochen später, als sie einer Einladung zum Souper des Bankier's Jacques gefolgt war, Lassalle durch Dr. Karl Oldenberg erwähnt. Dieser sagte zu ihr:

„Sie sind ja ein ganz merkwürdiges, wunderbares Menschenkind: Das erste Weib, das ich mir als Lassalle's Frau denken könnte!"

Ueber die Gräfin Hatzfeldt gab ihr Dr. Karl Oldenberg folgendes Signalement:

Oh, eine alte Freundin Lassalle's, 60 Jahre alt, geschminkt bis über die Möglichkeit, wie sie in Wien sagen; mit blutegelartigen falschen Augenbrauen, einem gelbpergamentenen, sehnigen Hals, und den ganzen Tag zwei Fuß lange Havanna-Cigarren zwischen falschen Zähnen rauchend; aber in geistiger Beziehung eine außergewöhnlich bedeutende Frau, National-Oekonomie und römisches Recht so gut kennend, wie irgend ein Gelehrter: — mit einem Wort, ein altes Mannweib!"

Endlich trifft Helene bei einer Abendunterhaltung der Frau Hirsemenzel den längst gesuchten Lassalle. Sie springt dort hinter einem Sopha hervor und ruft dem im Gespräch begriffenen Lassalle zu: „Nein! Das ist nicht meine Ansicht!" — Somit begann sie sofort mit einer Herausforderung. Sie erzählt:

„Da standen wir — und sahen einander zum ersten Male
Aug' in Aug', — und dieser Moment entschied! Was die
Franzosen le coup de foudre*) der Liebe nennen, wenn je
von Menschen empfunden, wir waren davon getroffen. — Einen
Augenblick sahen wir uns Beide sprachlos an, dann sagte er,
sich lächelnd niedersetzend und mich durch seinen Blick ebenfalls
niederzwingend: „„Nein?! Eine Verneinung also ist das Erste,
was ich von diesem Geschöpf da höre? So also sieht man
aus, — das sind Sie? — Ja, ja, so hab' ich mir's auch
gedacht, — so ist's auch recht!"" — Ich wollte mich halb
verwundert, halb hilfesuchend zur Hausfrau wenden, wollte die
Bitte aussprechen, uns einander vorzustellen, — da legte er
leise seine Hand auf meinen Arm und sagte ruhig: „„Wozu?
— Wir kennen uns doch! Sie wissen, wer ich bin, und Sie
sind Brunhilde, — Abrienne Carboville, — der Fuchs, von
dem Korff mir erzählt hat, mit einem Wort: Helene!""

Helene forderte also Lassalle plötzlich keck heraus. Und
was that Lassalle? Er biß sofort auf die ausgeworfene Angel
an. Hören wir, was Helene weiter berichtet:

„Endlich um 4 Uhr (des Morgens) wurde die Tafel
aufgehoben und Alles rüstete sich zum Fortgehen; auch ich mit
meinen Verwandten, einer jungen, als ungemein sittenstreng
bekannten Frau, und einem älteren Herrn; ich nahm meinen
Mantel, und Lassalle, der ihn mir umgab, sagte ungeduldig:
Schnell, schnell, komm, laß' uns gehen! —

„Ich wunderte mich nicht, daß dieser fremde Mann mich
plötzlich Du nannte; ich wunderte mich nicht einmal, als er,
draußen auf dem Treppenabsatz angekommen, mich wie ein
Kind aufhob und mich ruhig und ungenirt in seinen Armen
die drei Treppen des Hauses hinuntertrug. — Ich wunderte
mich nicht. — Aber merkwürdiger ist noch, daß sich meine
ernsten, etwas altväterisch gesinnten Verwandten nicht wunder=
ten... Unten angelangt, setzte er mich nieder und, meinen
Arm nehmend, sagte er nach kurzer Pause: „„Jetzt müssen wir
aber vernünftig sprechen! Wann sehen wir uns wieder und
wann soll ich zur Großmama kommen, mit ihr Alles in's
Reine zu bringen?"" — Nun plötzlich schoß mir alles Blut
zum Herzen. — Mir fiel ein, wie man zu Hause über diesen
Mann dachte, und eiskalt überlief es mich. — Was sollte ich

---

*) Der Blitzschlag.

antworten? — Ich wollte ihm nicht wehe thun und doch mußte ich ihm die Wahrheit sagen. Mir kam's auf einmal vor, als hätte ich mit unverantwortlichem Leichtsinn gehandelt: ich hatte meine ganze Seele hingegeben — aber wie sollte ich's fort= führen? wie zu Ende bringen? — Zögernd und halblaut ant= wortete ich also: „„Nein — kommen Sie nicht — es geht nicht — jetzt nicht — vielleicht später, aber nicht gleich. Es ist so Vieles dagegen — auch ist meine Großmutter so viel leidend.““ —

„Ich sehe diese Momente noch jetzt so deutlich vor mir, als sei es gestern geschehen: der Mond stand voll und klar am Himmel, eine frische, durchsichtige Frühjahrsnacht lag über der Erde, kaum, daß ein leichter Wind die noch dürren Zweige der Bäume aneinander rieb, schwarz und einsam lag der Thier= garten neben uns, an dessen Rande wir hinwanderten, und nur in einiger Entfernung hörten wir das gleichmäßige Auf= schlagen der kleinen Stiefel=Absätze meiner Begleiterin auf dem Steinpflaster und den schweren Tritt ihres Gefährten.

„Lassalle blieb stehen und zwang mich, ihm in die Augen zu sehen; dann sagte er leiser und in fast klagendem Tone: „„O Kind! Kind! warum willst Du's uns so schwer machen? warum verzögern, was doch kommen muß? Fühlst Du es denn nicht ebenso wie ich, daß wir unser gegenseitiges Schicksal sind? Und weißt Du nicht, daß es gefährlich ist, mit jeinem Schicksal zu spielen?““

„Ich antwortete nicht. Ein leises Zittern überfiel mich und zum ersten Mal überkam mich das Gefühl, das ich später in seiner Nähe niemals wieder verlor: eine sehnsuchtsvolle Angst, ein Zusammenschnüren des Herzens, Lahmheit des eigenen Willens, und die unklare Furcht, thun zu müssen, wie er be= stimmte, ohne selbst zu wollen. Ein Gefühl, wie es die Som= nambüle empfinden soll unter dem Einfluß ihres Magnetiseurs: eine wonnige Qual.

„Ich wagte nicht mehr, ihm entgegen zu sprechen und wollte doch noch dagegen ankämpfen. Er fühlte wohl, wie mir zu Muthe war, so daß er jetzt weich und zärtlich sagte: „„Aber nein, Du sollst nicht leiden, es ist ja ein Kind, ein zartes, schwaches Kind, was ich da vor mir habe, und so will ich denn Alles thun, was dieser Kindermund befiehlt. Es ist freilich schade um die verlorene Zeit — aber auch das ist kein

Unglück, wir haben ja noch ein langes schönes Leben vor uns!"" —

"Und als er sah, daß ich erleichtert aufathmete, sagte er lächelnd: ""Du kleiner kindischer Goldfuchs Du! — denn Du weißt doch, daß Korff Dich so nennt? — Er kam am Tage nach dem Ball, wo er Dich zuerst sah, zu mir und rief mir gleich zur Thür herein: ich habe eine Frau für Sie gefunden, Lassalle, — aber, es ist ein Fuchs!

"Mit solchen und ähnlichen Worten scherzte er meinen Schrecken hinweg, ich wurde ruhiger, sodaß wir in bester Laune an meiner Behausung anlangten, wo wir uns wie alte Bekannte, die sich morgen wiedersehen sollten, trennten. — Und doch, wie lange währte dieses ersehnte morgen!"

Noch muß zu dieser Erzählung hinzugefügt werden, daß Helene am nächsten Morgen zu ihrem Mohrenfürsten sagte:

"Yanko, gestern habe ich einen Mann gefunden, wenn der mich will, so nehme ich weder Dich, noch einen andern, sondern gehe mit ihm, wohin er will!" worauf der Mohrenfürst mit Thränen in den Augen geistreich versetzte:

"Wenn es zu Deinem Glück ist — gewiß!"

Denn auch mit dem Mohrenfürsten stand Helene auf Du und Du, ohne daß sie angibt, ob derselbe ebenfalls ein Magnetiseur gewesen ist. Vielleicht hatte auch schon der junge russische See-Offizier mit dem etwas wärmeren Interesse auf sie einen magnetischen Zauber ausgeübt.

Yanko blieb ihr Leib-Page trotz der magnetischen Kraft Lassalle's.

Hier wird man an das im Talmud erwähnte Wunder gemahnt, demzufolge einer der Pharisäer eben so gut, ja noch besser, hoch in die Luft fliegen konnte, wie der christliche Prophet.

Helene wird in Folge der ersten Zusammenkünfte mit Lassalle, weil selbige bei ihren Verwandten Verdacht erregt hatte, streng überwacht. Freilich hat sie uns erzählt, daß ihre ernsten, etwas altväterisch gesinnten Verwandten, sich nicht darüber gewundert hätten, als Lassalle Helenen die Treppen des Hauses in seinen Armen hinuntertrug; allein sie berichtet uns weiterhin in ihrem Buche:

"Der Abend bei Hirsemenzels hatte doch in meinen Verwandten Verdacht erregt — man verhinderte auf jede Art, daß ich ohne sichern Schutz ausging. Das gastliche Haus

Hirsemenzels löste sich auf, und als gar Frau Auguste Formes in einem übel berathenen Moment sich durch ihren Freundes=eifer für Lassalle hinreißen ließ, mir einen zierlichen Einlad=ungsbrief zu einer Theegesellschaft in ihrem Hause zu schreiben: „„wo ein von uns Allen hochverehrter junger Gelehrter sein neuestes Werk vorlesen wollte"" — und dieser unselige Brief in die Hände meiner Großmutter fiel, da hatte die Ent=rüstung kein Maß. Es wurde förmlich Familien= und Freun=desrath gehalten und feierlich erklärt, daß „„diese sittenlose Comödiantin und ihre gleichgesinnten Freunde" absolut von jeder Berührung mit mir abgeschnitten werden müßten, und Frau Formes erhielt ein höchst ungnädiges Handschreiben. Ich war natürlich über dieses Alles außer mir und vermochte es abermals, durch meinen Freund Janko einen längeren, heimlich geschriebenen Brief an Frau Formes zu befördern, in welchem ich meine Empörung über die häusliche Thrannei, meine Ver=ehrung für sie und einen schüchternen Gruß an „„Heraklit"" niederlegte. Das war aber für eine lange Zeit auch die letzte Verbindung zwischen uns, ich hörte ihn kaum mehr nennen."

Nun aber kommt während des Herbstes 1862 der Rechts=anwalt Holthoff nebst seiner Frau Gemahlin nach Berlin und schlägt hier seinen Wohnsitz auf. Herr Holthoff ist ein Freund der von Dönniges'schen Familie, er nennt in Ermangelung einer eigenen Tochter Helene „sein Töchterchen", und mit Holthoff's darf Helene frei ausgehen. Zugleich ist Herr Holthoff ein guter Bekannter Lassalle's. So geschieht es, daß Helene in dem ersten von Bülow gegebenen Winterkonzert, wohin sie mit Holthoff geht, Lassalle wiedersieht, ohne ihn jedoch zu sprechen. Holthoff macht ihr Hoffnung, daß sie Lassalle in dem Holt=hoff'schen Hause treffen kann. Nunmehr wird der Mohrenfürst, der während des Sommers der alleinige Geliebte Helenens gewesen, sofort von ihr kälter behandelt und sogar gepeinigt. Helene schreibt nämlich hierüber:

„Das Verhältniß zu Janko Racowitza, das während des Sommers und Herbstes auf sehr warme, hochgradige Tempe=ratur hinaufgestiegen war, trat plötzlich in den Hintergrund, und der Arme hatte in der nächsten Zeit viel zu leiden, schon dadurch allein, daß ich ihm in gewohnter Aufrichtigkeit Alles mittheilte, was mir das Herz bewegte. — Kam mir ab und zu vielleicht doch die Ahnung, daß mein Benehmen gegen ihn grausam oder wohl gar herzlos sei, so tröstete ich mich damit,

daß er so sehr jung sei, und sich so oder so bald beruhigen würde.
— Auch war ich es nicht gewöhnt, um Anderer willen meinen
Leidenschaften und Gefühlen Zügel anzulegen, und grade diese
Wildheit, die Schrankenlosigkeit meiner Natur gefiel ihnen ja
Allen, sie nannten sie den unwiderstehlichen Reiz meines Wesens
— also mußten sie jetzt auch die unangenehme Seite davon
ertragen. — Dieser merkwürdige Zwitterzustand dauerte einige
Wochen. — Da kam der erste Juristenball der Saison. — —"

Helene geht mit Holthoff auf den Juristenball, um hier
Lassalle zu treffen und zu sprechen.

Lassalle redet zu ihr folgendermaßen:

„Siehst Du, Du dummer Fuchs, es geht doch nicht ohne
einander. Fühlst Du's jetzt? — Ich will heut auch nur zwei
Dinge von Dir wissen: was würdest Du thun, wenn Du nun
meine Frau wärest und sie verurtheilten mich zum Tode und
Du sähest mich aufs Schaffot steigen?"

Helene, in der bereits der Gedanke aufgekeimt war,
Schauspielerin zu werden, betrachtete sich schon auf der Bühne
stehend und antwortete wie eine Heldin des vorausgesetzten
Trauerspiels:

„Ich würde warten, bis sie den stolzen Kopf abge-
hauen hätten, damit meines Adlers Augen bis zuletzt etwas
Liebes sähen, und würde dann Gift nehmen — Gift, das wir
als sicherstes Mitttel ausgesucht hätten!"

So sagte sie zu ihm als zukünftige Komödiantin. Als
er aber nicht ohne ihre Schuld hatte sterben müssen, nahm
sie keineswegs Gift, sondern heirathete ganz im Gegentheil den
Mohrenfürsten, der ihn im Duell getödtet hatte.

Auch der Mohrenfürst war auf dem Juristenballe anwesend, und als Lassalle seiner ansichtig wurde, sagte er
zu ihr:

„Also diesen jungen Mohren-Prinzen muß ich aus dem
Weg räumen? Das ist einer der Drachen, die den Schatz
verwahren?"

Helene suchte jedoch, wie sie selbst sagt, „zu läugnen",
indem sie scheinbar „gleichgiltig" erwiderte:

„Ah bah! Der zählt nicht, das ist mein Page, hat weiter
keine Konsequenz!"

Doch Lassalle antwortete, wie Helene ausdrücklich mittheilt, ernster:

„Mit den Augen? Und glaubt der Fuchs, ich wüßte

nicht genau Alles, was er gethan und getrieben hat in der langen Zeit des Zwischenreichs? Ich weiß Alles, Alles! Aber es ist mir Alles egal. Ich erreiche doch, was ich will, wenn man mir nur ein wenig hilft! — Will man?"

Da Helene bejahend nickte, fuhr Lassalle fort:

„Da muß ich also erst Genaueres über die Eltern wissen. Wie ködert man die Mama? Macht man ihr den Hof oder spricht man vom neuesten Prediger mit ihr? Oder spielt man Whist mit ihr und hält ihr die Strickwolle?"

Helene lachte über die Idee des Whistspielens und Strümpfe-strickens. Sie bemerkte;

„Nein, da machen Sie ihr schon lieber den Hof, — das ist sie von den ausgewählten Dingen noch am Meisten gewohnt. Sonst können Sie aber auch von Allem reden, was Wissen-schaft, Literatur und Kunst Interessantes bieten."

Wie der Vater zu gewinnen sei, konnte Helene nicht sagen. Doch Lassalle gab sich zufrieden, indem er sagte:

„Mit Männern kommt man schließlich immer aus, nament-lich mit gescheidten, gelehrten Männern. Das Schlimmste, das einzige Unüberwindliche in der Welt sind unvernünftige Frauen." —

Einige Zeit nach diesem Balle wird Helene im Hause ihrer gerade in Schlaf versunkenen Großmutter von Holthoff gefragt

„Würden Sie je einen Mann heirathen, der nicht adelig oder Jude ist?"

Ohne Zaudern gibt Helene die Versicherung:

„Gewiß, wenn dieser Mann Lassalle hieße!"

Gerade damals begann Lassalle seine Arbeiter-Agitation, indem er jenen Vortrag hielt, welcher unter dem Titel: „Ar-beiter-Programm" gedruckt worden ist. Das war wohl der Grund, warum er an Helene die Frage bezüglich des Schaffot-Besteigens stellte.

Inzwischen hat die Großmutter bei Helenens Vater an-gefragt und theilt ihr Folgendes mit:

„So, ich habe nun an Deinen Vater wegen Deiner Hei-rath mit Lassalle geschrieben und seine Antwort erhalten. Er sagt entschieden „Nein!"

Sie hatte es auf den Rath Holthoff's gethan. Helene erwiderte ihrer Großmutter:

„Nun, wenn es zwischen Dir und Holthoff eingebrockt wurde, dann laß es auch zwischen Holthoff und Dir ausgegessen werden. Weder ich noch Lassalle bekümmern uns einen Deut darum!"

Helenens Mutter war nicht von abeliger Herkunft, und der Abel von Helenens Vater war nicht durch das geschichtliche Alter geheiligt: warum hätte Helene Anstoß nehmen sollen, einem nicht abeligen Juden eheliche Verbindung in Aussicht zu stellen? Anders freilich dachten ihre Eltern, denen weder Lassalle's Judenthum, noch seine bisherige wilde Wirthschaft mit einer ausgeschrieuen Gräfin von altem katholischen Abel sehr behagten. Ob es Helene wenigstens ein Bischen Ernst war mit der in Aussicht gestellten Heirath eines Juden, kann nicht anders in Frage kommen, als auf dem Theater, für welches Helene paßte, selbst die Heirath einer Gesandtentochter mit einem gelehrten Juden nicht ganz unmöglich ist.

Ich denke von den Schauspielern in ähnlicher Weise wie die alten Römer.

Helene ist ein Märzkätzchen. Als ihr Geburtstag im März herankam, empfing sie einen großen Blumenkorb gefüllt mit Veilchen und weißen Rosenknospen, nebst einem anonymen Gedicht, das geschrieben war auf Briefpapier, welches die Namens-Chiffre F. L. trug. An diesem Geburtstage erschien Frau Holthoff bei ihr, um ihr zu gratuliren und ihr in's Ohr zu flüstern, daß am nächsten Tage Nachmittags Lassalle's Schwester aus Wien, Frau von Friedland, welche vor Begierde brenne, sie kennen zu lernen, bei Holthoffs zum Kaffee sein werde. Als ganz natürlich war vorauszusetzen, daß auch Lassalle beim Kaffee anwesend sein werde. Helene folgte der Einladung zum Kaffee. Sie erzählt, daß Frau von Friedland bei ihrem Anblick ausgerufen habe:

„So habe ich mir Ferdinands Frau gedacht. Ihr paßt prächtig zusammen, — ich liebe dieses Mädchen fast ebenso, wie mein Bruder es thut."

So versichert Helene, und ich bezweifle nicht, was sie sagt. Allein mir hat Frau von Friedland ganz anders gesprochen. Sie hat mir, als ich in Wien bei ihr war, versichert, daß sie ihrem Bruder eine Frau in Wien habe verschaffen wollen. In der Folge hatte sie sich mit ihrem Bruder überworfen.

Helene fand Lassalle im Arbeitszimmer des Herrn Holthoff vor. Sie berichtet außer ganz unbedeutenden Dingen von dieser Zusammenkunft noch Folgendes:

„An jenem Tage wurde nicht viel Ernstes gesprochen, nur daß Lassalle im Sommer zu meinen Eltern gehen wollte, sie durch List „„zufällig““ kennen lernen und sie durch seine bezaubernde Gabe, die Menschen zu beherrschen und zu fesseln, bezwingen wollte. — Sonst aber scherzten und lachten wir den ganzen Nachmittag und Abend hinweg, ohne daß irgend Bedeutungsvolles beschlossen worden wäre. Lassalle schien unsere Sache abgemacht zu halten, ohne daß ich doch je ein entscheidendes Wort zu ihm gesprochen hatte."

Allerdings hatte Helene zu Lassalle selbst nicht, aber zu dessen Vermittler Holthoff, zum Freiersmann das entscheidende Wort gesprochen, daß sie Lassalle, obschon er Jude und kein Abeliger wäre, heirathen wollte. Das Erscheinen bei Holthoff's war ohnehin genug. Trotzdem trieb sie ihr Doppelspiel mit dem Mohrenfürsten fort.

Das war im März des Jahres 1863.

Da bald nachher ihre Großmutter krank wurde, reiste sie mit ihr in verschiedene Bäder.

Sonst erzählt Helene, ohne das Datum genau zu bezeichnen:

„Meine Mutter kam bald nach Berlin, um ihre kranke Mama und meine ihr erstes Kind erwartende Schwester, Baronin K.-P., zu pflegen; diese starb im Wochenbett, und die Großmutter kränkelte noch den ganzen Sommer, um Anfangs Winter ebenfalls zu sterben."

Der Tod von Helenens Großmutter ist wichtig, nicht nur insofern, als jetzt Helene Berlin verlassen mußte, sondern vor Allem deshalb, weil sie am Todtenbette der Großmutter mit dem Mohrenfürsten verlobt wurde. Helene thut freilich, als ob sie bei dem Verlöbniß nicht zugegen gewesen wäre. Nämlich, sie stellt uns dieses Verlöbniß in ihrer Weise folgendermaßen dar:

„Bis zu ihrem letzten Athemzuge hatte Großmama, wohl wissend, zwischen welchen Menschen und Verhältnissen sie ihren Liebling zurückließ, für mich gedacht. Wenige Tage vor ihrem Tode, als sie diesen bereits genau vor sich sah, hatte sie sich Yanko zu einem langen, fast zwei Stunden währenden Gespräch rufen lassen, und ihm da, wie ich später erfuhr, ihr Kind anvertraut. Sie sagte ihm, daß, obgleich sie wohl wisse, er sei noch fast ein Knabe (er war damals 19 Jahre), er doch auch der Einzige sei, in dessen Ehrenhaftigkeit und

Liebe zu mir sie volles Vertrauen hege; und deshalb verlange sie von ihm das Versprechen, mich nie zu verlassen und vor allen Dingen in jeder Lebenslage neben seiner Ehre mein Glück im Auge zu behalten und dafür zu sorgen. — Er hat es ihr versprochen und — hat es treu gehalten!" —

Er hat später Lassalle erschossen und Helenen geheirathet. Wohl zu bemerken ist, daß die Großmutter den Mohrenfürsten noch fast wie einen Knaben ansieht. Ein Knabe mochte er wohl sein im Verhältniß zu Helenens vorgerückterem Alter. Wir haben schon oben gesehen, daß Helene die Zahl 19 liebt.

Sie erzählt uns schon auf Seite 18 ihres Buches vom ersten Zusammentreffen mit Yanko: „Denn damals war er eben noch ein Knabe und von mir, seiner erwählten Königin, nur als Page angesehen." Aus dieser Stelle gewinnt es den Anschein, als ob Yanko doch um einige Jahre jünger als Helene, die nach ihrer eigenen Versicherung schon wie ein 19-jähriges Mädchen entwickelt war, gewesen sei.

Helene verließ mit ihrer Mutter Berlin, um in das Vaterhaus zurückzukehren. Trotz der Trauer um die Großmutter ging hier dasselbe tolle Treiben wie früher wieder vor sich. Zwar hätte ihr Vater als Chargé d'affaires (Geschäftsträger) in Bern restiren müssen, allein der Wohnsitz wurde nach Genf verlegt, wo das Leben lustiger ist. Sonst brachte die Familie ihre Tage auch in Nizza zu. Helene erwarb sich in Genf den Spitznamen „das Teufelskind" (l'enfant du diable).

Drittes Kapitel.

Die ersten Abenteuer Lassalle's in der Schweiz.

Helene war im Winter von 1863/64 ihrer Angabe zu folge von Berlin in Begleitung ihrer Mutter abgereist. Sie sagt, der Winter sei in allerlei Lustbarkeiten, kleinen Fahrten und Reisen in der Schweiz und dem süblichen Frankreich vergangen. Sie habe in engster Korrespondenz mit den Berliner Freunden, namentlich mit Holthoff, gestanden, doch habe dieser sich jeder ausführlichen Besprechung über Lassalle's Thun und Treiben enthalten. Jedenfalls versteht sie unter den Berliner Freunden auch Janko, den Mohrenfürsten, mit dem sie bei ihrer Großmutter verlobt worden war.

Im März 1864 kam Janko zu einem mehrwöchentlichen Besuch ins Dönniges'sche Haus, und sie sagt, dadurch sei hier ein noch lustigeres geselliges Treiben entstanden, weil „die geselligen Talente des jungen Mohrenprinzen, wie es nun hieß, ihn als vortrefflichen Tänzer und ausgezeichneten Musiker überall willkommen sein ließen."

Sie setzt hinzu:

„Auch weiß man wohl, wie sehr die „„vorurtheilsfreien Republikaner"" Titel und Rang bei ihren Gästen lieben; und der „„walachische Prinz,"" von altem tartarisch-fürstlichen Geschlecht, war überall besonders gern gesehen. — Mein Vater faßte eine merkwürdige Vorliebe für seinen jungen Gast, und ich habe ihn selten fröhlicher gesehen, als wenn der allabendliche Theetisch einige Freunde, unter ihnen besonders zwei Genfer Familien und einige ungarische Emigranten mit ihren jungen Frauen, den Grafen Keyserling, der sich damals schon lebhaft mit meiner Schwester Margarethe beschäftigte, und Janko als „Musikant" vereinte. — Für mich sind diese jedenfalls die letzten sonnigen Erinnerungen an's Vaterhaus."

4

Somit war der Mohrenfürst als Verlobter Helenens im Hause des alten Dönniges acceptirt.

Der mehrwöchentliche Aufenthalt Janko's in der Familie Dönniges dauerte wahrscheinlich bis in den Mai hinein, in welchem Monat Helene etwas erkrankte. Sie litt an Nervenschwäche und an einer Energielosigkeit, nachdem sie von einem Fieber vorher befallen und von diesem kurirt worden war. Das war wohl nur eine solche Damenkrankheit, wie sie manchmal eintritt, wenn die Reise-Saison herannaht.

Die Aerzte verordneten ihr den Aufenthalt im kühlen Hochgebirge. Da gerade eine befreundete Familie, eine junge englische Dame mit ihren Kindern, von Nizza anlangte, um gleichfalls das frischere Klima der Schweiz aufzusuchen und sich mit der Familie des damaligen amerikanischen Konsuls etwa anderthalb Stunden weit von Bern im Dorfe Wabern am Fuße des 7340 Fuß über dem Meeresspiegel liegenden und sich vom Thuner See westwärts erhebenden Berges Niesen niederzulassen, wurde Helene dieser kleinen Kolonie zugesellt, um, wie sie sagte, neuen Muth und neue Kräfte zu erlangen.

In Bern erhielt sie einen Brief Holthoffs, welcher ihr mittheilte: Lassalle sei sehr halsleidend und werde wahrscheinlich eine Molkenkur auf dem Rigi gebrauchen müssen. Sie bemerkt über diese Nachricht, daß dieselbe unter den obwaltenden Umständen auf sie wenig Eindruck gemacht habe, und fährt dann fort:

„Der Aufenthalt im Berner Land that mir wohl, ich erholte mich sichtlich und fing wieder an, mit Vergnügen an den Ausflügen und Unterhaltungen meiner englischen Freunde theilzunehmen. Nachdem wir schon mehrere kleine Abstecher in's Oberland und nach den näheren Seen gemacht hatten, schlug meine Freundin Mrs. G. d'A. eines Abends vor, den Rigi zu besteigen. Mit Jubel wurde diese Idee von Allen aufgenommen, und wenige Tage darauf hatten wir unsere Kofferchen gepackt und fuhren nach Luzern.

„Als wir hinaufritten auf jener tausendmal beschriebenen Straße, die jetzt nur noch von Wenigen benützt wird, da das Alles bezwingende Dampfroß auch dieses Stückchen Poesie verschlungen hat, zogen sich nach einem sehr heißen Mittag dunkle Wetterwolken über unseren Köpfen zusammen. Ich ritt ein wenig abseits, denn ich fühlte die Schwüle des Tages und wie ein beängstigender Druck lag mir's auf Herz und Stirn. Meine

Freundin sah mich besorgt an, sie fürchtete die Ueberanstreng-
ung, da wir des heraufziehenden Gewitters wegen scharf zu-
reiten mußten und meine Gesundheit durchaus keine glänzende
war. — Plötzlich brach mit Macht der Regen aus den Wolken,
und wir hatten tüchtig auszugreifen, um unter einen Schuppen
zu gelangen, der wenige Schritte von Rigi-Kaltbad entfernt
zum Schutz für Pferde und Reiter bei ähnlichen Unfällen er-
richtet war. — Es war ein ungemüthlicher, halbdunkler Aufenthalt, der jetzt neben dem neuen prachtvollen Hotel, das an der
Stelle des damaligen erbaut ist, gar keinen Platz mehr finden
könnte. — Wir waren natürlich Alle in etwas verdrießlicher
Stimmung, durchnäßt, und der gehoffte Sonnenuntergang gründlich verregnet. Ich vollends fühlte mich nicht wohl und hing,
vornüber gebückt, vollständig interesselos auf meinem Pferde.

„Plötzlich, wie eine Eingebung, ging mir's durch den
Kopf, und ehe ich noch darüber nachdachte, frug ich unsern
Führer:

„Ist auf dem Rigi eine Molken-Anstalt?"

„„Ja wohl!"" lautete die Antwort, „„sogar zwei: eine
in Klösterli und eine hier in Kaltbad.""

„Vor mir stand ein kleiner Junge, ein Kind von vielleicht acht Jahren; er hatte einem Pferd ein wenig Heu vor-
gehalten und mich unverwandt angestarrt. Zu diesem Jungen
beugte ich mich hinunter und frug:

„„Sag' mal, mein Kind, weißt Du nicht, ob hier in der
Molken-Anstalt ein Dr. Lassalle lebt?""

„Der Junge sah mich noch ebenso dumm an und antwortete „„O ja!""
Nun wurde der Junge abgeschickt, Lassalle zu holen.

Somit war es nicht Lassalle, der Helene aufsuchte, sondern
Helene, die Braut des Mohrenfürsten, suchte Lassalle auf. Der
Leser wird wohl sich nicht leicht überreden lassen, daß dieses
Alles so zufällig erfolgt sei, wie Helene uns glauben machen
will. Das Gewitter allerdings war nicht von ihr arrangirt
worden, wohl aber die Partie zu Lassalle. Von Holthoff hat
sie erfahren, wo Lassalle war. Diese Nachricht scheint doch
nicht ohne Eindruck geblieben zu sein. Denn, was die plötzliche
Eingebung anbelangt, die über sie gekommen sein soll, so glauben
wir, namentlich bei Helene, gegenwärtig nicht mehr an solche
Wunder. Lassalle wird uns weiter unten in einem Brief an

4*

die Gräfin das Wunder Helenens auf die natürlichste Weise erklären. —

Lassalle kam herbei. Hören wir Helenen, damit sie sich
nicht über Parteilichkeit beklagen kann, vollständig, wie sie uns
das Begegnen schildert:

„Bei allen Göttern Griechenlands! Sie ist's! tönte in
diesem Moment eine Stimme, und so unverhofft, daß es mir
das Athmen raubte, stand Lassalle vor mir. „„Sind Sie's
— sind Sie's wirklich!"" war Alles was ich vorbringen
konnte; — ich stellte ihn als einen meiner Berliner Freunde
den Uebrigen vor und mit wenigen, liebenswürdigen Worten,
die in französischer Sprache gewechselt wurden, hatte er sich
sofort die lebhafte Sympathie Aller erworben. Er nöthigte
die Gesellschaft zum Absteigen, um den Abend in Kaltbad zu
verbringen, aber sie Alle wollten auf den Kulm und dort die
erste Sonne erwarten. Als dieses fest beschlossen war, entschied sich Lassalle sofort, uns zu begleiten; er müßte nur
schnell seine herumliegenden Briefschaften und Papiere einschließen,
sein Felleisen sei immer gepackt, aber die Schriften forderten
Vorsicht.

„„Wissen Sie, ahnen Sie denn, mit was ich beschäftigt
war, als dieser Bursche mich rief, weil eine prachtvolle Dame
mich zu sehen wünsche?""

„Natürlich wußte ich es nicht, war aber nicht wenig
überrascht, als er mir sagte: „„Ich saß und schrieb an den
alten Boeth und an Holthoff um Einführungsbriefe zu Deinem
Vater. Denn nun ist's genug des Spieles, die Sache muß
zum endlichen und guten Schluß kommen.""

„Damit schritt er mit energischer Bewegung des Hauptes
wieder dem Hause zu, um wenige Minuten später, mit gepacktem
Ränzchen, sich unserer Partie anzuschließen. — In der kurzen
Zeit, die er von uns entfernt geblieben war, hatten mir meine
Begleiter in aller Eile ihre Bemerkungen über den „„ersten
Eindruck"" mitgetheilt. Sie waren Alle „„very much pleas-
ed"" von seinen eleganten, feinen Manieren, „„Dieu, qu'il est
bien!"" rief meine Freundin aus, dann sah sie mich lange
an und fragte plötzlich: „„Seid Ihr denn nicht verwandt?
Ihr seht Euch merkwürdig ähnlich!"" —

„Indem trat Lassalle wieder zu uns, und da er die letzten
Worte noch gehört hatte, so sagte er zu mir: „„Weißt Du,
daß dieses schon mehrfach gefunden wurde? Der Maler, dem

ich Deine Photographie brachte, um ein Bild banach zu malen, fand beim Arbeiten, daß unsere Gesichter die völlig gleiche Anatomie aufweisen.""

„Ich antwortete: „„Desto besser! dann weiß ich gewiß, daß wir uns immer gefallen werden, denn jeder Mensch findet sich selbst doch mehr oder weniger, wenn nicht am schönsten, so doch sympathischer als alle Andern. — Aber jetzt vorwärts, der Regen hat aufgehört, vielleicht bekommen wir noch einen schönen Sonnenuntergang; auf zum Kulm!"" —

„Ich wurde später noch einmal in recht eklatanter Weise an dieses „„Uns-ähnlich-Sehen"" erinnert. Das war 1874, als ich in Breslau gastirte. Ich spielte in einem tollen, kleinen Lustspiel von Moser, wo eine Verkleidungsscene mich nöthigte, in Männerkleidern und mit einer krausen blonden Knaben-perücke zu erscheinen. Als ich auftrat, hörte ich ein Gemurmel im Haus, und es wurde mir nach dem Theater mitgetheilt, daß einige Verwandte von Lassalle der Vorstellung beigewohnt hätten, und daß sie geradezu entsetzt über die Aehnlichkeit ge-wesen seien, die sie zwischen mir und dem 14- bis 15jährigen Ferdinand, wie er in ihrer Erinnerung lebte, gefunden hätten. Ob diese Gleichheit der Züge wirklich bestand? ich weiß es nicht, habe es selbst auch niemals finden können; Lassalle aber glaubte es und freute sich daran.

Auf unserer Tour zum Kulm hinauf fing nun Lassalle sofort an mich zu belagern; erstens: daß ich ihm definitive Antwort geben solle; und zweitens: daß, wie immer ich auch entschiede, ich eine Tour mit ihm machen solle über die Gemmi bis nach Chamouny!! — Ich ging weder auf das Eine noch auf das Andere ein, bis er endlich ganz gereizt frug: „„Und warum wollen Sie mich nicht gleich heirathen? Wa-rum nicht sofort morgen von Luzern, statt nach Bern zu reisen nach Frankreich gehen? Dort kann ich's durchsetzen, daß wir ohne alle Formalität getraut werden; und sind wir einmal fort, müssen die Eltern schon einwilligen. Einem fait accompli gegenüber ist schwer streiten!"" Ich sagte ihm darauf, daß ich in eine solche romanhafte Entführung niemals willigen würde, so lange noch ein Funke von Hoffnung da sei, das Gewünschte auf alltäglichem Wege zu erreichen. All seine be-zaubernde Redekunst versuchte er, mich für seine Pläne umzu-stimmen und gab nur endlich nach, als ich sagte: „„Das geht auch um Ihretwillen nicht; denken Sie an den maßlosen

Skandal, wenn Sie, der Führer einer neuen demokratischen, oder wie Sie es nennen, socialistischen Partei, ein Fräulein aus adeliger Familie entführen!""

„Er meinte nun zwar lachend, Skandal sei ihm gleichgiltig, aber er gab das Quälen darum doch auf. Unter diesen Gesprächen kamen wir zum Kulm; und als wir uns nach kurzer Rast zum Souper setzten, bewunderte ich auf's Neue Lassalles großartige Gabe, eine Gesellschaft auf's Angenehmste zu unterhalten, und dabei seine eigenen Zwecke consequent zu verfolgen. Indem er mit einem meiner Begleiter, einem italienischen Maler, über Kunst und Naturschönheiten schwärmte, sprach er mit dem amerikanischen Konsul über die Vorzüge einer Republik, und machte daneben den jungen Damen der Gesellschaft in liebenswürdigster Weise den Hof: — Alles, indem er dabei mit mir in deutscher Sprache unsere Angelegenheit zu fördern suchte. Plötzlich frug er mich: „„Was haben die Eltern eigentlich gegen mich?"" — Ich mußte ihm der Wahrheit gemäß antworten: „„Ich weiß es nicht; ich habe nie mit meinen Eltern über Sie gesprochen!""

„„Ja, aber damals, als Holthoff bei der Großmutter anfrug, was hat Ihr Vater als Gründe gegen mich vorgebracht?""

„Ich erzählte ihm, auf welche Weise ich damals das Gespräch mit der Großmutter abgebrochen hatte, und daß ich seitdem nie seinen Namen in meiner Familie ausgesprochen habe. —

„„Solch ein Kind!"" brach er aus. „„Das ist kaum glaublich! Unerhört! Wüßten wir jetzt, was die Hauptgründe gegen mich sind, so könnten wir dagegen ankämpfen, — aber gegen Unbekanntes kann man nicht streiten.""

„Ich wagte schüchtern die Meinung zu äußern, es sei wohl hauptsächlich sein politischer Standpunkt und dann „„die Gräfin."" — Ersteres wollte er nicht gelten lassen; er meinte, es sei unmöglich, daß man der Politik wegen sein Kind unglücklich mache, auch habe er gar nicht die Absicht, immer seine jetzige Stellung in der Politik einzunehmen; „„und mit der endgiltigen Position, die ich seiner Tochter geben will, kann auch der ehrgeizigste Vater zufrieden sein."" —

„Ich verstand in dem Augenblick nicht, was er damit sagen wollte, und da die Konversation mit den Andern doch immer aufrecht erhalten sein mußte, so konnten wir nicht lange bei demselben Thema bleiben. Auf einmal frug er mich: „„Was hat mir Holthoff erzählt? Man ist so halb und halb mit dem jungen Bojaren verlobt? — die Großmama hat das auf dem Todtenbette arrangirt??““

„„Verlobt? — verlobt nun wohl nicht,““ meinte ich — „„aber““ —

„„Verlobt oder nicht, das ist mir ganz egal!““ rief er heftig, „„das Komische davon ist nur, wie Brunhilde sich einbilden konnte, auch nur einen Augenblick es glauben konnte, Siegfried würde sie so leichten Kaufes aufgeben! Ich kümmere mich nicht so viel (ein Schnippchen schlagend) um diese Verlobung! Ich zerbreche sie! — Nur eine Ehe ist heilig! — und selbst das ist noch fraglich! Aber so lange ich lebe, so lange noch ein Tropfen warmen Blutes in meinen Adern rollt, gebe ich Dich keinem Andern! Ich hätte im Nothfall bis zur letzten Stunde gewartet, wäre dann erschienen, und hätte mir die Braut noch vom Altar fort geholt. Ich sage Dir hier, fest und feierlichst: versuche es nicht, einem Andern anzugehören, ich dulde es nicht! — ich reklamire Dich als mein Eigenthum. Ich habe es Dir schon einmal im Leben gesagt, und wiederhole es Dir wieder: wir sind unser Schicksal! Wir können dagegen ankämpfen, es führt uns doch zu einander. Der heutige Tag ist ein neuer Beweis!““ —

„„Das war wieder einer jener Sätze, die mich beängstigten. — Ich liebte und verehrte diesen Mann wohl; aber er war bis dahin der erste und einzige Mensch, der mir im Leben begegnet war, dem ich mich nicht überlegen fühlte; von dem ich empfand, mein Wille ging in dem seinen unter. Er imponirte mir und das war mir unbequem, wenigstens noch an jenem ersten Abend; er nahm Besitz von mir — ganz — ohne Beschränkung, und ich war bis dahin gewohnt, nur Das zu geben, was mir gerade paßte; ich hatte alle Männer mir unterjocht, und sie hatten jede kleinste Gunstbezeugung als etwas Unschätzbares gepriesen! — Und hier kam Jemand, der nichts Halbes wollte: ganz oder gar nicht! — Ich kam in furchtbarer Aufregung auf mein Zimmer. Meine Freundin Mrs. d'A. schlief mit mir, aber sie allein schlief, denn in mir tobten und drängten sich die Gedanken. Ich fühlte: jetzt mußte ich mich entscheiden, und ich ahnte die Kämpfe und Schwierigkeiten, wenn ich sie auch als überwindlich und zum guten Ende zu führen dachte. Aber damals lag es in meiner Natur, jedem Kampfe, allem Unangenehmen aus dem Wege zu gehen; ich lebte gern mit aller Welt in Frieden, namentlich mit meiner Familie, mit dem Vater, dem ich so fremd und scheu gegenüber stand. — Der Morgen brach an und fand mich wach, so daß des fürchterlichen „Weltgerichts" Erweckungshorn des Rigi-Hausknechtes du jour mich nicht so entsetzte, wie meine armen Gesellschafter. Wir standen mit einer Eile, die nur Denen, die jene Rigi-Sonnenaufgänge mit-gemacht, bekannt ist, auf, bedeckten uns mit jener, ebenfalls nur dort zu findenden Gespenstertracht, aus Reisedecken, Bett-laken, Shawls bestehend, und stürzten in den Nebel hinaus, um — Nichts zu sehen! —

„Lassalle, der mich in meinen weißen Wollentüchern für „„himmlisch"" fand, und trotz meines müden, überwachten Aus-sehens mit allen Göttinen des Olymps verglich, war außer sich, mir keinen wahrhaft „„gloriosen"" Sonnenaufgang zeigen zu können. — Wie oft, wenn ich in späteren Jahren auf meinem mir ewig theuren Rigi das herrliche Tagesgestirn in voller Pracht heraufziehen sah, mußte ich an jenen trüben, nassen Morgen denken, und an Lassalle's Verzweiflung über die „„verfehlte Vorstellung;"" — wie eine traurige Vorahn-ung kommender Stürme schienen uns die schweren, schwarzen Wolkenmassen.

„An jenem Morgen auch sah er zum ersten Mal, wie schwach es um meine Gesundheit bestellt war, und mit rühren-der Sorgfalt suchte er mich zu schützen vor all den ungünstigen Einflüssen des Wetters. Als wir wieder im Hause und in menschlichen Kostümen beim Frühstück saßen, bat mich Lassalle um eine Unterredung nach dem Essen, „„um endlich ohne Zeugen unsere ernsten Angelegenheiten in Ordnung zu bringen."" Ich sagte zu und erzählte bald darauf meiner Freundin den ganzen Sachverhalt, bat sie aber, mir weder zu noch abzureden, sondern mich allein, in mir selbst, zur Klarheit kommen zu lassen. Sie versprach es und bat mich, um Gotteswillen mich nicht aufzuregen, da ich schon wieder fürchterlich bleich sei und viermal so viel huste wie am vorigen Tage. —

„Sie mußte das wohl nicht allein finden, denn als ich bald darauf in das zu unserer Unterredung bestimmte Biblio-thek-Zimmer trat, stand Lassalle auf, und kam erschreckt auf mich zu; „„Mein Gott! wie leidend Sie aussehen! Das darf nicht sein. Und Sie brustkrank? Nein, das nicht, — nicht

wahr? Nur zart, und dieses nordische Klima taugt nicht für
Sie. Nun, das wollen wir Alles ändern. Wenn mein armes
Kind krank ist, so hänge ich Politik und all den Kram an den
Nagel, wir gehen nach Aegypten, leben dort oder in Indien,
— ich ganz meinen Büchern und Wissenschaften, und pflege
mir das Kind gesund, bis es ganz Brunhild ist.""

„Ich meinte, so weit seien wir doch noch nicht, und einst=
weilen sagten die Aerzte, es sei nur ein Nervenleiden, und
gerade Kälte besser für mich als Hitze.

„„Die Aerzte sind Esel! Wir gehen im Winter nach
Aegypten, und was das „Nicht=so=weit=Sein" anbelangt, das
soll eben jetzt in's Reine zwischen uns kommen. — Komm'
Kind, sage mir: „„Ja, ich will!"" und alles sonst ist meine
Sache."" — Wir saßen auf einer niedrigen Chaiselongue, er
hatte meine Hände gefaßt und sah mir fest und tief in die
Augen. Ich schauderte und sagte ihm, meinen ganzen Muth
zusammennehmend, daß ich keinen Entschluß fassen könne, so
lange ich in seiner Nähe sei; ich sagte ihm, wie seine Gegen=
wart meinen Willen lähme, wie ich nach seinem Wunsche handeln
würde — um nachher vielleicht, wenn auch nicht es zu be=
reuen, so doch die Ausführung zu schwer finden zu können für
meine Kraft. „„Denn"", fügte ich hinzu, „„verlangen Sie
Alles von mir — nur keine Willensstärke, keine Energie. Be=
denken Sie, daß ich la femme, la plus femme de l'univers
bin *) d. h. unberechenbar, capricieuse — et fille!"" Er
wurde ruhiger und sagte: „„Ich will das kranke Kind nicht
quälen, — werde also ruhiger, und beschließe, wenn wir ge=
trennt sind; — nur, um aller Götter willen, beschließe bald
und schnell! Ich kann und will diese Ungewißheit nicht
länger ertragen."" Ich versprach ihm, daß, wenn er mich in
Kaltbad verlassen und allein den Rigi hinunter reiten lassen
wolle, so würde ich auf diesem Wege Alles fest entscheiden,
und ihm sofort Antwort geben — welche immer es sei. Lassalle
kam nun auf Holthoff zu sprechen und meinte, dieser sei ein
so treu ergebener Freund unserer Angelegenheit und wünsche
so herzlich diese Verbindung, daß er bei der ersten Nachricht
dann sofort her und uns zu Hilfe kommen werde!! —

„Ich glaubte das damals auch noch und frug nur ängst=

---

*) Zu deutsch: Daß ich das Weib, das weiblichste Weib unter der
Sonne, das heißt, unberechenbar, mit Launen behaftete — und ein
Mädchen bin!

lich nach der Gräfin. Aber auch darauf antwortete Laſſalle
mit Ruhe: „„das Alles mache ich ſchon, — die Gräfin wird
ſich zuerſt gegen eine Ehe mit einem gebildeten und geiſtig auf
gleichem Niveau mit uns ſtehenden Mädchen ſträuben — das
iſt menſchlich — weiblich — natürlich! Aber wenn ſie Dich
erſt kennt, wird ſie Dich anbeten und Du wirſt ihr das durch
ebenſolche Liebe vergelten, weil ſie meine zweite Mutter iſt.““
Ich äußerte einen leiſen — ganz leiſen Zweifel, ob die Gräfin
ſo leicht ihre privilegirte Stellung als Erſte am Hofe aufgeben
würde, aber Laſſalle ſagte ernſt: „„Du kennſt ſie eben nicht;
die gute Gräfin kennt kein anderes Glück als das m e i n e.
Sollte ſie aber bennoch, was übrigens ganz unbenkbar iſt, ſich
g e g e n uns ſtellen, ſo würde ich dieſes Mal, wie weh mir das
auch thäte, alle gebrachten und empfangenen Opfer vergeſſen
und n u r für uns und unſer Glück ſorgen.““
„Ich lächelte — aber ich bachte an eine andere „„gute
Gräfin““: eine Orſini, — an Dolch, Gift und Unheil aller
Art. Doch ſagte ich Nichts mehr und erwartete ruhig Laſſalles
nächſte Frage, die denn auch ſofort kam: „„Wie iſt's, wenn
Du „Ja“ ſagſt — und Du wirſt wohl, mein' ich! — muß
ich dann Chriſt werden? — Du weißt doch, daß ich Jude
bin? Würdeſt Du einen Religionswechſel wünſchen?““
„„Nicht für Alles in der Welt““ antwortete ich, „„ich
ſelbſt glaube zu wenig, um die Religionsfrage überhaupt zu
beachten. Meinethalben Muhamedaner — am liebſten Heide,
denn meine Freunde nennen mich ſo wie ſo die Griechin, weil
ich gern an v i e l e, höchſt ungern an einen Gott glaube.““
„Nun lachte er herzlich und meinte: das ſei ihm lieb —
das heißt, was die Religion anbelange! — „„Ich würde,
wenn Du es verlangſt, ſofort zum Chriſtenthum übertreten,
aber lieber iſt's mir, Du verlangſt es nicht; denn es würde
furchtbar viel böſes Blut machen, und mich in den Augen
Mancher herabſetzen, und das, ich ſage es offen, wäre mir
höchſt unangenehm. Aber ſeit wir uns geſtern in ſo unge-
ahnter Weiſe wiederfanden und auch ich heute Nacht gedacht
und gegrübelt habe, ſeitdem weiß ich erſt, wie ſehr mir der
Goldfuchs und ſein Beſitz ans Herz gewachſen iſt, und wie ich
lieber Alles, ja, ja, ſieh mich nur an — Alles aufgebe,
als Dich. — So, nun weißt Du es und kannſt lachen über
den ſtolzen Mann, der ſo tief das Knie gebeugt vor ſeiner
kleinen, hartherzigen Regentin. — Halt, noch Eins: dieſes

Religions-Prinzip von den vielen Göttern statt des Einen,
des vorgeschriebenen, erlaubten, gilt Dir dieses selbe Prinzip
auch in der Liebe? Auch da lieber mehrere statt eines Einzigen? — Die Frage amüsirte mich, obgleich sie einen „wunden"
Fleck in mir traf, und ich erwiderte offen: „„Bis jetzt
eigentlich Ja! Es hat mir ein Mann allein nie genügt; ich
hatte immer zu viel an Einem auszusetzen, und seit meiner
ersten Liebe, die einem russischen Marine-Offizier galt, hätte
ich immer gern aus Zwei oder Dreien Einen gemacht; und
da dieses nicht ging, habe ich mein Maß von Liebe meistens
vertheilt.""

„„So, so! nun ich hoffe dieses Mal wird der Eine
genügen!"" sagte Lassalle jetzt aufs Höchste ergötzt. „„Ich
weiß ja, man hat sich allerlei haarsträubende Dinge und Geschichten von der Leichtlebigkeit und den „„griechischen Anschauungen"" meines Goldfuchses erzählt, — aber das macht
Nichts, ich habe auch nicht als Heiliger gelebt, und verlange
von meiner Frau nicht mehr, als ich selbst bringe. Nur von
jetzt an muß ich bitten, daß dieses dann anders wird.""

„Ich wollte ihm mit vollster Loyalität mein bisheriges
Leben und meine „„Verbrechen an der heiligen deutschen Moral
erzählen,"" allein er unterbrach mich und sagte mit energischer
Handbewegung: „„Nein, nein, um Gotteswillen nicht! Nur keine
pompejanischen Ausgrabungen! Das wollen wir Denjenigen
überlassen, die sich mehr für die Vergangenheit als für Gegenwart und Zukunft interessiren. Unser bisheriges Leben liegt
abgeschlossen hinter uns. Laß uns Beide damit fertig sein;
in Zukunft wollen wir uns gehören, für einander leben und
fest zu einander halten. Das genügt!"" —

„Mrs. d'A. kam herein, zur Abreise zu mahnen, und
wollte trotz alles Drängens von Lassalle, länger zu bleiben,
keinen Aufschub dulden. Er legte ihr meine Gesundheit ans
Herz, behauptete ein Recht zu haben, Schonung für mich zu
verlangen, daß ich bei dem nassen, nebligen Wetter nicht vier
Stunden zu Pferd sein dürfe, und was solcher Argumente
mehr waren. Aber ich selbst trieb mich zum Aufbruch; ich
sehnte mich allein und meinen Gedanken überlassen zu sein,
um endlich zur Ruhe, zur Klarheit zu kommen.

„So setzten wir uns denn bei eisigem Regen zu Pferd,
und da Lassalle bis Kaltbald wieder mit uns ging, so hatten
wir noch eine Stunde des Beisammenseins, die jedoch in all-

gemeinen Gesprächen und von seiner Seite in mütterlichster
Fürsorge, mich so gut es ging vor der Kälte zu schützen, ver-
flog. Als wir uns am Kaltbade trennten, faßte er meine
beiden Hände und sagte, sie mit Leidenschaft küssend: „„Jetzt
adieu! für ganz kurze Zeit, mein angebetetes Glück! Sei klug
und stark! Du bist gut wie ein Kind, aber auch willenlos wie ein Kind! O könnte ich nur einen Tropfen meines
Riesen=Willens, meiner Titanen=Energie in diese blauen Adern
übergießen! Faß' meine Hände — so — vielleicht gelingt es
durch Magnetismus! Ich will, Du sollst wollen!! Und
wie gesagt, Deine Aufgabe soll leicht sein, sage mir nur ein
vernünftiges, selbstständiges Ja, et je me charge du reste!*)““

„Damit schieden wir. — Ich beurlaubte mich bei meiner
Gesellschaft, indem ich bat, mich allein reiten zu lassen, ich
hätte viel zu denken und sei matt und sprechmüde; man ließ
mich allein und ich überlegte. — Alles rollte ich vor mir auf.
Wenn ich heute daran zurückdenke — denn alle diese Szenen
sind noch ganz so lebendig in mir, als sei das Ganze gestern
geschehen — so weiß ich noch deutlich, was allein mich
schreckte, es war die Verzweiflung Danko von Racowitzas. An
der Eltern ernstlichen Widerspruch glaubte ich nicht; hatten
sie sich doch bis jetzt noch nie meinen Wünschen widersetzt,
warum sollten sie es also jetzt thun, wo es sich um mein ganzes
Lebensglück handelte? Ich dachte an kleine Szenen, an Thränen
und ein wenig Vorwürfe, — aber an ein endliches Nachgeben.
Aber Danko!?! Das war mir sehr schmerzlich! Ich wußte,
daß mein Entschluß ein Todesstoß für ihn sein würde; denn
jetzt war seine Liebe schon mehr gereift, und ich kannte die
ganze Tiefe dieses Gefühls, und hatte den edlen, guten Menschen doch zu lieb, hatte auch zu viel gethan, ihn an mich zu
fesseln, um ihn nun so leichten Herzens wieder abzuschütteln.
So wurde mir denn dieser Kampf furchtbar schmerzlich. Ich
habe trotz all meines oft verdammten Leichtsinns nie eine
Spur von Koketterie in mir gehabt; ich habe mich nie
damit amüsiren können, ein Männerherz selbst nur oberflächlich
an mich zu fesseln, um mich dann seiner Qualen mit kalter
Gleichgiltigkeit zu freuen: j'a toujours payé de ma personne, là où je croyais voir un vrai sentiment**) — und

---

*) Das Uebrige nehme ich auf mich.
**) Ich trat immer mit meiner Person voll und ganz ein, wo ich
ein wahres Gefühl zu sehen glaubte.

jetzt trat die bittere Nothwendigkeit doch an mich heran! Ich hatte mit meiner heißen, liebebedürftigen Natur mich diesem Jüngling mehr und inniger angeschlossen, als recht und ver= antwortlich war, — hatte, ohne nachzudenken, mit größtem Leichtsinn eine glühende Leidenschaft in ihm entfacht, — und jetzt mußte ich entweder sein oder unser Lebensglück zerstören, — denn so zusammengehörig betrachtete ich mich nun schon mit Lassalle! Aber auch darüber kam ich hinweg, und ehe ich noch am Fuß des Rigi angelangt war — stand mein Ent= schluß fest: Ferdinand war for ever*).

„Als ich unten in Waeggis ankam und vom Sattel auf's Schiff steigen wollte, kamen zwei kleine Buben auf mich zu, der eine mit einem Briefchen, der andere mit einer Depesche in der Hand: Beides von Lassalle. Den Brief hatte der Junge auf einem kürzeren Fußweg, über Stock und Stein springend, von Kaltbad heruntergebracht; er enthielt nur einige Zeilen, die mir meines Ferdinands „ganzes Herz und alle je empfundene und zu empfindende Liebe" brachten, und mich um Gottes und seiner Liebe willen baten, mich nur ja zu schonen und sofort meine Antwort zu senden. —

„Auf dem Schiff sagte ich Mrs. d'A., ich habe mich zum Ja=Worte entschlossen, und fand nun die glühendsten Freuden= bezeugungen. Lassalle hatte alle Herzen im Sturm erobert und man hatte fest auf meine zusagende Antwort für diesen „„herrlichen"" Mann gehofft. —

„So kamen wir in bester Stimmung nach Bern, wo ich schon wieder eine Depesche Ferdinands, gezeichnet „„Siegfried"" vorfand, und endlich in unser Heim, wo ebenfalls auf meinem Schreibtisch zwei Telegramme von „„Siegfried"" lagen.

„Ich zog mich sofort in mein Zimmer zurück, und nach= dem sich meine schrecklich aufgeregten Nerven etwas beruhigt hatten, war mein Erstes, nicht an Lassalle, sondern an Yanko zu schreiben. Das war ein schwerer Brief — aber ich entschloß mich rasch und sprang mit beiden Füßen zugleich in die Situation hinein.

„Ich begann damit, ihm zu erzählen, daß ich Lassalle wiedergesehen hätte und — — alles Sonstige könne er sich denken — er, mein einziger Vertrauter in dieser Angelegen=

---

*) Für immer.

heit. Mit den Worten der Geibel'schen Brunhilde schloß ich diesen Theil des Briefes:

„Wenn über ihn der Blitz hernieberzündet,
Schiltst Du den Scheiterhaufen, daß er brennt?
So aber kam's auf mich mit Allgewalt,
Als Siegfried nahte. All mein Wesen
Es schlug in Flammen jauchzend auf!
Und hätte Hela selbst der Nacht entsteigend,
All ihre Schrecken zwischen uns gethürmt,
Ich hätt' ihn doch geliebt!" —

„Je mehr ich schrieb, besto mehr fühlte ich, daß ich in diesem jungen Herzen eben doch den **einzigen** Freund habe, daß er sein einst gegebenes Versprechen halten und mein Glück dem seinigen voranstellen würde. In dieser Empfindung ging ich noch weiter: ich schrieb ihm, wie ich den Widerstand der Eltern fürchte, **und trotz des furchtbaren Schmerzes, den ich ihm bereite, doch im Nothfall auf seine Hilfe rechnete!"**

Es würde nicht nur unnütz, sondern sogar störend sein, über diese Darlegung, die uns Helene über ihr Begegnen mit Lassalle gibt, weitläufige Bemerkungen zu machen.

Nur darauf sei hingewiesen, daß sie in ihrem Briefe an Lassalle, datirt aus Wabern, den 26. Juli, nur für die lieben Zeilen dankt, die sie im Moment erhalten habe, als sie die Schiffbrücke überschritt, und ferner, daß sie an den Mohren=fürsten zuerst schrieb und ihm sagte, daß sie im Nothfalle auf seine Hilfe rechnete.

Die Hilfe hat er denn auch geleistet durch das Duell und durch die Heirath.

Seinerseits schrieb Lassalle über sein Zusammentreffen mit Fräulein Helene an die Gräfin Hatzfeldt folgenden Brief, durch den wir zugleich eine natürliche Erklärung für das oben von Helene berichtete Wunder der Eingebung erhalten.

Lassalle an die Gräfin Hatzfeld.

Rigi, 27. Juli.

„Liebe Gräfin!

Es ist um die Pest zu bekommen über die Wilbbader Post! Ihren ersten Brief, Poststempel vom 19., empfing ich am 22. und gleichzeitig einen Brief aus Düsseldorf gleichfalls mit dem Poststempel vom 19. — Rigi ist also nicht schuld, sondern Wilbbad. Ich halte Ihnen 4 Stunden nach Empfang Ihres Briefes noch mit der um 3 Uhr hier abgehenden Post geantwortet, bin also nicht schuld an Ihrer Angst. Heute am 27. bekomme ich Ihren Brief vom 24! Ich hätte nicht übel Lust, das Briefschreiben dran zu geben und mich telegraphisch mit Ihnen zu unterhalten!

Ihr Brief hat mir übrigens in meiner äußerst schlechten Stimmung sehr wohl gethan.

Ihre clairvoyance*) in der Düsseldorfer Angelegenheit hat mich sehr amüsirt! Aber diese clairvoyance hat Ihnen nicht gezeigt, daß das Düsseldorfer Gericht durch seinen Be- schluß mir die Kaffations-Instanz nicht abgeschnitten hat, sondern höchstens nur unannehmbar macht. Beschleunigt ist also in der Strafe Nichts, eher nur verzögert. Denn ich werde auch gegen diesen Beschluß eventuell Kaffation einlegen, und diese Sache muß früher entschieden sein. Kurz, vor No- vember ist es nicht einmal menschenmöglich, mich zur Haft zu bringen; selbst vor Dezember schwerlich, und überdieß habe ich Mittel, dies noch weiter zurückzuwerfen. Wir sprechen darüber mündlich!

Jedenfalls müßte ich ja aber doch Ende September in Berlin sein, und zwar gerade dann am meisten, wenn ich Ihrem Rath folgen und Deutschland verlassen wollte. Denn ich müßte doch dort meine Sachen und Geschäfte ordnen!

Ich müßte also zuvor hin, gerade besonders, wenn ich fortgehen will! Das muß auch Ihnen einleuchten!**) — Aber noch mehr: ich muß noch vorher in Hamburg sein, wo ich einen großen, sehr großen, vielleicht thatsächlich wichtigen coup schlagen will! Auch darüber mündlich!

Am 20. September muß ich die Schweiz verlassen. Da Sie mir die Bestimmung überlassen, wohin wir bis dahin gehen, nun wohl, so entscheide ich: an den Genfer See. Ich schreibe morgen an Oppenheim und laffe mir dahin (nach Genf selbst oder Bevey) neues Geld poste restante (in Wechseln) schicken. Was mich bestimmt, jedenfalls auf

---

*) Somnambülische Fernsichtigkeit—Hellsichtigkeit. (Die Gräfin war nämlich sehr abergläubisch.)

**) Man ersieht hieraus, daß Sophie von Hatzfeldt angeblich wegen des Gefängnisses, das Lassalle in Folge seiner Prozesse drohte, demselben den Rath ertheilt hatte, die Arbeiterbewegung in Deutschland daran zu geben und auszuwandern, oder beffer, die Flucht zu ergreifen.

einige Zeit, wenn es auch nicht auf lange wäre, an den Genfer
See gehen zu müssen, ist folgende Episode:

Vorgestern sitze ich beim scheußlichsten Wetter, das hier
noch ohne jede Unterbrechung Tag für Tag fortgebauert hat,
erst heute ist es ein Bißchen besser — in meinem Zimmer und
schreibe — ich muß hier leider wieder Tag für Tag von
Morgens bis Abends ununterbrochen schreiben — als ein
Bauernbursche hereinkommt und mir sagt: an der Terrasse hielte
eine Dame, die mich zu sprechen wünsche. Ich rieth — ja
ich wußte gar Niemand, auf den ich rathen sollte! Ich nahm
also Hut und Stock und eilte hinunter. Da hält hoch zu Roß
mit einer Engländerin und einer Amerikanerin und einem
Franzosen — wer? Helene, der Goldfuchs! Sie hatte
von Holthoff brieflich erfahren, daß ich auf Rigi=
Kaltbad bin und hatte sofort mit Freundinnen eine
Rigi=Partie organisirt, um mich auf Kaltbad abzu=
holen. Natürlich stürmte ich sofort mit auf den Kulm hin=
auf, wo wir alle übernachteten. Unglücklicherweise ist das Kind
der Engländerin (bei Bern lebend) vom Scharlach reconvales=
cent, und die Mutter war nicht zu bewegen, trotz des fürchter=
lichsten Unwetters auch nur einen Tag länger zu bleiben. Die
arme Helene, krank und brustleidend, mußte im furchtbarsten
Nebel und Regen (und wir Alle) am andern Tag früh zehn
Uhr wieder herunter. In Kaltbad trennten wir uns!

Eine Höflichkeit ist doch der andern werth, und
so habe ich Helenen versprochen, zwischen dem 15. und 25.
August in Genf zu sein. Es ist auch schon arrangirt, wie Sie
sie kennen lernen sollen. Denn auf ein Paar Tage können Sie
doch mit mir nach der Stadt Genf gehen, wenn wir auch
stationär in Vevey z. B. sind. Helene wird schon etwas an=
zufangen wissen, um uns dahin zu folgen.

(Uebrigens darf von dieser ganzen Episode kein Mensch
außer Ihnen etwas wissen. Die Andern sind auch vereidet.)

Daß ich also überhaupt an den Genfer See gehe, folgt
daraus; freilich aber nicht, daß ich dann nicht weiter nach
Pegli*) gehen könnte. Alle Ihre schönen Gründe, nach Pegli
zu gehen, sind mir sehr gleichgiltig. Wie es mit Italien 2c.
steht, weiß ich in meinem eigenen Kopfe 2c. Ich hätte einen
weit bessern Grund, nach Pegli zu gehen, wenn es eben

---

*) In der Nähe Genua.

ginge: den, daß Sie es wünschen. Aber die frühe Rückreise
von der Schweiz — 20. September — verhindert das leider
nothwendig. Bis dahin ist indeß das Genfer Klima für Sie
so gut, wie das italienische, und dann können Sie ja mit R.
(Rüstow) nach Pegli gehen. Denn so schmerzlichst ungern ich
Sie in Berlin entbehre, nehme ich doch wirklich Anstand, sie
zu bereden, den Winter im Berliner Klima zuzubringen. Doch
das besprechen wir Alles noch. — Da ich hier ein Leben führe,
nicht wie ein Hund, sondern wie drei Hunde, so habe ich
heut nachträglich an Helene geschrieben, mit mir (sie
ist bei Bern, bei der Freundin der Engländerin) eine Reise
irgend wohin auf einige Tage zu machen. Ich setze es
vielleicht durch. In diesem Falle gebe ich meinen hie=
gegen Aufenthalt, der mich in diesem Wetter und ohne jede
Gesellschaft zu Tode langweilt, auf, und reise sofort nach Bern zu
ihr. Dann würde ich Ihnen telegraphiren, wohin Sie Ihre Briefe
richten sollen. Bis dahin schreiben Sie also nur immer hierher.
— Aber auch in diesem Falle käme ich immer an dem Tage
wo Sie in Luzern eintreffen, dorthin.

In der Zwischenzeit hänge ich mich vielleicht vor Lang=
weile oder mache — schrecklich! — ganz allein eine Gebirgs=
Reise. —

Abieu für heut. Es wird schön, gibt zum ersten Mal
Sonnenuntergang. Ich muß hinaus.

Ihr

F. Lassalle."

Es ist höchst ergötzlich zu sehen, wie Lassalle die Gräfin
Hatzfeldt abmuckt und Sie auf ihren Freund Rüstow, mit dem
Sie schon ein Jahr in Italien war, anweist. Weil er vor=
aussetzte, daß sie gegen seine Verbindung mit Helenen, gegen
die mit derselben bereits so gut wie festgestellte Heirath intri=
guiren würde, hielt er sie von sich fern und wollte sie sich auch
sogar für den nächsten Winter mit guter Manier vom Halse
schaffen. Das war in der That das Beste, was er thun
konnte, wenn er als Neuvermählter ungestört das Glück der
Honigmonde genießen wollte. Die Sache war schon sehr weit
gediehen; doch hatte die Gräfin nicht auf der Stelle Alles er=
fahren, damit sie keine Gegenminen anlegte. Sie sollte das
Gift nicht auf einmal einnehmen. Wie weit aber Lassalle um
diese Zeit schon von Helenen fortgerissen wurde, das wird für
jeden vorurtheilsfreien und mit gesundem Verstande begabten

Leser aus folgendem Briefe sonnenklar hervorgehen. Helene hat dieses Schreiben ausdrücklich als echt anerkannt. Wenn sie aber thut, als ob manche von mir in den „Enthüllungen" gebrachte Briefe, deren Veröffentlichung ihr nicht gefällt, vielleicht nicht ganz echt sein könnten, so sage ich ihr, daß sie bei mir mit solchen Kunststücken schlecht ankommt.

Brief des Fräulein von Dönniges an Lassalle.

„Wabern, Dinstag Abends, 26. Juli.

Soll ich anfangen, Ihnen zu danken für Ihre lieben Zeilen, die ich im Moment erhielt, als ich die Schiffbrücke überschritt, oder Ihnen zu sagen, wie lang und schwer mir der Weg von Kaltbalb nach Waeggis geworden ist? Nein, Sie wissen Beides, wissen, daß ich mich sehr über Ihr kurzes Erinnern freute, daß mir das Herz höher klopfte, als ich Ihre zarte Sorge für mich und meine Gesundheit las; und Sie wissen, daß ich verwöhnt war von dem so schon zurückgelegten Weg — gestern Abends und heute Früh, so verwöhnt, daß ich mich ungern in meine Einsamkeit fand. Daß ich Ihrem Wunsche nicht nachkommen konnte, lag nun natürlich daran, daß ich, wie Sie, mein Freund, sagen, willenlos wie ein Kind bin. Aber dieses Mal, Freund Satan, wird Ihnen das Kind beweisen, daß es seine teuflische Verwandtschaft fühlt, daß Ihre dämonische Nähe endlich dahin gewirkt hat, daß die Natur aus ihrem Schlaf erwacht, und ein Tropfen Ihres satanischen Blutes in ihre Adern gerollt ist, ihr Kraft und Lust zum Leben gebend. Als ich Sie verließ, und zum letzten Male Ihre Lippen meine Hand berührten, da sagte ich mir, daß, ehe ich Waeggis verlasse, mein Entschluß fürs Leben gefaßt sein soll. Eh bien! c'est fait!*)

Und nun wissen Sie auch mit Ihrem schönen, herrlichen Geiste und Ihrer so großartigen, aber mir lieben Eitelkeit, wie mein Entschluß lautet: Ich will und werde Ihr Weib sein! — Sie sagten mir gestern Abends: „Sagen Sie nur ein vernünftiges, selbstständiges Ja — et je me charge du reste."**) — Gut, mein Ja ist da — chargez vous donc du reste; ***) nur mache ich ein Paar ganz kleine Bedingungen,

---

*) Wohlan, es ist geschehen!
**) Und ich nehme das Uebrige auf mich.
***) Nehmen Sie also das Uebrige auf Sich!

et les voilà.*) Ich will, denken Sie, das Kind sagt, ich will — ich will also, daß wir Alles versuchen, was in unsern Kräften steht; und in Ihren Kräften, mein schöner, satanischer Freund, steht ja so ungeheuer viel, — um auf eine anständige, vernünftige Weise zu unserm Ziele zu gelangen —; d. h. also: Sie kommen zu uns, wir versuchen die Eltern ebenso für Sie einzunehmen als — — und so ihre Einwilligung zu bekommen! — Wo nicht, sind und bleiben sie unerbittlich, auch wenn wir Alles gethan haben, was wir thun konnten, — eh bien, alors tant pis!**) so bleibt noch immer Aegypten. Dies meine eine Bedingung. Und hier die zweite: Ich will und wünsche, daß dann die ganze Sache so rasch als möglich geht. Denn ich kann wohl den Nebel und Regen von heute früh aushalten, ohne sehr krank zu werden, — aber noch viele so aufregende Tage und ungewisse quälende Stimmungen, wie ich schon um dieser unsrer Sache willen durchgemacht habe — das, mein Freund, halten meine Nerven nicht aus. — Aber zu dieser Eile habe ich noch einen Grund — ich will nicht, daß die ganze Welt uns bespricht und ihre Meinung sagt über eine Angelegenheit, die sie Nichts angeht, und mich hierdurch einer Menge Szenen aussetzt, die eben so gut vermieden werden können. Einmal die Sache zu unsrer Zufriedenheit beendet, mögen sie dann ihre Mäuler und Augen aufreißen, so groß sie wollen, dann habe ich Sie, Ferdinand, als Schutz und Stütze, — et je ne me moque pas mal du reste, du monde.***) — Ich weiß, daß die Hindernisse, die wir zu übersteigen haben, sehr, ja riesengroß sind, aber dafür haben wir auch ein großes Ziel, und Sie einen riesengroßen Geist, der mit Gottes Hilfe die Felsen zu Sand und Staub zermalmen wird — so daß selbst mein schwacher Athem ihn wegzublasen vermag. Mir bleibt von Allem das schwerste Stück — ich muß mit kalter Hand ein treues Herz, das mir mit wahrer Liebe ergeben ist, tödten, ich muß mit krassem Egoismus einen schönen Jugendtraum vernichten, der, verwirklicht, das Glück, das Lebensglück eines edlen Menschen machen sollte. — Glauben Sie mir, das wird mir furchtbar schwer, aber ich will jetzt, und so will ich denn um Ihret-

---

*) Und sie bestehen in Folgendem.
**) Nun dann um so schlimmer!
***) Und dann schlage ich allen Andern Leuten ein Schnippchen!

willen auch schlecht werden. Schreiben Sie mir gleich, sobald als möglich; denn erst, wenn ich genau Ihre Pläne und Ihren festen Entschluß weiß, die Befehle und Wünsche des Herrn und Meisters empfangen habe, erst dann kann ich anfangen, die meinen, d. h. meine Pläne in Ausführung zu bringen.

Ich bleibe jedenfalls noch bis Sonnabend den 30. hier, also schreiben Sie mir: Wabern bei Bern. Wenn ich bis dahin recht genügend ausgeruht bin, so reise ich vielleicht dann nach Genf; doch davon noch im nächsten Brief.

Ich wollte heute Abend noch an Holthoff schreiben, aber erstens ist es 12$^1/_2$ Uhr, ich bin sehr müde, denn ich habe noch nicht einen Moment nach unserer anstrengenden Tour geruht, und dann denke ich, ist's vielleicht besser, ich erwarte erst Ihren nächsten Brief — so könnte ich ihm doch nur vage und von meinen Plänen und Ideen schreiben, und er würde dann nur denken, daß sein Töchterchen diesmal ganz verrückt geworden ist. — Denn wissen Sie, den Freund Holthoff, den müssen wir jedenfalls für uns, mit uns und womöglich bei uns haben. Nun will ich noch, daß Ihnen die abscheuliche Tour von heut früh nicht geschadet hat, und Sie mich also nicht verwünschen; dann daß dieser Brief nur für Sie ist, und daß Sie ihn nicht einmal der Gräfin zeigen, — und will, daß Sie selbst, mein Freund, keinen zu großen Schreck über das schrecklich stylisirte Geschreibsel meiner müden Hand bekommen, sondern sich sagen, daß der Geist Ihrer armen Freundin ebenso müde ist, als ihr Körper. Gute Nacht! Nehmen Sie den Brief aus meiner Hand so an und sagen Sie: Viellliebchen! so habe ich unsere Diskretion verloren, und Sie erinnern Sich, was dann der Einsatz war! — H. D."

Somit war zwischen Lassalle und Helenen Alles fertig.

Freilich theilte der Gräfin Hatzfeldt Lassalle noch keineswegs Alles mit, sondern suchte ihre Gedanken auf ihren Prozeß zu lenken und schrieb ihr klugerweise im nächsten Brief nur, daß die Sache ernst zu werden anfange. Dieser Brief lautet so:

Brief Lassalle's an Sophie von Hatzfeldt.

"Rigi, vom 28. Juli.

"Gute Gräfin!

Ich habe gestern, als ich so plötzlich abbrechen mußte, noch einige Punkte vergessen. Der wichtigste bezieht sich auf

Dorn's Mittheilung von der Kaffation Ihres Urtheils in
Sachen S. & B. Haben Sie denn wieder Justizrath Kliem
wie voriges Mal zu Ihrem General-Bevollmächtigten gemacht,
oder resp. die Anweisung hinterlaffen, daß alle bei Ihnen
infinuirten Klageschriften, Dokumente, Zustellungen ihm zugestellt
werden? Wenn nicht, dann ist ja große Gefahr vorhanden,
daß in Ihrer Abwesenheit Ihnen irgend Etwas in diesem
Prozeß infinuirt wird, und Sie dann präkludirt werden. Vor
allen Dingen schreiben Sie also jedenfalls gleich an Kliem.....*)
Es war also gestern Abends ein Viertel vor 7 Uhr, als
ich im emsigen Schreiben an Sie begriffen, zufällig den Blick
gegen das Fenster kehre und — siehe da! alle Nebel und
Wolken fallend, und wie erfrierend, und die Berge sich mächtig
und glanzvoll befreiend schaue! Es war nicht mehr möglich
zum Kulm zu gelangen, aber ich schloß den Brief in aller
Eile und rannte auf das Känzli, 15 Minuten von hier, von
wo man, wenn auch nicht die Kulmer-Ausssicht, so doch immerhin eine überaus prächtige Aussicht hat, die ganze Kette von
Tödi bis Gespaltenhorn, also Uri-Rothstock, Titlis, Weißstock,
alle Berner Berge 2c.

Selten habe ich die Berge so schön, selten einen so schönen
Sonnenuntergang gesehen! Der Eiger war in leisem Glühen.
Noch lange nach Sonnenuntergang konnte ich mich nicht von
der Stätte losreißen! Und eben so schön wieder heut früh.
Alle Leiden sind fast wie fortgewischt, — wie schnell
vergißt doch der Mensch was ihn beschwerte, — und ich bin
lustig und voller Lebenskraft, als hätte ich nicht einen
Augenblick, geschweige über 10 Tage im dicksten Regen und
undurchdringlichsten kalten Nebel hier gesessen. Auch mit meinen
furchtbaren Schreibereien für den Verein — ich habe gestern
und heute Aktenstücke und Briefe von zusammen 76 klein
geschriebenen Seiten nach Berlin geschickt**) — bin ich endlich
fertig und athme wieder frei auf!

---

*) Die hier folgenden längern Ausführungen über die geschäftliche
Seite des Prozeffes laffe ich weg, weil selbige den geehrten Leser nicht
weiter interessiren.

**) Laffalle hatte eine Broschüre unter der Form eines Zirkulars
geschrieben, um seinen früheren Vereins-Sekretär Vahlteich aus dem
Verein ausstoßen zu laffen. Vahlteich agitirte nämlich im Geheimen für
die Umänderung der zentralistischen Vereins-Organisation in eine födera-
listische, für Auflösung des Vereins in kleine Arbeiterbildungs- und
Vergnügungs-Vereine.

Wie Sie mich doch mißverstehen, wenn Sie schreiben: „Können Sie Sich nicht auf einige Zeit in Wissenschaft, Freundschaft und schöner Natur genügen?" Sie meinen, ich müsse Politik haben.

Ach, wie wenig Sie au fait in mir sind. Ich wünsche Nichts sehnlicher, als die ganze Politik los zu werden, um mich in Wissenschaft, Freundschaft und Natur zurückzuziehen. Ich bin der Politik müde und satt. Zwar ich würde so leidenschaftlich wie je für dieselbe entflammen, wenn ernste Ereignisse da wären, oder wenn ich die Macht hätte, oder ein Mittel sähe, sie zu erobern — ein solches Mittel, das sich für mich schickt; denn ohne höchste Macht läßt sich Nichts machen. Zum Kinderspiel aber bin ich zu alt und zu groß. Darum habe ich höchst ungern das Präsidium übernommen! Ich gab nur Ihnen nach. Darum drückt es mich jetzt gewaltig. Wenn ich es los wäre, jetzt wäre der Moment, wo ich entschlossen wäre, mit Ihnen nach Neapel zu ziehen! (Aber wie es los werden?!)

Denn die Ereignisse werden sich, fürchte ich, langsam, langsam entwickeln, und meine glühende Seele hat an diesen Kinderkrankheiten und chronischen Prozessen keinen Spaß. Politik heißt aktuelle, momentane Wirksamkeit. Alles Andere kann man auch von der Wissenschaft aus besorgen! Ich werde versuchen, in Hamburg einen Druck auf die Ereignisse auszuüben. Aber in wieweit das wirken wird — das kann ich nicht versprechen und verspreche mir selbst nicht viel davon!

Ach könnte ich mich zurückziehen! —

Soweit hatte ich geschrieben, als ich einen Brief von Helenen erhalte, einen höchst ernsthaften Brief! Die Sache wird ernst, sehr ernst, und das große Gewicht des Ereignisses fällt mir wieder etwas auf die Brust. Inzwischen — einmal kann ich nicht mehr zurück, und dann wüßte ich auch wahrhaftig nicht, warum ich zurück sollte! Es ist ein schönes Weib, wie ihrer Individualität nach das einzige Weib, das sich für mich paßt und eignet; das einzige, das Sie selbst für geeignet finden würden. Also en avant über den Rubikon. Es führt zum Glück! auch für Sie, gute Gräfin, mindestens ebenso wie für mich.

Bei Alledem ist es in dieser ohnehin schon so komplizirten Lage eine immense Komplikation mehr. Bin wahrhaftig wieder neugierig, wie ich das Alles zum Ende führen werde, gerade so wie ich, als ich Ihre Prozesse führte, oft diese ganz unpersönliche objektive Neugier hatte — als läse ich einen Roman — wie ich wohl mich und Sie aus dieser Lage noch retten würde! Nun, die alte Kraft ist noch da, das alte Glück auch noch, ich werde Alles zum glänzendsten Ziele führen. Aber daß ich Sie nicht bei mir habe, um mit Ihnen zu sprechen und zu rathen in dieser complication grave,*) das, muß ich gestehen, stört mich sehr! Nun, brauchen Sie ganz ruhig Ihre Kur aus!

Das Nächste ist, daß ich wahrscheinlich schon morgen früh nach Bern, respektive nach Wabern, abreise, wo Helene auf der Villa bei ihrer Freundin ist. Sie erhalten in diesem Falle noch telegraphische Depesche von mir, Ihre Briefe poste restante nach Bern zu adressiren. Sollte ich Sie absolut nöthig haben, nun ja, dann rechne ich auf Ihre Freundschaft und telegraphire Ihnen, daß Sie nach Genf kommen. Aber ich denke dies jedenfalls bis zum 15. August verschieben zu können.

Nun Adieu, treues Herz! Die Brandung faßt mich! Ist mir's zum Heil?

Reißt's mich nach Oben, wie den Schiller'schen Taucher? Faut voir.**)

Ihr treuer

F. Lassalle.

Absolutes Stillschweigen über alles hier Gesagte gegen Jedermann ganz nothwendig. A propos. Die Wildbader Postsendung ist allerdings schon gestern angekommen. Aber es war außer den „Gedanken" und Zeitungen nur ein Brief, während Sie zwei Briefe anmeldeten. Sollte einer zurückgeblieben oder verloren gegangen sein? Bitte nachzuforschen auf der Post, denn ich erwarte seit Langem umsonst einen Brief von Szarbinowski 2c."

F. L.

Die Gräfin Hatzfeldt hatte in einem Briefe aus Wildbad unterm 22. Juli an Lassalle geschrieben:

„In 14 Tagen hoffe ich gewiß mich hier zu absolviren; schreiben Sie mir also bald, für welche späteren Reisepläne Sie

---

*) In dieser ernsten verwickelten Lage.
**) Das ist abzuwarten.

Sich entschlossen haben. Wenn Sie, bis ich komme, Geld
genug haben, so brauchen Sie keinesfalls Ihrem Banquier zu
schreiben, bis ich bei Ihnen bin, — und wahrscheinlich auch
dann nicht: es kommt darauf an, was geschieht, und hat jedenfalls dann noch Zeit." — Die gute, besorgte Gräfin setzte
hinzu: „Nun leben Sie wohl, mein gutes Kind, schonen
Sie Sich, hüten Sie Sich vor allen Unvorsichtig-
keiten, damit ich Sie recht wohl und heiter aussehend wieder-
finde." — Zugleich ermahnt sie ihn nochmals bringend, nicht
nach Berlin zurückzugehen, da sich „die Märtyrer-Rolle
zu jeder Zeit als eine an sich dumme und uner-
sprießliche erwiesen" habe.

Demnach wollte Sophie von Hatzfeldt schon sehr bald zu
Lassalle kommen; denn sie wollte ihm schon in vierzehn Tagen
auf den Leib rücken. Und was antwortet er in seinem Brief
vom 28. Juli darauf? — Er antwortet, um sie sich fern zu
halten, wörtlich so: „Brauchen Sie ganz ruhig Ihre Kur aus.
Sollte ich Sie absolut nöthig haben, nun ja, dann rechne ich
auf Ihre Freundschaft und telegraphire Ihnen, daß Sie nach
Genf kommen. Aber ich denke, dies jedenfalls bis 15. August
verschieben zu können."

Um ihr außerdem alle Möglichkeit, sich in den nächsten
Tagen zu ihm zu begeben, rundweg abzuschneiden, theilte er
ihr mit, daß er schon den nächsten Tag zu Helenen nach Bern
abreisen werde. Denn er dachte wahrscheinlich, daß die vierzehn Tage der Gräfin sich verkürzen könnten. Damit er jedoch den Zorn der Gräfin zurückhielt, zeigte er ihr eine Taube
auf dem Dache, indem er ihr schrieb, daß er sich jetzt möglicherweise entschließen könne, mit ihr nach Neapel zu gehen
und sich von der Politik zurückzuziehen. Faktisch aber ging
er zu Helenen nach Bern und ließ die Gräfin bei ihrer Kur
in Wildbad.

Viertes Kapitel.

Der Besuch Lassalle's bei Helenen.

Das Schreiben Helenen's, dessen Ankunft Lassalle in seinem Brief an die Gräfin unterm 28. Juli erwähnte, lautete folgendermaßen:

Fräulein von Dönniges an Lassalle.

„Wabern, 28. Juli.

Bleiben Sie in Bern wohnen, wo Sie wollen, denn hier in Wabern ist kein Zimmer zu haben, und Sie auch zu verwöhnt. Doch erwarten wir Sie noch h e u t e A b e n d s s o b a l d a l s m ö g l i c h zum Thee. Alles Andere mündlich.

Brunhilb.“

Brunhilb war der von Helenen angenommene Name, durch welchen sie sowohl auf ihr Haar anspielte, als auch sich mit der geschichtlich bekannten Frau, die sie aus Geibel kannte, identifizirte. Wabern aber liegt ganz in der Nähe von Bern nicht weit vom Kurten, der eine Höhle aufzuweisen hat und auf dessen Spitze ein Wirthshaus steht, welches seiner Zeit Ernst Mahner*) zu seinem Lieblingsaufenthalte erkoren hatte. Doch ist der Ort Wabern, der mehr am Fuße des Niesen liegt, nicht mit dem unmittelbar beim Kurten liegenden Dorfe Großwabern zu verwechseln. Als Lassalle Helenen's Brief empfangen hatte, reiste er auf der Stelle am 29. Juli nach Bern ab. Von hier aus suchte er die Gräfin für Helene günstig zu stimmen und namentlich jeden Ausbruch der Eifersucht, des Neides und der Rachsucht niederzuschlagen. Er ging hierbei mit sehr kluger Berechnung und feinem Takt zu Werke, wie ein Brief beweisen wird, der deshalb nachstehend folgt.

---

*) Ein Mäßigkeitsapostel, der in den Vierziger Jahren viel von sich reden machte. Eigentlich heißt er Schlemmer, welcher Name ihm viel Kummer bereitete. (Note des Herausgebers.)

Lassalle an Sophie von Hatzfeldt.

„Bern, Bernerhof, 30. Juli.

Gute Gräfin!

Ihren Brief habe ich gestern früh in Waeggis noch glücklich attrapirt. Wenn Sie mir so gute Briefe schreiben, wie
dieses Mal, so — nun ich kann nicht sagen, so bin ich Ihnen
besser, als irgend Jemand in der Welt, denn das bin ich
immer im tiefen Herzen, auch ohne gute Briefe — aber so
bin ich so gerührt, daß das tiefe Herz gegen meine Gewohnheit sich zur Aeußerung drängt!

So sitze ich denn also hier in Bern. War gestern
Abends bis 12 Uhr auf der Villa von Helenen's Freundin
und fuhr dann zurück. Die Entfernung ist höchst störend.
Noch weiß ich nicht das Geringste, was mit mir wird, d. h.
mit den nächsten vierzehn Tagen. Den 15. August aber, von
da ab halte ich mich bereit, Sie an dem von Ihnen zu bestimmenden Orte abzuholen — in Bern oder auch Luzern,
oder noch weiter Ihnen entgegen, wenn Sie wollen. Das
habe ich auch Helenen gesagt, die es ganz in der Ordnung
fand. Ich muß Ihnen übrigens überhaupt bemerken, daß
Helene eine sehr große Sympathie für Sie hat, eine der
allerwesentlichsten Bedingungen meines Wohlge-
fallens an ihr. Sie ist darin ganz anders, als die andern Weiber. Nicht eine Spur von Eifersucht und Neid in
ihr. So fand sie es zum Beispiel — bis ich ihr gesagt, daß
Sie Selbst krank und einer Kur benöthigt seien, — ganz
schrecklich, resp. unerklärlich, daß Sie mich nicht nach Rigi-
Kaltbad begleitet hätten, um dort mit mir zu sein. Sie freut
sich sehr darauf, Sie kennen zu lernen. Sie würgt nie
innerlich, — wie ich bei so vielen Weibern so oft bemerkte,
denn ich bin ein ganz guter Merker, wenn ich's mir auch
nicht merken lasse — eine résistance intérieure*) hinunter,
wenn ich das Gespräch auf Sie bringe, sondern im Gegentheil
bringt es selbst gern in voller Theilnahme auf Sie, kurz
dieses — enfant du diable**), wie sie in Genf allgemein
genannt wird, hat wirkliche und innere Sympathie für Sie.
Ausfluß davon, daß sie überhaupt eine — Natur ist, im
Sinne Goethe's, trotz aller gesellschaftlichen äußern feinen

---

*) Einen innern Widerwillen.
**) Teufelskind.

Bildung, die sie sich angeeignet hat, die aber nie über ihren innern Menschen hat Herr werden können.

Ihr einziger — aber riesengroßer Fehler ist: sie hat keinen Willen! Auch nicht die Spur davon! An sich ist das freilich ein sehr großer Fehler!

Würden wir Mann und Frau, wäre es vielleicht keiner; denn ich habe ja doch Willen genug für sie mit, und sie würde sein wie die Flöte in der Hand des Künstlers.

Aber die Vereinigung selbst wird dadurch sehr erschwert werden! Heute freilich ist sie fest entschlossen. Aber wie lange hält das bei einem willenlosen Wesen Secoussen*) gegenüber Stand?

Das werde ich ihr auch noch sehr ernsthaft auseinandersetzen, ehe ich anfange, mich äußerlich in das Unternehmen zu engagiren.

Meine Depesche nach Bern zu abressiren, wird Sie sehr in Verwunderung gesetzt, meine letzten Briefe von Kaltbad aber aufgeklärt haben. Hoffentlich haben Sie diese schon.

Ihr

F. Lassalle."

Indeß hoffte die Gräfin Hatzfeldt immer noch die Vermählung hintertreiben zu können. Zu diesem Behufe suchte sie Lassalle brieflich einzureden, daß seine Leidenschaft für Helene unmöglich ernst sein könne, weil er ja eben erst in eine Andere, die er nun fahren lassen wolle, sterblich verliebt gewesen sei. Das war eine nicht eben sehr schöne Jüdin, welche ich später auf dem Zimmer der Gräfin kennen lernte. Zudem ahnte Sophie von Hatzfeldt nicht, daß in ihrem Rücken und ganz ohne ihr Zuthun und Wissen Lassalle schon Alles mit Helenen abgemacht hatte. Jetzt war für Lassalle die Zeit gekommen, der sich noch in Illusionen wiegenden Frau das rechte Licht aufzustecken, indem er ihr endlich den Brief Helenen's, worin diese ihm ihre Hand zugesagt, einschickte. Außerdem fand sich Lassalle veranlaßt, die Gräfin mit ihrem guten Rathe in Schranken zu weisen und ihr die vollständige Gewißheit beizubringen, daß Alles unwiderruflich abgemacht sei.

---

*) Erschütterungen.

Der wichtige Brief, den sich die Gräfin wohl nicht hinter den Spiegel steckte, lautete so:

Lassalle an Sophie von Hatzfeldt!

„Bern, 2. August.

Gute Gräfin!

Ich habe Ihren Brief nach Bern erhalten. Aller Rath würde jetzt zu spät kommen. Es ist Alles unwiderruflich abgemacht! Wäre es aber noch Zeit, Rath zu geben, Sie würden mir auch keinen andern geben, als den, zu handeln, wie ich handle. Dessen bin ich sicher.

Wenn Sie in Ihrem Briefe sagen, ich sollte doch bedenken, daß ich ja eben erst sterblich in eine Andere verliebt war, so entgegne ich, daß erstens „„sterblich verliebt"" sein bei mir zunächst überhaupt gar kein Begriff ist; zweitens aber, daß noch heute, sinnlich genommen, M... einen größeren Reiz für mich hat, als Helene, was Ihnen also der beste Beweis sein kann, daß ich eben nicht blos sinnlicher Neigung folge. Im Gegentheil, Helene paßt als Persönlichkeit so absolut zu mir, wie ich nie eine passende zu finden geglaubt hätte. Unter uns gesagt, ist es eigentlich von dem verschiedenen Glück, das ich hin und wieder habe, das größte Glück, das ich bei dieser Gelegenheit entwickelt habe. Es ist wirklich ein nicht geringes Glück, in einem Alter von doch schon 39½ Jahren ein Weib zu finden, so schön, von so freier und zu mir passender Persönlichkeit, ferner, das mich so liebt und endlich, was bei mir absolute Nothwendigkeit, ganz in meinem Willen aufgeht!

Hier empfangen Sie erstens den Brief, den Helene mir nach dem Rigi schrieb, wo ich Ihnen darauf schrieb: „„es wird ernsthaft."" Wenn darin der Satz vorkommt, ich solle Ihnen den Brief nicht schicken, so hat sie mir das später erklärt. Sie hatte den Brief noch in der Nacht ihrer Rückkehr vom Rigi, also sehr ermüdet, geschrieben und fürchtete, es sei deshalb gar nicht präsentabel ausgefallen und könne Ihnen eine sehr geringe Meinung von ihr geben. Als ich sie darüber beruhigte, es sei gar nicht Ihre Weise, solche Schlüsse zu machen, erklärte sie sich von selbst damit einverstanden, daß ich ihn Ihnen schicke, damit Sie sähen, wie Alles gekommen sei.

Ferner: vorgestern bat sie mich um die Erlaubniß, Ihnen schreiben zu dürfen, wogegen ich natürlich nicht nur Nichts hatte, sondern mich innerlich sehr freute, daß der Gedanke selbstständig in ihr entstanden war. In Folge Dessen gab sie mir nun gestern den beifolgenden Brief an Sie, der Ihnen ihre edle Persönlichkeit schon besser malen kann. Sie müssen ihr natürlich antworten und mir den Brief zur Uebergabe überschicken und zwar nach Genf poste restante, wohin wir morgen Beide abreisen. Ich bitte sehr, liebe Gräfin — dies Einzige will ich Ihnen an's Herz legen, — erhalten Sie mir Helene ihr ganzes Leben hindurch in den unterwürfigen Gesinnungen, in denen sie jetzt ist, und von denen mein ganzes Glück und leicht auch das Ihrige zum Theil abhängt. Sie allein könnten sie in dieser Hinsicht verderben, auch Sie nur durch das Piedestal, das ich selbst Ihnen bei ihr gegeben habe. Es wäre also siebenfach unrecht, und höchst unklug! Sie werden Das also auch nicht thun und sie vielmehr immer in diesem Verhältniß, das ich sogar das normale nenne, zu erhalten suchen, geschweige denn sie nicht davon abbringen, auch nicht in indirekter Weise.

Was nun die Eltern in Genf sagen werden, — das weiß Gott! Aber sicher ist, daß ich, wie sie, jetzt entschlossen bin, durchzugreifen, reiße da, was reißt. Zum 15. August hoffe ich sicher, Sie in Genf zu haben, wo wir dann über Alles ausführlich und reiflich sprechen. Ich habe entsetzlich viel mit Ihnen zu überlegen.

Ganz Ihr

F. Lassalle.

P. S. Helenen's Brief an mich muß ich von Ihnen zurückbekommen."

Das Schreiben, welches das Fräulein von Dönniges, gewiß nicht ohne von Lassalle inspirirt zu sein, an Sophie von Hatzfeldt Lassalle's Brief beilegte, sollte die Zornesaufwallung besänftigen, in welche, wie vorauszusetzen war, durch den miteingesandten Rigi-Brief Helenen's die Gräfin gerathen mußte.*) Das Komische dabei ist, daß in diesem sogenannten

---

*) Helene von Racowitza, geborene von Dönniges, sagt in ihrem Buche über diesen Brief auf Seite 122:

„Sehr glücklich machte ihn auch mein Brief an die Gräfin Hatzfeldt, den ich ihm zum Lesen und Absenden brachte; er könne, versicherte er, für diesen liebevollen Akt mir nie genug danken." Sie theilt den Brief mit einigen Abkürzungen, die sie angeblich nur deshalb vornimmt,

selbstständigen Briefe Helenen's die Gräfin fast wie eine zukünftige Schwiegermutter behandelt wurde. Doch wir wollen
denselben dem Publikum nicht vorenthalten, sondern ihn sofort
nachstehend folgen lassen.

Helene von Dönniges an Sophie von Hatzfeldt.

„Wabern, 1. August.

Nachdem ich, liebe und verehrte Frau Gräfin, die Erlaubniß meines Herrn und Gebieters erhalten habe, mich
Ihnen schon heute, aber leider nur schriftlich vorzustellen —
— komme ich denn zu Ihnen le cœur et la main ouverte,*)
Sie zu bitten, ein Wenig von der Freundschaft, die Sie ja
in so reichem, herrlichen Maße für Ihn haben, auf mich,
sein anbetendes Weib, übertragen zu wollen!

O! wie ich dieses Wildbad verwünsche, oder besser, Ihre
Krankheit, Frau Gräfin, die Sie zwang, dorthin zu gehen —
und mir dadurch das Glück raubt, schon jetzt oder doch recht
bald selbst in Körper und Seele, Herz und Geist vor Sie zu
treten, Ihnen meine Liebe und Verehrung zu bringen, und
Sie zu bitten, mir helfen und rathen zu wollen, um Ihn,
meinen schönen, herrlichen Adler, glücklich zu machen.
Allerdings werde ich mich Ihnen gegenüber wohl die ersten
Male etwas befangen fühlen, denn ich bin eben Nichts als
ein kleines unbedeutendes Wesen, welches Nichts kann, als
Ihn lieben und anbeten, und versuchen, Ihn glücklich zu
machen, Ihm mit Tändeln und Scherzen wie ein Kind die
Wolken von der Stirne fortzulächeln, und das den besten
Willen hat, Seine große und herrliche Seele, Seinen riesen-
haften Geist zu kennen und zu verstehen — und im Glück
wie im Unglück Ihm treu und fest zur Seite zu stehen!

Und sehen Sie, theure Frau Gräfin, dazu, zu Allebem
und zu noch weit mehr brauche ich Ihre Hilfe, Ihren Rath,
und vertraue darauf, denn Sie sind engelsgut und felsenstark
und lieben Ihn mit Ihrer schönen festen Freundschaft, wofür
ich Ihnen danke aus voller Seele, und Ihnen die Hände
küsse.

---

um die Leser nicht zu ermüden, daselbst auf Seiten 161—162 wörtlich
treu mit. Ich bemerke ausdrücklich, daß sie alle Briefe, die sie wiedergibt, meinem Buche: „Enthüllungen über das tragische Lebensende Lassalle's", entnommen hat. Meinem Buche hat sie keinen einzigen Fehler
nachweisen können.

*) Indem ich Ihnen mit Herzensoffenheit die Hand darreiche —
eig. Herz und Hand offen.

Nun aber soll ich noch volle vierzehn Tage warten, bis ich Sie sehen und lieben darf, und das wirft einen leisen, hauchgleichen Schatten auf mein hohes, herrliches Glück und läßt mich wünschen, daß diese doch so schönen wunderbaren Tage, die ich jetzt mit Ihm und durch Ihn lebe, Flügel nehmen möchten, ihren ewigen alten Flug schnell und weiter fortzusetzen, und mir dafür die Tage zu senden, wo ich mein Glück in Ihrer Gegenwart mit Ihnen fühlen und genießen darf.

Seien Sie mir nicht zu böse, Frau Gräfin, daß ich die Ursache war, um welche Ferdinand den Rigi und seine Kur verlassen hat, — ich selbst kann eigentlich auch Nichts dafür — es mußte so sein, es war unser unausweichbares Schicksal, und Gott wird machen, daß dieser Abbruch der Kur meinem Herrn nicht schadet. Sind Sie nur erst wieder bei uns, nun so wollen wir Ihn en deux*) schon so hegen und pflegen, daß Er uns nicht den schlechten Streich spielen kann, krank zu werden! — Ich gehe, oder besser wir gehen morgen nach Genf zurück, und dort, hoff' ich, soll sich Alles schnell und gut entscheiden, so daß ich Sie auch mit Glück und Ruhe ersehnen, erwarten kann, so wie ich es mit Liebe und Verehrung thue.

Noch einmal bitte ich Sie um einen kleinen Platz in Ihrem schönen, edlen Herzen und küsse Ihnen die Hände.

Ganz die Ihre

Helene."

Lassalle hatte zuerst die „gute Gräfin" nach Wildbad gehen lassen, um ungestört mit Helenen zusammentreffen zu können, dann hatte er Sophien von Hatzfeldt zur Fortsetzung ihrer Kur gerathen und sich zu Helenen nach Bern begeben. Die alte Rivalin sollte nicht vor dem 15. August mit ihm zusammenkommen, damit er mit seinem jungen Engel vor ihrer Ankunft Alles ordnen könne. Eile that Noth. Daher reiste er schnell mit Helenen nach Genf ab, wo er sofort die Einwilligung der Eltern auswirken oder Helenen, wenn es nicht anders anging, entführen wollte. Er war sehr behend im Handeln. Unterdessen wurde das körperliche Befinden der Gräfin sichtlich besser, sie suchte ihn zu einer Zusammenkunft nach Rigi zurückzulocken und warnte ihn vor Ueberstürzung.

---

*) Zu zweit'.

Aber die beiden luftigen Vögel waren bereits im Begriff, nach Bern fortzufliegen, als nachstehender Brief in Bern ankam. Natürlich dachte Lassalle nicht im Entferntesten daran, um der Gräfin willen nach Rigi zurückzureisen. Das Schreiben, durch welches Sophie von Hatzfeldt den glücklichen Lassalle von der Seite seiner Mohrenfürsten-Braut abziehen und ihn zur Fortsetzung der Molkenkur auf Rigi, respektive zu einer Zusammenkunft mit ihr, bewegen zu können glaubte, ist ein sehr altbackenes, sauertöpfisches Aktenstück, welches im Vergleich zu Helenen's geflügelten Worten klingt, als ob es eine Großmutter geschrieben hätte.

Sophie von Hatzfeldt an Lassalle.

„Wildbad, den 1. August.

Liebes Kind!

Ich habe gestern Abends Ihren Brief aus Bern erhalten und ich kann Ihnen nur wiederholen, daß Sie nicht nur zu Ihrem eignen Wohl die Sache viel zu sehr übereilen, sondern auch durch Ihre Hast dem Gelingen der Sache schaden. Die Eltern mißtrauen Ihnen. Ist nun wohl ein solches Drängen bei Philistern, was die Eltern gewiß sind und die jedenfalls die Ehe nur als eine vernünftige und wohl zu überlegende Sache ansehen, geeignet, sie Ihnen geneigter zu machen? Gewiß nicht. — Sie müßten im Gegentheil mit großer Ruhe und Vorsicht vorangehen, erst darnach trachten, daß man sich nach und nach an den Gedanken gewöhnt. Wie Sie sagen, Helene zur Heirath wider den entschiedenen Willen ihrer Eltern zu bestimmen, ist einmal sehr fraglich, ob es gelingt, alsdann auch nicht zweckmäßig; sie könnte sich bei ihrem schwachen Charakter doch später darüber unglücklich fühlen, ganz aus ihren Familien-Relationen herausgerissen zu sein. Wenigstens wäre es doch der Mühe werth, es erst auf andere Weise zu versuchen. Sie beurtheilen immer die Andern zu sehr nach sich selbst.

Ist denn Helene auch großjährig? Und ist es denn auch der günstigste Augenblick, die Sache rasch der Entscheidung zuzujagen, gerade jetzt, wo so viele Freiheits-Prozesse gegen Sie schweben? Wäre es nicht zehnmal klüger, jetzt nur mit ihr einig zu werden, sich zu begnügen, langsam eine Annäherung an die Eltern zu versuchen, und mit dem direkten Antrag zu warten, bis Ihre Prozesse so oder so entschieden? Wenn Sie Sich entschließen müßten, für jetzt Deutschland zu verlassen, so wäre das gerade die günstigste Konjunktur für das Gelingen dieses Planes.

Ich wünsche nach Dem, was Sie mir sagen, das Gelingen, obgleich ich ganz nur meinen Augen in dieser Beziehung traue, aber ich fürchte, Sie verderben Alles durch Ihr Stürmen. Sie haben einmal in Frauensachen keine Vernunft und kein Urtheil.

Ich habe wirklich Unglück in diesem Jahr. Ich kann nicht sagen, daß die Bäder mir helfen; das glaube ich nicht, aber sie erleichtern mich sichtlich. Also Sie haben sich entschieden für einen Aufenthalt am Genfer See — aber wo ungefähr? Ich habe von einer Pension in Saxon gelesen, im Valais, dicht am See; es muß, wie ich glaube, am französischen oder italienischen Ufer sein, oder Châlet uisse à Cologny oder Clarens 2c., nur kann ich nicht Berge steigen. Wo wir uns treffen, hängt ja von Dem ab, was Sie jetzt vorhaben, und kann noch immer darnach bestimmt werden. Ich bestehe nicht auf dem Genfer See, und jeder andere Ort, der Ihrem Plane förderlicher ist, ist mir auch recht, nur nicht Genf oder Bern, um da zu bleiben; ich brauche Luft, und dann ist es auch in solchen Gasthöfen auf die Dauer nicht auszuhalten.

Und dann Eines, liebes Kind, kann ich doch nicht ändern, das ist: daß ich auf zwei, drei Tage vorher nach Zürich gehe. Man erwartet mich schon lange dort; ich habe es so oft versprochen. Wer weiß, wo ich von Genf aus hingesprengt werde.

Geben Sie mir darin nicht Recht? Wenn ich nun von hier direkt nach Zürich gehe, führt mich dann mein Weg nach dem Genfer See (falls Sie bei dem Projekte des Genfer See's bleiben) über Bern? In welchem Hotel wohnen Sie dort? Bleiben Sie da?

Es ist mir gar nicht recht, daß Sie Ihre Molkenkur so ganz aufgegeben, Sie hatten sie doch nöthig; können Sie Sich nicht entschließen, jetzt wo es so schön, auf 10 bis 12 Tage wieder hinzugehen? Es wäre gut. Nun leben Sie wohl, liebes Kind, die herzlichsten Grüße!

S. H."

Das großmütterliche Schreiben kam noch zu rechter Zeit in Bern an, um Lassalle vor dessen Abreise nach Genf zu treffen und von ihm noch beantwortet zu werden. Wenn es ihm nur lieb sein konnte, daß Sophie von Hatzfeldt den löb- lichen Entschluß ihm mitgetheilt hatte, nach Zürich gehen zu wollen, konnte er doch nicht umhin, ihr hiervon abzurathen. Er mußte Zürich weniger als Liebes- denn als Schmollwinkel auffassen. Er hatte Ursache, die Gräfin auf schonende Weise bei Seite zu schieben. Im Uebrigen spielte er in seiner Ant- wort, wie sogleich ersichtlich werden soll, den Beleidigten. Er antwortete nämlich:

Lassalle an Sophie von Hatzfeldt.

„Bern, 3. August.

Gute Gräfin!

Ihr eben erhaltener Brief, den ich — in einer Stunde reise ich nach Genf — noch Zeit zu beantworten habe, zeigt mir wieder, wie mißlich alle schriftliche Verständigung ist. Sie haben meine Briefe — sind sie wirklich so unbedeutend ge- wesen? — nicht richtig aufgefaßt, daher ein falsches Bild von der Sachlage, und daher ist Ihr Brief dieses Mal ganz ungeschickt.

Sie sagen: „„Wie Sie sagen, Helene zu der Heirath wider den entschiedenen Willen ihrer Eltern bestimmen, ist einmal sehr fraglich"" 2c. Mon dieu!*) Wo hätte ich Das gesagt? Ganz im Gegentheil! Helene ist ganz dazu entschlossen, hat sich von selbst dazu entschlossen, war früher dazu fest entschlossen, als ich. Es war ja eben dieser Brief, in dem sie mir — nach Rigi-Kaltbad hin, am Abend des Tages, an dessen Morgen wir uns getrennt — diesen Entschluß mittheilte, in Folge dessen ich mich erst ent- schloß und schrieb: „Die Sache wird ernst, sehr ernst" 2c. Sie können Sich ja auch bei meiner ganzen Persön- lichkeit denken, daß ich immer mindestens ebenso sehr geheirathet werden, als heirathen, d. h. auf eine volle und freie Initiative seitens des Mädchens treffen muß. (Voir**) Marie und Ulrich von Hutten.)***)

1) Also Helene ist entschlossen, wenn ich will, morgen ihren Eltern wegzulaufen, und sogar, wenn ich wollte, als Zigeunerin mit mir durch die Lande zu ziehen.

---

*) Mein Gott!
**) Siehe!
***) Lassalle verweist hier auf sein Drama: „Franz von Sickingen."

2) Helene ist majeure.*) Schlimmstenfalls sind wir mit trois actes respectueux**) unserer Verpflichtung gegen die Eltern quitt.

3) Sie wissen das der Hauptsache nach schon aus meinem gestrigen Briefe an Sie, in welchem ich Ihnen Helenen's Rigi-Kaltbad-Brief an mich und ihren hiesigen Brief an Sie schickte.

4) Was haben denn meine Verurtheilungen und Prozesse für bestimmenden Einfluß auf meine Heirath? — Meine Heirath kann meinen Entschluß in Bezug auf die Verurtheilungen bestimmen, aber nie umgekehrt.

5) Die ganze philiströse, ganz erstaunlich langweilige Operations-Weise, die Sie mir anrathen, kann also gar nicht gedacht werden. Es ist kein „„Begriff““.

Heute Abends 6 Uhr lange ich in Genf an, wo Helene heut um 2 Uhr angelangt ist. Morgen um 2 Uhr mache ich ihren Eltern einen Besuch. Spätestens nach drei Besuchen, also in drei Tagen, vielleicht aber schon früher, erkläre ich Vater und Mutter meinen Antrag. (Geht Alles gut, bien!***) Treffen wir auf Weigerung, so folgt schon zwei Tage darauf der erste acte respectueux†) Helenen's.

Ich hoffe sehr — und glaube es fest — die Eltern werden gleich oder doch nach einigen Angriffen stürmischster Beredsamkeit, die ich auf sie machen werde, einwilligen. Sonst, beim großen Gott, bin ich zu Allem entschlossen, ehe ich mich im Geringsten beirren lasse. Für Eile ist aber Helene noch mehr als ich. Sie ist noch ungeduldiger.

6) Daß Sie nöthig hätten, nach Zürich [zu gehen, der „„Freunde““ wegen, ist durchaus falsch. Meine Geschichte ist jedenfalls der beste Vorwand für Sie. Ich kenne Keinen, der es Ihnen übel nehmen könnte, nicht nach Zürich zu kommen, wenn Sie schreiben: „„Lassalle ist in Nöthen und bedarf meiner.““

7) Damit ist inzwischen nur gesagt, daß Sie nicht nöthig haben, über Zürich zu gehen, auch nicht,

---

*) Großjährig, mündig.
**) Mit drei feierlichen, vom französischen Recht geforderten, Kund-gebungen (Förmlichkeiten).
***) Dann ist's recht.
†) Kundgebung, daß sie heirathen will.

daß Sie es absolut nicht dürfen, wenn es Ihnen Selbst ein großes Vergnügen ist.

8) Ueber Plan ꝛc. kann ich ja noch Nichts bestimmen unter den jetzigen Umständen. Mein Platz ist zunächst in Genf, wohin Sie jedenfalls auf einige Tage kommen müssen, wenn Sie auch Station am Genfer See (Bevey) nehmen wollen.

Wollen die Eltern nicht, so beginnt Helene mit dem acte respectueux. Wird sie darauf gequält und sehr gequält, so habe ich ihr tout bonnement*) gesagt, daß sie das Haus verläßt und sich bis zur Hochzeit unter Ihren Schutz stellt. Ich habe es ihr gestern Abends erst vorgeschlagen, und sie ist gleich darauf eingegangen.

9) Gehen die Eltern darauf gleich ein, so will ich mit Helenen und Madame Arson eine kleine Schweizerreise noch machen, die Sie sehr wohl mitmachen können; und mit großem Vergnügen mitmachen würden und ohne Schaden, denn Sie brauchten uns nur in die Thäler, nicht auf die Berge zu begleiten.

10) Das Alles sind Nebensachen. Die Hauptsache ist, daß ich Sie auf 4—5 Tage in Genf habe, so bald es Ihnen eben mit Rücksicht auf Beendigung Ihrer Kur nur möglich ist — die Kur vor Allem —, um mit Ihnen Vieles, Vieles, Vieles zu berathen. Denn nur das Wie, nicht das Was ist noch zweifelhaft. Das möchte ich aber überaus gern mit Ihnen durchsprechen. Darin kann mir Niemand rathen als Sie, und dieses Mal wahrhaftig brauche ich Rath, der aber nur mündlich gegeben werden kann.

Am Liebsten möchte Helene schon im Oktober als meine Frau mit mir in Berlin einziehen. Und ich möchte es auch. Vielleicht aber wären jetzt andere Entschlüsse indizirt. Kurz, kommen Sie nach Ihrem letzten Bade sofort, ohne über Zürich zu gehen, damit ich mit Ihnen berathe. Ihre Kur vor Allem! Aber wenn Sie irgend einen andern Zweck, als den der Gesundheit, und irgend eine andere Rücksicht dem bringenden, brennenden Bedürfniß vorgehen lassen könnten, das ich dies Mal empfinde, mit Ihnen so bald als möglich zu berathen, so würde ich Ihnen Das dies Mal

---

*) Allen Ernstes.

— sérieusement parlé*) — wirklich auf das Erstaunlichste et avec rancune**) übel nehmen.

Ihr

- F. Lassalle."

Als guter Beurtheiler des Frauenalters setzte Lassalle hier voraus, daß Helene schon mündig sein müsse. Indeß machte sie ihm weiß, daß sie noch nicht zwanzig, sondern die beliebten 19 Jahre alt sei, und er ließ sich in der That dadurch irre machen und zu falschen Schritten verleiten. Es war eine schöne Aussicht für Sophie von Hatzfeldt, daß sie auf der im vorstehenden Briefe sub 9 projektirten Schweizerreise unten in den Thälern wie ein Pechvogel sitzen bleiben sollte, während das schnellbeschwingte, junge Geflügel oben auf den Bergspitzen herumflatterte. Wenn Lassalle schrieb, er habe ihren Rath nöthig, so meinte er Das nicht sehr ernstlich; denn erst ohne ihr Wissen und dann gegen ihren großmütterlichen Rath hatte er ja die Sache so weit getrieben. Er glaubte aber Sophien möglicherweise noch benützen zu können und wollte ihre Rach= sucht paralysiren. Auch werden wir bald sehen, wie er, als die alte Freundin schnell und ohne Weiteres bei ihm in Genf erscheinen wollte, ihr gebieterisch zuherrscht, daß sie bleiben soll, wo sie ist. Weil er sie fern halten wollte, zeigte er sich gerade um die Kur ihres steifen Beines so bekümmert und rief ihr wiederholt zu: „Ihre Kur vor Allem!" Hätte er in seiner Liebesangelegenheit nicht ihre Intriguen gefürchtet, so würde er ihr nicht geschrieben haben: er würde ihr „Das dies Mal" — also waren auch noch andere Male vorhanden! — im Ernste „wirklich auf das Erstaunlichste" und mit Groll „übel= nehmen".

Ich will nun, damit Helene in dieser Hinsicht sich nicht zu beklagen Ursache hat, die Schilderung, die sie von ihrem Liebesverkehr mit Lassalle in Wabern entwirft, hier wieder= geben. Der Leser wird dann ersehen, daß sie sich jünger machte, als sie war, daß sie sich für erst 19 Jahre alt aus= gab. Sie schreibt nämlich:

„Man denke sich Lassalle, — nicht wie er sich als be= rühmter Mann, als Politiker oder Gelehrter zeigte — sondern diesen gottbegnadeten, hochbegabten Menschen, all seine politi=

---

*) Im Ernste.
**) Und mit Nachträglichkeit, mit Groll.

schen und sozialen Sorgen von sich werfend, in einer groß-
artig schönen Umgebung, völlig ungenirt, da Niemand in
unserer Umgebung ein Wort Deutsch sprach, mit dem Weib
seiner Wahl, in liebenswürdigster Liebeständelei zum Kinde
werdend. Man bedenke, daß ich, damals, noch nicht
20 Jahre, also ihm, dem 39jährigen, wirklich wie
ein Kind vorkommend, vollauf von diesem Privi-
leg Gebrauch machte, mit ihm spielte und herumtollte,
„wie mit einem großen Hund" — so nannte er es selbst,
und er freute sich königlich, als ich ihm einmal, während ich
ein Gedicht las und er mich mehrfach unterbrach, zurief:
„Couche Dich!" — weil ich es wirklich von den großen
Hunden, die in meiner Familie immer gehalten wurden, so
gewohnt war. Er kam immer wieder darauf zurück und meinte:
„Es ist das erste Mal, daß Jemand das Richtige gefunden
hat, mich zur Ruhe zu verweisen, ohne daß ich dadurch ge-
kränkt oder gereizt wurde. Mit diesem „couche Dich" kannst
Du mich von Allem zurückhalten, was Dir jemals unlieb sein
sollte!" — Solch kleiner Blödsinnigkeiten gab es tausend an
jedem Tage, und in der Art, wie er sie aufnahm, sich darüber freute als über etwas Ungewohntes, nie Erlebtes, sah
ich wohl, daß nie eine Frau mit ihm verkehrt hatte, wie ich
es that. Von der Gräfin sagte er selbst, sie sei so viel älter
als er, daß sogar in allererster Zeit er immer nur in ihr die
über ihm stehende ältere Frau, die ‚Maitresse femme' gesehen hätte. In seinen vielen anderen Verhältnissen und Lie-
beleien waren die handelnden Damen entweder verheirathete
Frauen gewesen, und dann fiel der feine, ungenirte, durch nichts
gestörte Ton, den wir einschlagen durften, ohnehin fort, oder
es waren Wesen, die geistig wie gesellschaftlich tief unter ihm
standen und an die ihn nur seine Leidenschaft fesselte.

A propos! von der Gräfin amüsirten ihn noch einige
meiner, in völliger Unbedachtsamkeit und im Gefühl meiner
Souveränetät gethanen Aeußerungen. Es war am zweiten
Tage nach seiner Ankunft, er hatte ein kleines Kofferchen mitgebracht, allerhand Bücher, Schriften und andere Kleinigkeiten enthaltend, in denen wir kramen wollten. Auch um ein
Bild der Gräfin hatte ich gebeten, und er hatte es zwischen
diese Bücher verpackt. Als er es mir, mit einigen anderen
mehr oder minder hübschen Photographien von Damen gezeigt, und ich es lange betrachtet hatte, gab ich es zurück und

sagte: „„Nun weißt Du, Eure Kassetten-Affaire ist lange her, — so lange, daß ich noch gar nicht auf der Welt war,*) — damit will ich Dich entschuldigen, denn schön ist Deine Gräfin, weiß Gott, nicht.““ — Er lachte, gab mir Recht, meinte aber, vor zwanzig Jahren sei sie es noch gewesen: „„sie ist ja sehr alt, denke, sie ist 1805 geboren.““ — „„Dann hätte sie sich lieber in Napoleon I. verlieben sollen! Aber wenn sie immer gut zu Dir war — und — Du sagst — sie war es, so will ich ihr verzeihen!““ Uebrigens sprachen wir auch Ernstes und „„Vernünftiges““, und obgleich ich ihm versicherte, Letzteres wirke auf mich wie Gift, brachte er doch am Morgen nach seiner Ankunft eine Menge Papiere zum Vorschein: „„Denn““, sagte er, „„vor Allem mußt Du genau wissen, zu welchem Leben ich Dich einlade, und ob Dir, was ich Dir bieten kann, auch genügen wird.““ — Dann ging's an's Rechnen und Beweisen, und er zeigte, wie die Einkünfte und Ausgaben sich deckten, und woher ihm die einen und die anderen entsprangen. Ich wollte natürlich davon nicht lange hören und meinte, daß mir das Alles gleichgiltig sei; solchen Einwand ließ er jedoch nicht gelten. „„Wir sind Beide nicht Menschen, die sich einschränken, und die mit „„den Tag 'nen Thaler““ leben können. Ich kann sterben, vielleicht bald nach unserer Verbindung — was dann? Du mußt also wissen, wo das Sichere und wo das Unsichere liegt.““

„Da kam denn manches Peinliche zur Sprache, Familien- und andere Verbindungen, von denen das Lange und Breite der Sache ist, daß Lassalle ungefähr 7000 Thaler jährliche Einkünfte genoß, — jedoch nicht die ganze Summe als auf längere Zeit für gesichert betrachtete. Das Bedeutungsvollste in diesem Gespräch war mir, daß Lassalle sich auf das Glänzendste, weil auf das Natürlichste und Einfachste, von der oft auch in meiner Gegenwart laut gewordenen schweren Beschul-

---

*) Der Leser ersieht hier aus dieser Stelle, daß sich Helene für jünger ausgab, als sie war, und zwar, daß dies in Wabern stattfand, ehe Lassalle nach Genf reiste, um von ihrem Vater ihre Hand zu erbitten. Lassalle würde in Genf, als Helene zu ihm geflüchtet war, sie nicht an die Mutter zurückgeliefert, und somit würde er seinen Tod vermieden haben, wenn ihn Helene nicht über ihr Alter getäuscht gehabt hätte. Uebrigens sehen Leute mit rothblondem Haar gewöhnlich jünger aus als sie sind.   Bernhard Becker.

bigung 'erlöſte, „„von der Gräfin Hatzfeldt unterhalten zu werden.““ — Er ſagte, nachdem er die anderen Punkte, die hier nicht her gehören, und zu deren Veröffentlichung ich mich auch nicht berechtigt fühle, erledigt hatte: „„Dieſes ſind alſo meine einfachen geſchäftsmäßigen Einkünfte; ich komme nun zu einem Theil meiner Erklärung, der längerer Erläuterung bedarf; nur will ich zuvor noch bemerken, daß Du mir nie mit dem Vorſchlage kommen darfſt, ich ſolle durch Schriftſtellerei Geld verdienen. Es pflegt Dieſes gewöhnlich ein Ausweg der Weiber zu ſein; ſie haben mir faſt alle geſagt: warum ſchreibſt Du nicht mehr und machſt damit Geld? — Ich aber haſſe die Proſtitution der Feder; ich würde mich nie dazu erniedrigen. Ich halte ſie für verächtlicher und den Mann mehr entwürdigend, als die Proſtitution des Körpers; denn mein Geiſt iſt mir heiliger, als was ihn umgibt. Alſo — merk' wohl! — damit iſt's Nichts! — Keine Schriftſtellerei — vor Allem kein Journalismus!““*)

„Damit hatte er ſich, nachdem er bis jetzt unruhig im Zimmer hin und her gewandert war, neben mich geſetzt. Ich verſtand von dieſen Dingen ſo wenig, daß ich weder dafür noch dagegen ſprechen konnte — ſo ſchwieg ich denn und erwartete mit innerer Ungeduld ſeine weitere Erklärung. Er fuhr auch ſogleich fort, aber für's Erſte mit einer Frage: „„Was hat man Dir von meinem Verhältniß zur Gräfin geſagt? und was glaubſt Du davon?““

„„Nun ganz einfach, daß Du Dich, als ſie noch ſehr ſchön und Du noch ſehr jung, in ſie verliebt haſt und Ihr ein Verhältniß mit einander gehabt habt; jetzt iſt ſie alt, — Du jung, alſo ſeid Ihr Freunde!““ —

Dieſe Anſicht gefiel ihm ſehr. „„Gott ſei Dank,““ rief er, „„daß ich ſolch ein vernünftiges Geſchöpf finde, ohne Ziererei, ohne Vorurtheil, — eine natürliche Natur! Ungefähr iſt's ſo mit der Gräfin und mir; — aber doch ein Bischen anders. Komm, laß Dir ſagen: ich bin durch ein

---

*) Hätte Laſſalle nicht viel Geld gehabt, würde er vielleicht über dieſen Punkt milder gedacht haben. So aber hatte er gut reden. Wäre er übrigens konſequent geweſen, ſo hätte er auch alle Advokaten, Aerzte, Geiſtliche, alle Staatsdiener und Beamte, beſonders aber die Schauſpieler, Schauſpielerinnen und andere Künſtler, die ſich bezahlen laſſen und geiſtige Arbeit um Geld verrichten, als Proſtituirte verdammen müſſen. Seine Behauptung bezüglich der Journaliſten ſchießt über das Ziele des Vernünftigen hinaus. B. Becker.

heiliges Etwas an die Gräfin gefesselt, durch ein Band, welches ich, ohne schwerste Veranlassung und selbst dann kaum,
niemals zerbrechen kann: durch Dankbarkeit!""

Ich sah ihn verwundert und fast erschrocken an, — ich
fürchtete das zunächst Kommende, er merkte es wohl und fuhr
daher schnell und mit stolzem Ausdruck fort: „„Ich war noch
ein Knabe, als diese Frau in härtester Bedrängniß mich mit
ihrem Vertrauen beehrte, — als sie ihr Schicksal voll und
ganz in diese Knabenhand legte. Ich habe ihr bewiesen, daß
es die Hand eines Mannes war. — Aber dieser Beweis
brauchte Zeit, sie konnte es zuerst nicht wissen, wie's enden
würde, und hat mir doch vertraut, — dafür muß ich ihr
danken mein ganzes Leben!"" Lächelnd fügte er hinzu:
„„wenn's auch manchmal unbequem ist — begreifst Du das,
Füchslein?"" —

Gewiß begriff ich's, und hätte es noch einer Thatsache
bedurft, ihn mir theurer und verehrungswürdiger zu machen,
— diese Art, seiner Verpflichtungen zur Gräfin zu denken,
hätte es bewirkt! Das sagte ich ihm, und indem er mich
dankbar dafür küßte, sagte er: „„Die Kassetten-Geschichte kennst
Du in ihrem Umriß — Du hast meine derzeitige Vertheidig-
ungsrede gelesen. Ich war eben sehr jung, — habe aber doch
mein damaliges Thun nie bereut, und würde heut vielleicht
wieder ebenso handeln. Aber diese Sache und mein Verhältniß zur Gräfin, mein vollständiges Aufgehen in ihren Interessen, das Führen ihrer furchtbar verwickelten Prozesse rissen
mich aus meiner projektirten Carriere und verfeindeten mich
theilweise mit meiner Familie. Da wurde es nöthig für
mich und für die Frau, oder besser gesagt, für die Partei, in
deren Interesse ich handelte, eine Kompensation für alle meine
materiellen Opfer zu erhalten, um uns Beide frei zu stellen,
um die Gräfin nicht allzu sehr meine Schuldnerin werden zu
lassen. Da also machten wir den Kontrakt, daß, wenn ich
ihren Prozeß gegen den Grafen Hatzfeldt, ihren Mann, gewinnen würde, ich als Ersatz für meine Einlagen, meine
Arbeit und verlorene Zeit eine lebenslängliche Revenue aus
dem ihr geretteten Hatzfeldt'schen Vermögen beziehen sollte; —
diese Rente fällt nach meinem Tode an die Gräfin zurück. —
Das wirst Du verstehen und billigen! — Ich bin, wie ich
Dir schon sagte, in jeder Hinsicht, ausgenommen den Punkt
der Dankbarkeit, der Gräfin gegenüber vollständig frei, wie

sie es mir gegenüber auch längst ist. Unsere Herzensinteressen
liegen seit Lange meilen=, ja weltenweit auseinander.""" —
Ich war unendlich froh über diese Erklärung, küßte ihn
dankbar dafür und rief: „„Gott sei Dank! Ich will sie nun
auch sehr lieb haben, Deine Gräfin, und ihr sofort einen
ganz töchterlichen Brief schreiben; will Alles thun, ihr zu
gefallen. Aber — nicht wahr, — dafür brauchte sie auch
dann nicht immer bei uns und mit uns zu sein?"" —
Ich hatte nie geglaubt, daß Lassalle sich so ausgelassen
geberden könne, wie er es nach diesem Satz zeigte. Nichts,
was ich vorher oder nachher je gesagt, hat ihn so gefreut.
Er sprang im Zimmer herum, küßte mich wieder und wieder
und sprach meine letzten Worte wohl hundertmal nach, um
dann endlich zu versichern: „„Nein, nein! das braucht sie
nicht! das soll sie nicht! das wäre ja ein schreckliches Leben,
solch' eine Ehe à trois.*) Ist sie in Italien, so gehen wir
nach Aegypten, ist sie in der Schweiz, ziehen wir nach Paris
oder Deutschland, und umgekehrt; einmal im Jahr besuchen
wir sie."" —
Freudig entgegnete ich: „„Ja ja! wir besuchen sie!
Dann können wir wieder fort, wann wir wollen!"" —
Lassalle fragte nun, nachdem er sich wieder etwas be=
ruhigt hatte: „„Also sprich jetzt; genügt Dir das Loos, wel=
ches ich Dir zu bieten habe?"" — und auf meine Antwort
„vollauf" fuhr er fort: „„Das wollte ich hören. Du sollst
mich lieben, so wie ich mich da vor Dir gezeigt. Aber —
bist Du denn gar nicht ehrgeizig?""
„„Mein Ehrgeiz ist, Ferdinand Lassalle's Frau zu sein
und sein Loos zu theilen,"" sagte ich.
Da lachte er wieder vergnügt und rief, sich die Hände
reibend: „„Du hast, bei Gott! — nicht schlecht gewählt; denn
es soll Dein Schade nicht sein. Ferdinand Lassalle's Frau
soll noch einmal von Allen die Erste sein! Laß uns ver=
ständig darüber sprechen, hast Du Dir wohl eine Idee von
meinen Plänen und Endzwecken gemacht? — Nein? — Nun,
so sieh mich an — (sich hochaufrichtend und die eigenthüm=
lichen, mit dem König der Vögel, dem Adler, gleichen Augen
weit öffnend) sehe ich aus, als wollte ich mich mit einer
zweiten Rolle im Staate begnügen? Glaubst Du, ich gebe

*) Französisch: Ehe zu Dreien. — Ehe zu Dritt.

ben Schlaf meiner Nächte, das Mark meiner Knochen, die
Kraft meiner Lungen dazu her, um schließlich für Andere die
Kastanien aus dem Feuer zu holen? — Sieht ein politischer
Märtyrer so aus? — Nein! — Handeln und kämpfen will
ich — aber den Kampfpreis auch genießen, — und Dir das
— nun nennen wir's für's Erste das Siegesdiadem auf
die Stirn drücken! — Glaube mir, es ist ein ebenso stolzes
Gefühl, „„volkserwählter Präsident"" einer Republik zu sein,
fest und sicher auf der Gunst seines Volkes zu stehen, wie als
„„König von Gottesgnaden"" auf morschem, wurmstichigem
Thron zu sitzen! Komm her! — hier an meine Seite vor
den Spiegel! — sieh uns Beide an! Ist's nicht ein stolzes,
ein königliches Paar da brinnen? Hat diese beide Menschen
die Natur nicht in übermüthigster Sonntagslaune geschaffen?
und glaubst Du nicht, daß die Macht — die höchste Gewalt
uns gut kleiden wird? Ja, Kind! Du sollst noch aufleuchten
in stolzem Frohgefühl, daß Du mich, — von Allen mich gewählt hast! Es lebe die Republik und ihre goldlockige Präsidentin!"" —

„Er hatte sich in eine wahre Gluth hineingesprochen und
riß in seinem Begeisterungsstrom mich schwindelnd hinein;
meine Blicke hingen bewundernd und gläubig an ihm, und da
er dies bemerkte, fuhr er fort: „„Du glaubst mit mir an
unsern Stern, nicht wahr? Seit ich Dich gefunden, ist mir
mein Weg zur Höhe noch klarer geworden; vereint mit Dir
muß ich zum Ziel kommen, — und dann: — Heil uns! und
unseren Freunden! Wir haben Beide Feinde — Feinde wie
Sand am Meer; bei mir ist's natürlich, bei Dir begreiflich;
aber laß sie nur sich abmühen, laß sie nur mit ihrem schmu-
tzigen Geifer den Saum unserer Gewänder bespritzen, sie sollen
noch Alle das Knie beugen, wenn wir unsern „„Einzug""
halten!! Nicht wahr, Füchslein, diesen Ehrgeiz verstehst auch
Du? Und „„Ferdinand der Volkserwählte"" ist ein
stolzer Name? — So sollen sie mich heißen, wenn's gelingt!"" —

„Nach kurzer Pause setzte er freilich hinzu: „„Böse
Kämpfe wird's noch kosten, — auch ist die Zeit noch nicht
reif — vielleicht heißt es, noch lange, lange warten in un-
nützem Märtyrerthum, in thatenlosen Reden oder vielleicht am
Besten, in vollständiger Muße, — ich weiß es nicht;

vedremo!*) Wir haben ja noch viele Stunden, um daran zu denken, denn jetzt erst bist Du mein; meines Geistes hast Du einen Hauch verspürt!""" —

„Daß ich an jenem Tage mit doppelter Liebe, mit dop= peltem Stolz zu meinem „„König"" aufblickte, ist wohl mensch= lich und selbstverständlich. Ich glaubte ja an ihn wie ein gläubiger Christ an seinen Heiland. —

„Doch nun war es genug des Ernstes; wir verbrachten unsere übrige Zeit mit kleinen Spaziergängen, mit dem Ver= tiefen in unsere Lieblingsdichter, wobei mir Lassalle mit wun= dervoller Kunst Gedichte und Stellen aus Dramen rezitirte, und schlossen den Tag mit einem charmanten Souper, welches der amerikanische Konsul zu Ehren unserer „„Verlobung"" arrangirt hatte.

„Als ich nach diesem, und nachdem wir uns Alle für die Nacht getrennt, in mein Zimmer trat, das zu ebener Erde lag, die offenen Fenster gegen die ewigen Gletscher, welche in diesem Augenblick in vollem Mondschein wie Silber strahlten, und ich, der Hitze des Tages gedenkend, mich auf's Simms setzen wollte, um die herrliche Nacht noch mit allen Sinnen einzusaugen, fühlte ich mich von zwei Armen umfangen, und Lassalle stand braußen vor dem niedrigen Fenster, auf mich wartend. Er schwang sich, trotz meines leisen Protestes, auf den Sitz neben mich und flüsterte: „„Sei ruhig Herz! ich bleibe hier ganz still und artig sitzen bis Du so müde bist, daß Du sagst: ‚Couche Dich!' Dann geh' ich. Aber die Nacht ist herrlich, mein Herz so voll, Du mir so nah — man kann nicht schlafen — so laß uns plaudern, — oder den Mond anbeten, oder in ewiger Wechselwirkung der beiden Worte: Ferdinand — Helene — das hohe Lied der Liebe neu erfinden."" —

„Wie's immer mit ihm ging: unter poetischen Scherzen und zärtlichen Kindereien begannen wir und gar bald waren wir mitten im Ernst darin. Ich hatte durch Zufall des Ge= heimrathes Zitelmann erwähnt, und daß ich in dessen Hause (der damals als Bismarck's rechte, wenn auch unsichtbare rechte Hand galt) von Lassalle hätte sprechen hören. Eifrig frug Ferdinand: „„Was haben sie gesagt?"" —

*) Italienisch: wir werden sehen!

„„Nicht viel"", war meine Antwort, „„die Frau Ge-
heimräthin, eine herzensgute aber sehr lebhafte und gescheidte
Frau, hatte mit rascher, unbedachter Zunge herausgeplaudert,
‚daß Lassalle bei Bismarck gewesen und daß dieser furchtbar
entzückt von ihm sei‘, aber da hatte ihr der Geheimrath einen
bösen, mahnenden Blick zugeworfen, und sie darauf schnell das
Gespräch abgebrochen. — Ist's nun wahr? Hast Du mit Bismarck allerlei Geheimes zu thun?"" —

„Er saß einen Augenblick ganz still, dann lachte er leise,
fast unheimlich vor sich hin, und meine Hand ergreifend, sagte
er halblaut: „„Dieses Kind!! 's ist unerhört! mit diesen kleinen Fingern, — denn Du weißt doch, daß es dumm ist,
solche kleine Finger zu haben, — mit diesen Elfentatzen
greift es frech in meine werthvollsten Geheimnisse, die ich wie
Edelsteine im Sicherheitskästchen meines Herzens bewahre, —
kramt darin herum, behandelt die kostbaren Juwelen als ihr
unbestreitbares Eigenthum, verstreut einige davon, als wäre
es Spreu, und verlangt dann die allertheuersten für sich, als
Tand, als Schmuck in's Haar! Aber diese naive Frechheit,
— ich liebe sie! und darum sollst Du haben, was Du, nichts
Schlimmes ahnend, verlangst. Jawohl, ich war bei Bismarck!
Der große „„Eiserne"" wollte mich kaptiviren! — Und Eisen
ist ein gar köstliches Metall, — so stark, so derb, so hieb-
und stichfest! — Was hat Eisen nicht schon Alles erreicht in
der Welt? — Fast Alles ist durch Eisen gemacht, gefestigt
worden; — fast Alles — fast! — Aber es gibt noch ein
anderes Metall; biegsamer, — geschmeidiger; nicht zu Helden-
und Waffenthaten bestimmt und doch mächtiger als dieses
omnipotente Eisen: das Gold! — Was das Eisen zerstört
hat, baut das Gold wieder auf; — der Regen, der das Herz
der Danaö verführte, war von Gold! Ja, ja, Du goldiger
Fuchs Du, es ist noch sehr die Frage, welches der beiden
Metalle das mächtigere, das wirkungsvollere ist! Sie
sagen freilich, da oben in den eisernen Kreisen „„das Gold
sei jüdisch"" — aber auf die Wirkung kommt es an, auf
die Wirkung allein. Und schließlich: Eisen rostet mit der
Zeit, und rostiges Eisen gehört in die Rumpelkammer! Also
fort damit in die Rumpelkammer der Jahrhunderte, der Geschichte!*) — Aber was Bismarck anbelangt, und was er von

*) Helene nehme mir nicht übel, wenn ich die Vermuthung aus-
spreche, daß sie die Worte Lassalle's nicht recht verstanden habe. Lassalle

mir gewollt hat und ich von ihm? — laß Dir's genügen,
daß es nicht zu Stande kam, nicht zu Stande kommen konnte:
wir waren Beide zu schlau, wir sahen unsere beiderseitige
Schlauheit und hätten nur damit enden können, uns (natür=
lich immer politisch gesprochen) in's Gesicht zu lachen. Dazu
sind wir zu gut erzogen — also blieb es bei Besuchen und
geistreichen Gesprächen!"" —

„„Und gefiel Dir Bismarck? Findest Du ihn geistreich?""
frug ich.

„„Geistreich! — was heißt überhaupt geistreich? Wenn
ich und Du geistreich sind, so ist's Bismarck nicht! Er ist
schneidig, wuchtig — ist eben ‚eisern'. Wenn man Eisen ver=
feinert, wird es zu Stahl, und dann kann man auch stechende,
zierliche Waffen daraus machen, doch immer nur Waffen!!
Gold ist mir lieber; Gold wie es mein Fuchs auf dem Kopfe
trägt und wie es mir gegeben ist in der geheimnißvollen
Macht, die Menschen zu erringen, sie mein zu machen! Du
sollst schon noch sehen, mein Herz, was unser Gold Alles
erreicht."" —

„Nach kleiner Pause meinte ich forschend: „„Aber Du
selbst sprichst doch auch viel von Waffen, von Blut und
Kämpfen, und Revolutionen werden schließlich auch nicht waffen=
los und ohne Eisen geschmiedet.""

„„Kind! Kind! was willst Du in dieser einen mond=
hellen Nacht Alles wissen! Die Errungenschaften von Jahr=
tausenden, das Ergebniß der tiefsten Studien, das fragst Du
mir tändelnd ab, und ich Armer soll Dir das Alles wie
Spielzeug in den Schoß werfen!! — Von Kämpfen reden,
zu den Waffen rufen, ist noch lange nicht dasselbe, als mit
blutbefleckter Hand und kaltem Herzen den Bruder, den Mit=
menschen niederzusäbeln! Und weißt Du denn so genau, Du

---

spielte offenbar an auf die Stelle über Gold, Silber und Erz im 21.
und 22. Kapitel des 3. Buchs von Platon's Schrift über die Staats=
kunst. Die Hauptstelle lautet dort:
„Alle nun, die Ihr im Staate seid, seid Brüder; der bildende Gott
aber hat Denen von Euch, welche sich zum Herrscher eignen, Gold bei
ihrer Geburt beigemischt, weßhalb sie die Köstlichsten sind; den „Ge=
hülfen aber Silber; Eisen und Erz hingegen den Ackerbauern und
übrigen Arbeitern."
Unter dem Gold ist also nicht das konkrete Metall, sondern die vor=
zügliche Tüchtigkeit des Geistes zu verstehen.

Bernhard Becker.

schlauer Fuchs, welche Waffen ich meine? Weißt Du denn, ob ich meine golbenen Waffen bes Geistes: bie Kunst ber Rebe, bie Menschenliebe, bie Besserstellung unb Menschmachung ber Armen, ber Elenben unb Arbeitenben, unb schließlich unb vor Allem ben Willen, ob ich all' biese ebler, in Wahrheit golbenen Waffen nicht höher stelle unb zweckbienlicher halte, als bie wunbenschlagenben bes rostigen Mittelalters? Blut unb Schwert nur als letzte Nothwenbigkeit! wenn sie selbst es nicht anbers wollen. Aber sie sollen, benk' ich, uns fürchten lernen, auch ohne Schwerterstreich. Aber ber Morgen graut, unb wir wollen heut auf ben Niesen; also schlaf' wohl unb träum' von mir."" — Er hielt mich lange fest umschlungen unb flüsterte bann: „„Wie glücklich, wie selig wollen wir sein, wenn Du mir erst ganz gehörst! Unb welch' herrliche Frau will ich mir aus biesem Kinbe machen! — Schlaf gut!""

„Unb fort war er. —"

Fünftes Kapitel.

Die ersten Auftritte in Genf.

Lassalle hatte sich fünf Tage in und bei Bern aufgehalten. Helene hatte in Wabern bei Madame Arson gewohnt, in deren Villa er häufig seinen Besuch abgestattet und den soeben beschriebenen Liebesverkehr mit Helenen gepflegt hatte. Dieser Madame Arson sowohl, wie auch Herrn und Madame Lesley hatten sich die beiden Liebenden als Verlobte vorgestellt. Helene war an einem Mittwoch (den 3. August) morgens ohne Lassalle abgereist, weil Madame Arson den Liebhaber von der Begleitung Helenens aus dem Grunde abgemahnt hatte, daß sich diese Begleitung nicht schicke. Lassalle fuhr also am genannten Tage mit einem spätern Zuge ab und traf Abends 6 Uhr in Genf ein. In der Nähe von der Wohnung des Herrn von Dönniges, in der Pension Bovet (Pacquis), wo in einem der obersten Stockwerke ein Zimmer leer stand, stieg er hier, gemäß der mit Helenen getroffenen Verabredung, ab und wollte sich eben in der nicht sehr bequemen Wohnung so gut als möglich einrichten, als ihm die Kammerjungfer Helenens einen Brief überbrachte. Hastig erbrach er das Schreiben und las zu seinem Erstaunen Folgendes:

Brief Helenens an Lassalle.

„Mittwoch, den 3. August 1864.

Mein liebes Herz, mein schöner herrlicher Aar, — noch keine Stunde im elterlichen Haus, kann ich Dir schon Neues — aber nur Trübes erzählen. Ich kam hier an und fand meine kleine Schwester Margarethe als verlobte Braut des Grafen Kayserlingk — das Glück und die hohe Freude darüber bei den Meinen ist nicht zu beschreiben. Ach, Ferdinand, es thut mir wehe, zu denken, wie verschieden mein Glück auf sie einwirken wird! — Doch ist's mir ganz gleich: in Freud' und in Leid Dein treues, nur Dir ergebenes Weib.

Diesen Freudenmoment benutzte ich und zeigte Mama Deine Visite an, aber — — nun die arme, arme kleine Frau stellt sich aber meinen schönen Ferdinand auch als Schinderhannes vor — als ich auf so ganz bestimmten Widerstand stieß, und zwar aus dummen Gründen, die zu kleinlich sind, um Dich auch nur zu berühren, fühlte ich mich gezwungen, zu den großen Mitteln zu greifen; ich sagte ihr also: „Höre, Mama, ich habe mit Dir sehr ernst zu sprechen, — ich sage heute zum ersten Male: ich will, und so wahr ich hier vor Dir stehe, sage ich Dir, ich werde meinen Willen durchsetzen."" Hier erzählte ich ihr in Kürze unser Wiedersehen und fuhr fort: „„Es thut mir unendlich leid, Euch so betrüben zu müssen — denn ich sehe, daß Du außer Dir bist, — aber ich kann nicht anders; seid Ihr vernünftig und willigt ein — nun so werdet Ihr ihn kennen und lieben lernen, und Alles wird ruhig und glatt abgehen — wo nicht, nun, thut es mir auch sehr leid, und Gott weiß, was ich darunter leide, so muß ich mich mit dem Gesetz vertheidigen und so zu meinem Recht und meinem Glück gelangen."" —

Ich schloß meine Rede, während welcher sie mich mit Kindesgüte angehört, und mich nicht einmal unterbrochen hatte, obwohl die Thränen ihr die Augen näßten; ich schloß, sage ich, mit noch einigen Küssen und Liebesversicherungen und sagte ihr noch einmal: „„Nur in ihm ist mein Glück, und das ist mein Schicksal.""

Sie weinte leise und verließ mein Zimmer, und ich, das Kind, wurde Deine wirkliche Brunhilde; — ich weinte nicht, ich zitterte auch nicht, ich sah Dein Bild an und bat Dich leise: Komm, mein hoher, mein stolzer, mein kaiserlicher Aar, gieb mir mit Deinem herrlichen Adlerblick Kraft und Stärke! So bat ich, und mein Glaube an Dich hat mir geholfen — ich danke Dir, mein starker Siegfried!

Nach einer kleinen Weile kam die arme Mutter und sagte: sie müsse dem Papa die ganze Sache mittheilen, sonst gäbe es einen furchtbaren Skandal. Ich sagte darauf, das sei das Einzige, was ich verlange für mein Vertrauen, und Du wünschtest nicht, daß Papa Dich kennen lerne mit Gedanken für oder wider, — kurz Du möchtest unbefangen ins Haus treten und ebenso beurtheilt werden; — — aber hier blieb sie unerbittlich und sagte: „„Papa nimmt ihn nie und nimmer an, ich muß zu ihm gehen und ihm sagen, wie die Sachen stehen.““ Nun fragte ich sie, was hat er denn gegen Lassalle, was kann er gegen ihn sagen — car enfin, seine politische Stellung ist kein genügender Grund, ihn nicht anzunehmen, wenn er ihn besucht. Mama: „„nicht seine politische, aber seine soziale Stellung — die Kassettengeschichte (die Konnektion mit der Gräfin von Hatzfeldt) und so viel Anderes.““ Ich sagte darauf nun, daß ich Nichts von ihnen verlange, als Dich anzunehmen und kennen zu lernen; worauf sie zu mir sagte: „„Du kannst von Papa nicht verlangen, namentlich in derselben Zeit, wo die eine Tochter mit dem Grafen Keyserling verlobt ist,*) einen Mann in die Familie aufzunehmen, von dem alle Welt spricht.““ Ich: — „„Ihr nehmt ihn nicht in Eure Familie auf, sondern Ihr gebt nur Eure Einwilligung, daß ich aus dieser Familie heraustrete; wenn Ihr es verlangt, nun so will ich, so weh es mir auch thut, und Gott ist mein Zeuge, daß mir fast das Herz dabei bricht, so will ich Euch das Versprechen geben, nie wieder Eure Schwelle zu überschreiten.““

Sie antwortete darauf nicht, weinte mehr, und als sie sich etwas beruhigt hatte, hielt sie mir eine kleine strenge Rede, in der sie mir vorwarf, daß ich mich vom Augenblick zu sehr leiten ließe u. s. w. Aber da sie sah, daß ich fest war, so ging sie hinaus mit dem noch immer festen Entschluß, Papa Alles zu sagen. Der ist nun jetzt mit meinem Vetter Dr. Arndt auf dem See, und Gott weiß, wie es wird, wenn er zurückkommt. Jedenfalls bleibe ich felsenfest, — Du kommst morgen um 2 Uhr — vielleicht noch früher, und dann setzen wir schnell und rasch durch; denn ich fühle, daß uns auch in dieser Hinsicht unsere Sterne günstig und zum Glück führen werden. Mama hat übrigens eingesehen, daß die Sache unwiderruflich ist, — und so wird es vielleicht, wenn auch nicht ohne Sturm und Heftigkeit, so doch schnell und dadurch glücklich enden. Wenn sie — meine Eltern — sehen, daß sie Nichts gegen uns thun können — nun so weiß ich, daß sie

---

*) Ich hatte 1868 in den Enthüllungen über Lassalle's Lebensende diesen Namen Kayserlingk geschrieben. Ich habe nun die Schreibweise in Keyserling abgeändert, weil Helene den Namen ihres Schwagers auf diese Weise geschrieben hat. Ich glaubte annehmen zu müssen, daß Helene die richtige Schreibart vom Namen ihres eignen Schwagers kennt. Indeß schreibt Helene einmal (S. 123 ihres Buches) den Namen auch Keyserling.   B. B.

vorziehen, gleich ja zu sagen, um keinen Eclat zu machen. Ist heute Abends noch eine entscheidende Unterredung, so schreibe ich Dir noch morgen früh; hier sind die einzigen Sachen von Papa, die ich auftreiben kann. Es wird Dir lieber sein, als die Gedichte. Ach, Herz, wie ich mich nach Dir sehne! —

Der erste Advokat hier ist Amberny. — Du wolltest es ja wohl wissen?

Jetzt ist es 6½ Uhr, und Du mein Herr und Gott bist nun schon hier? O! Dieser Gedanke gibt mir wieder Stärke und Kraft — denn ich muß die Nähe und Allgewalt meines Herrn und Gebieters fühlen, um nicht zu weichen, um nicht auch Andern gegenüber zu sein, wie Dir — das Kind. Aber ich fühle Dich und Deine Liebe — und so fürchte ich Nichts mehr und bin jetzt und für immer Dein Weib, Dein Kind, Deine Dich anbetende Sache! O, wenn doch die Gräfin hier wäre! —

Sage mir nur auf einem kleinen Zettel, daß Du mich liebst! Denn ich, Ferdinand, ich liebe Dich ja so sehr! —

Es ist geschehen — sie haben gesprochen — mein Vater hat erklärt: „„ich wäre seine Tochter nicht mehr!"" und was nun geschieht — Gott weiß; — er will, ich soll sein Haus nicht verlassen, ehe ich Dein Weib bin!

Ich kann"" — — — —

Noch hatte Lassalle den vorstehenden Brief nicht gelesen, da erscheint Helene selber. Sie ist in der größten Aufregung. Sie wirft sich verzweiflungsvoll, nachdem sie ihm ihr Leid geklagt, aufs Bett und ruft: „Ich bin das unglücklichste Geschöpf von der Erde. Hier hast Du Deine Sache: mach' mit mir, was Du willst!"

Lassalle wußte indeß den aufgeregten Zustand Helenens nicht zu würdigen, sondern beruhigte sie mit den Worten, daß ja noch nicht alle Hoffnung, den Vater zur Einwilligung in die Heirath zu bewegen, vorüber sei. Besänftigt führte er sie in die Arme der ihre Tochter suchenden Mutter zurück.

Versetzen wir uns jetzt lebhaft in die Lage Helenens. Denn dieser Auftritt war für sie entscheidend und erschütterte ihre Standhaftigkeit. Im elterlichen Hause war bei der Rückkehr ihres Vaters und Vetters ein Sturm gegen sie losgebrochen. Nicht blos die Eltern, sondern auch die anwesenden

Geschwister und Verwandten hatten sie mit Vorwürfen über=
häuft. Ja ihr Vater hatte erklärt, sie sei seine Tochter nicht
mehr, und hatte ihr verboten, vor ihrer Verehelichung das
Haus zu verlassen. Helene war darauf geflüchtet, hatte sich
Lassalle in die Arme geworfen und sich ihm ganz hingeben
wollen; sie hatte sich bereit erklärt, mit ihm nach Italien zu
entweichen.

Und wie hatte Lassalle sich dabei benommen? Er hatte
nicht die kühne Entschlossenheit gezeigt, die sie von ihm erwartet
hatte, sondern im Gegentheil sie am Arm genommen, um sie
in das Haus der Madame Rognon zu führen, wo er der
Mutter die Tochter zurückgab. Diese eiskalte Ruhe Lassalle's
verstimmte Helene; letztere mochte einen leisen Zweifel fühlen,
ob er sie wohl so heiß liebte, wie sie geglaubt hatte, und
jedenfalls nahm sie es ihm auch sehr übel, daß er das Ver=
trauen, mit dem sie sich ihm rückhaltslos hingegeben, so schlecht
verstanden hatte. Eine solche Verschmähung verträgt keine
Frau, sei sie nun Mädchen oder Weib; am Wenigsten vertrug
selbige Fräulein Helene, weil sie, wie Lassalle sich in dem
einen Briefe an Sophie von Hatzfeldt ausdrückte, viel „Na=
tur" in sich hatte.

Wir wollen hier eine Pause machen, um zu hören, wie
uns Helene diese Auftritte beschreibt. Sie sagt Folgendes in
ihrem Buche:

„Der Eindruck", den ihre Mittheilung, daß sie mit Las=
salle verlobt sei, auf ihre Mutter gemacht, „war ein unge=
ahnter und noch heute von mir völlig unbegriffener!" — Sie
fährt dann fort: Wenn ich dieser „opferfreudigen" Mutter
mitgetheilt hätte, daß ich im Besitze eines fürchterlichen, rasch
tödtenden Giftes sei, und es hätten den vernichtenden Stoff
bereits sie und alle die Ihrigen in sich aufgenommen, sie
hätte nicht gräßlicher erschrecken, sich nicht verzweifelnder, nicht
mit mehr Abscheu geberden können. Warum? — ist mir,
wie gesagt, bis heute völlig unverständlich. — Da ich jedoch
den Eindruck auf sie sah, so fürchtete ich natürlich die erste
Mittheilung von ihr dem Vater gegenüber doppelt, und machte
es zur Bedingung, als Dank für mein Vertrauen mein Ge=
heimniß für sich zu behalten; das verweigerte sie entschieden,
ging hinaus, und schon eine viertel Stunde darauf erschien sie
mit dem Vater, der sogleich mit drohender Miene auf mich
zutrat und mit wuthzitternder Stimme frug: „„Was hat

Mama mir da gesagt? Was ist das für eine heillose Geschichte mit diesem Schurken, diesem Lassalle? —""
„Die Katastrophe war da! — Ohne Uebergang — plötzlich, und fand mich rathlos, unvorbereitet — allein — und,
man vergesse es nie: — als ein willenloses Kind. Und doch
raffte ich mich zu energischem Widerstand auf. Ich sagte,
was ich zu sagen hatte — im Herzen zaghaft zitternd —
äußerlich fest und ruhig, und schloß mit der Erklärung: „„So
leid es mir nun auch thut, und so schwer es mir wird, Euch
zu zürnen — ich heirathe Lassalle."" — Mein Vater sah
mich wüthend an und sagte nur: „„Das werden wir sehen —
bis dahin verläßt Du das Haus nicht"" — und damit gingen
beide Eltern hinaus.*)

„Nun, dieser Auftritt war ja so schlimm nicht. Ich hatte
mich auf Aergeres vorbereitet, und war nun verhältnißmäßig
ruhig.**) Ich setzte mich hin, schrieb an Lassalle die Veränderung unseres Kriegsplanes, den festen Widerstand, denn ich
getroffen, den ich aber doch nicht für unbezwingbar halte, und
gab diesen Brief meiner schon früher erwähnten Kammerfrau
Therese, daß sie ihn nach 4 Uhr, wenn Lassalle ankam, sofort
zu diesem hinbringen solle. — Diese Zwischenbeschäftigung
hatte ungefähr eine halbe Stunde in Anspruch genommen und
ich setzte mich eben zu einem Schreiben an Holthoff nieder —
als mein Vater wieder eintrat, diesmal allein, und wie ich
sofort sah, in gesteigerter Wuth.

„Er hatte seitdem mit einigen unserer Gäste, darunter
einem gewissen Dr. Arndt, Rücksprache genommen und von
diesen, namentlich von Letzterem, haarsträubende Geschichten
über Lassalle und über sein Leben mit anderen Frauen gehört;

---

*) Die Stelle: „Bis dahin verläßt Du das Haus nicht",
scheint unverständlich und drängt dem Leser die Frage auf: Bis wohin? — Ich will das Räthsel zu lösen suchen. Der Vater sagte zu
Helenen: „Du bist mit Janko dem Mohrenfürsten am Todtenbette Deiner
Großmutter verlobt, ich habe die Verlobung gutgeheißen, ich habe Janko
Deine Hand zugesagt, und Du mußt ihn heirathen, weil Du ihm selber
die Ehe versprochen hast. Ich werde ihn von Berlin herbeirufen. Er
wird kommen und Dich heirathen. Bis dahin verlässest Du das
Haus nicht!" B. B.
**) Der Brief Helenens an Lassalle widerspricht Dem; denn sie schreibt,
daß ihr Vater mit ihrem Vetter Arndt noch auf dem See sei. (Hier
irrt B., der Brief Helenens ist in verschiedenen Absätzen, mit Pausen
dazwischen, geschrieben. Note des Herausgebers).

vor Allem war ihm die „Gräfin" wieder in's Gedächtniß zu=
rückgerufen worden.

„Ist es nöthig zu sagen, daß ich diese perfiden Geschichten
nicht glaubte? Ich hielt sie für die gröbste Verleumbung
und raffte mich zu der Antwort auf: „„Das Alles ist meine
Sache! Wenn ich bei meinem Manne ein solches Vorleben
und eine solche Freundin ertrage, — — so hat sich darum
Niemand sonst zu kümmern. Ich liebe Lassalle, wie er nun
einmal ist, und will seine Frau werden, was immer es auch
koste."" — Mein Vater bezwang sich mühsam und erwiderte:
„„Aber bedenke doch, daß Du, selbst wenn eine solche Heirath
möglich wäre, wenn ich sie dulden könnte, was überhaupt
außer jeder Möglichkeit liegt, daß Du dann ausgestoßen bist
aus der Gesellschaft, in der Du zu leben gewohnt und be=
rechtigt bist, daß kein anständiger Mensch mit Dir umgehen
kann, denn Dein Umgang besteht dann aus Damen, wie die
Gräfin Hatzfeldt eine ist?"" — Nun gerieth ich außer mir!
Man denke, daß ich die Gräfin wie Lassalle's, also auch wie
meine zweite Mutter ansah, daß ich ihr vor wenigen Tagen
meine Liebe und Ergebenheit zu Füßen gelegt hatte, und nun
sollte ich so von ihr sprechen lassen?! —

„Ich faßte also alle meine Energie zusammen, und sagte
vor Entrüstung zitternd: „„Ich bitte, nicht in solchen Aus=
brücken von den Menschen zu 'prechen, die ich fortan zu den
Meinen zähle, zu denen ich lieber gehören will, als zu Euch,
die Ihr ohne Sinn und Ursache einen Mann verwerft und
verpönt; nur aus Hochmuth oder anderen kleinlichen Gründen!
Ihr wollt den Mann, denn ich liebe, und der doch wahrhaftig
kein alltäglicher Charakter ist, nicht einmal kennen lernen, um
ihn dann erst zu verwerfen oder aufzunehmen! Gut, wie Ihr
wollt: dazu kann ich Euch nicht zwingen — aber dann laßt
uns ziehen! Versagt Ihr absolut Eure Einwilligung, so
wollen wir, so leid mir dies thäte, ohne dieselbe heirathen,
und öffentlich erklären, oder Ihr mögt Das thun, daß wir
gegen Euren Willen die Ehe vollzogen. Wir wollen uns in
jede noch so harte Bedingung fügen, aber wir wollen uns
haben.""

„Mein Vater hatte still und anscheinend ruhig zugehört;
jetzt, da ich schwieg, fuhr er heftig auf, und seine Heftigkeit
— das wußten wir aus Erfahrung — kannte, einmal erregt,
keine Grenzen. Den Wortlaut der fürchterlichen Dinge, die

er mir sagte, weiß ich nicht mehr, ich weiß nur den Sinn, und daß dieser mich verzweifelt und halb wahnsinnig gemacht, wird jedes junge Mädchen mir nachempfinden, jede Frau, die sich zurückversetzt in die Tage ihrer früheren Jugend, einem geliebten Vater gegenüber, der sich zum ersten Male im Leben hart und unerbittlich erweist. — Er sagte mit bebender Stimme und mit einem, bis in die Lippen farblosen Antlitz: daß er mich verfluche, mich und den Tag, an dem ich geboren, daß ich sein Kind nicht mehr sei, daß er sich lossage von mir, und in diesem Augenblick jede Gemeinschaft mit mir zerbreche; daß ich diesen Spruch und Fluch nur von mir abwälzen könne, wenn ich Lassalle aufgäbe — damit ging er hinaus und ließ mich in wildester Verzweiflung allein.

„Ich weinte, ich flehte zu Gott, uns zu helfen — ich raste und frug mich dazwischen wieder und immer wieder, was ich nun thun solle? — Ich war ganz allein; selbst meine getreue Therese war fort mit meinem Briefe zu Lassalle und ich fühlte meine hilflose Einsamkeit bis zum Wahnsinn. So schlimm hatte ich mir den Vater nicht gedacht — dagegen war ich nicht gewaffnet und aus dem tiefsten Grunde meines Herzens beklagte ich jetzt, nicht auf Lassalle's ersten Vorschlag eingegangen zu sein: mich von ihm entführen zu lassen. Während ich noch so verzweiflungsvoll grübelte, klang unten im Haus die Tischglocke. Es war 6 oder 7 Uhr. Diesen Moment erfaßte ich, ergriff Hut und Mantel, einiges Geld — und, ich weiß es noch heute, einen kleinen Dolch zu mir steckend, huschte ich aus meinem Zimmer — halb nur wissend, was ich that und wollte. — Noch heute begreife ich nicht, wie es kam, daß mir Niemand von der Dienerschaft oder den Geschwistern begegnete. Ich gelangte ungesehen aus dem Hause, öffnete mit Mühe die schwere Gartenpforte und flog mehr als ich ging in das Hotel, wo meiner Meinung nach Lassalle nun längst angekommen und im Besitz meines Briefes sein mußte. Jetzt war der Moment, mit einander fortzugehen! Und ich zweifelte nicht eine Sekunde, daß die nächste Stunde uns auf der Eisenbahn nach Frankreich, mich auf ewig von den Meinen getrennt finden würde. — Ich war fest entschlossen! Aber ich fühlte auch zugleich, daß meine Kräfte nicht gar zu lange mehr aushalten würden, und glücklich schlug daher mein Herz, als ich den Garten des Hotels erreicht hatte.

„Ich stürzte hinein und stand vor einem bepackten Fiacre, davor Lassalle, der eben ausgestiegen war (er war mit einem zwei Stunden späteren Zuge, als verabredet, von Bern abgefahren), und neben ihm meine Therese, die mit dem Briefe in der Hand auf ihn gewartet hatte, und ihm diesen nun übergeben wollte. Ich erschrak tödtlich! — Er wußte also noch gar Nichts! Ich hatte ihm noch Alles zu erzählen; — der Zeitverlust, die Aufregung, das Ueberlegen, dieses Alles sah ich sofort und fürchtete mich davor. —

„Als Lassalle meiner ansichtig wurde, erbleichte er und frug, ehe er noch einen Gruß hervorbrachte: „„Um Gotteswillen, was ist geschehen?"" —

„Noch nahm ich meine ganze Stärke zusammen — ich flüsterte Therese zu, nach Hause zu gehen, sich bereit zu halten, mir folgen zu können und Nachricht von mir zu erwarten, und wandte mich dann zu Ferdinand, auf den Brief zeigend, den er nun in der Hand hielt: „„Lies!"" —

„Jetzt bemerkte er auch meinen Zustand, und ängstlich meinen Arm nehmend, sagte er: „„Kind, was ist Dir? Du hältst Dich kaum aufrecht? — Komm, hier ist nicht der Platz zu solcher Unterredung, tritt hier hinein"" — und damit öffnete er ein Zimmer zu ebener Erde — wir waren während dieser Worte in's Haus getreten — wessen Zimmer es war, haben wir nie erfahren.*) Er führte mich zu einem Stuhle, aber ich sank vor demselben zusammen, ihm fast zu Füßen und sagte nur noch: „„Lies, und dann mach' mit mir was Du willst; ich bin jetzt Dein Weib, Deine Sache!"" · Die Kräfte verließen mich, ich war einer Ohnmacht nahe und zitterte an allen Gliedern. Ferdinand hob mich auf, trug mich auf's Bett und sagte begütigend: „„Werde nur ruhig, mein Herzchen, erhole Dich, — ich lese derweilen den unseligen Brief."" — Ich schloß die Augen; und als er gelesen hatte, trat er zu mir. Der Ausdruck seines Gesichtes war hart — streng, wie ich ihn nie gesehen, und er sagte mit unwilligem Tone, wie ich ihn nie gehört: „„Hättest Du doch gehandelt, wie ich es angeordnet habe! — Also Ungehorsam gegen meinen Willen ist das Erste, was Du mir bietest — und dadurch hast Du Alles verdorben."" —

---

*) Oho! Helene war ganz von selbst auf Lassalle's Zimmer gegangen. Warum sucht Sie Das zu vertuschen?   Bernhard Becker.

„Diese Worte schnitten mir in's Herz! Ich war mit
glühender Seele, voll Liebe, Hingebung und zu jedem Schritt,
zu jedem Opfer bereit, zu ihm geflüchtet, hoffte bei ihm
Schutz, Rath — und vor allen gleiche Begeisterung, gleichen
Entschluß zu finden und hörte nun, als erste Begrüßung, als
Antwort auf mein brennendes Leid harte, vorwurfsvolle Worte
— kühle Ueberlegung!

„Doch währte dieses nur einen Moment. Im nächsten
Augenblick nahm er meine Hand — und mich liebevoll auf-
richtend, sagte er: „„Nun das schadet nichts! Du hast es
verpfuscht — ich bringe es schon wieder in Ordnung. Aber
was soll nun jetzt aus Dir werden?““

„Ich sah ihn erstaunt an. — „„Was aus mir werden
soll? Nun, dasselbe wie aus Dir! Jetzt ist der Moment
nach Frankreich zu gehen — und zwar gleich — mit dem
nächsten Zuge — komm! Laß uns keine Zeit verlieren,
fort!““ —

„Die Antwort, die er mir gab — die Antwort, die für
Alle, welche Lassalle zu kennen glaubten, ewig räthselhaft
bleiben wird, wie sie es für mich war, unbegreiflich von
diesem Mann, mit diesem sonst so eigenwilligen, rücksichts-
losen Charakter — diese Antwort entschied über unser Schicksal.*) — „„Nein, jetzt will ich keine Entführung mehr! Wer
bin ich denn, daß ich mich abweisen lassen soll, wie ein dummer Junge?! Sie sollen mir ihr Kind freiwillig geben!
Ich will sie schon dazu zwingen: nur aus den Händen Deiner
Eltern will ich Dich in mein Haus führen! — Und darum
kannst Du auch nicht bei mir bleiben; ich will nicht, daß die
Welt auch nur das Geringste über unser Verhältniß zu sagen
haben soll. Hatte ich bis jetzt Stärke genug, jeder Versuchung
zu widerstehn — so können und müssen wir es auch zu Ende
führen. Ich werde noch heute Abend an meine Mutter und
meine Schwester, sowie an die Gräfin telegraphiren.**) Eine

---

*) Die Antwort Lassalle's war für uns Alle ein Räthsel, so lange
wir nicht wußten, daß Helene den sonst so entschlossenen Lassalle über
ihr Alter getäuscht und zu ihm gesagt hatte: sie sei erst neunzehn Jahre
alt und also noch nicht im volljährigen Alter. Lassalle wollte mit einem
unmündigen Mädchen nicht entfliehen, sondern als ehrlicher, anständiger,
rechtlich denkender Freier die Tochter aus der Hand des Vaters, in dessen
Gewalt sie stand, empfangen.   Bernhard Becker.

**) Lassalle war mit seiner Schwester damals uneinig. Was seine
Mutter anbetrifft, so habe ich sie in den ersten Tagen des Jahres 1865

von ihnen soll sofort kommen, und bei ihr bleibst Du bis
zur Hochzeit. Bis dahin, bis meine Mutter ankommt, mußt
Du zu irgend einer Freundin; denn bliebst Du im Hotel und
könnte ich Dich auch dort vor Deinen Eltern schützen, und
überträte ich nie Deine Schwelle, bis wir Mann und Frau
sind, die Welt wird doch allerlei Uebles benken -- und das
will ich nicht! — Die Eltern werden schon nachgeben — zuletzt, wenn sie sehen, daß es heiliger Ernst ist.""" —

„Noch einmal suchte ich ihn umzustimmen: „„Glaube
das nicht! Du hast meinen Vater nicht gesehen, und kennst
ihn nicht! Er wird nie zu erweichen sein. Ich habe heute
Nachmittag empfunden, daß meine Eltern kein Herz für ihr
Kind haben; sie sorgen nur für ihre eigenen egoistischen Zwecke.
Glaube mir, Ferdinand — gehen wir fort und gleich! — Trage
Du jetzt nicht den Esel! Jetzt ist wahrlich nicht der Moment
dazu!"" —

„Ich erzählte ihm nun ausführlich, wie sich Alles zuge-
tragen, auch was mein Vater über die Gräfin gesagt — aber
er blieb bei seinem Entschluß: „„Dann soll eben die Gräfin
fortbleiben! Wir werden auch besser ohne sie fertig. Und
über meine Mutter und meine Schwester können sie Nichts
sagen. Laß mich Deinen Vater nur einmal gesprochen, ihm
meine Pläne und Ziele auseinander gesetzt haben — ihm versprochen haben, daß, wenn er es vorzieht, wir fort gehen wollen
nach Ostindien oder Amerika, er soll Nichts wieder von uns
hören, bis die Zeit reif ist; — kurz, ich sage Dir, es wird
schon Alles gut!"" —

„Er setzte mir auseinander, wie er auch sofort Holthoff
kommen lassen wolle, wie seine hiesigen und Berliner Freunde
für ihn einstehen würden, wie uns im Nothfall „les trois
actes respectueux"*) zu Gebote ständen. — „„Dieses alles
erkläre ich Dir noch — sei nur jetzt ruhig und vernünftig und
glaube an mich."" — Ja, das that ich! Ich glaubte an ihn

---

auf ihre Beschwerde, daß ich nicht ein einziges Mal zu ihr käme, in
Breslau besucht und weiß folglich aus eigener Anschauung, daß sie ganz
taub, altersschwach und stumpf war. Wenn uns nun Helene versichert,
Lassalle habe seine Mutter und Schwester nach Genf kommen lassen
wollen, so sage ich ihr hiermit auf den Kopf: Das ist nicht wahr! —
Er ließ Rüstow kommen und dachte außerdem nicht an die Gräfin Hatzfeldt, sondern an Frau Emma Herwegh.   Bernhard Becker.

*) Die drei bürgerlichen Aufgebote, welche nach französischem Recht
zur Eheschließung nöthig sind.

mehr wie an Gott, baute auf ihn fester, als auf das Schick=
sal, mit dem er spielte; — aber die hohe Begeisterung war
aus meiner Seele gerissen, die frohe Hoffnung auf eine glück=
liche Zukunft war durch seine Worte, wenn auch nicht zerstört,
so doch gedämpft — und mein Herz voll schwerer düsterer
Vorahnungen. — Was konnte ich noch weiter sagen oder
thun? — Mich dem Manne aufdrängen, der mich plötzlich
nicht mehr gleich mitnehmen wollte? Seinem Willen ent=
gegen handeln? — Nein, ich hatte zu schweigen und zu resig=
niren; aber die brausende, welterobernde, himmelstürmende
Liebesstimmung war fort, und mit ihr brohten mich, die
ohnedies Schwache, Kranke, auch meine physischen Kräfte zu
verlassen.

„So saß ich denn matt und niedergeschlagen, mit ver=
schränkten Händen vor mich hinstarrend; Lassalle ging mit
schnellen Schritten im Zimmer auf und ab; er machte seinen
Kampfesplan und achtete kaum mehr auf meine Gegenwart. —
„In dieser Situation fand uns meine Therese, die plötz=
lich, völlig athemlos hereinstürzte und ausrief: „„Um aller
Heiligen willen, gnädiges Fräulein, machen Sie, daß Sie fort
kommen — man sucht Sie, der Herr Papa ist wüthend, er
hat schon Polizei holen lassen — es ist Alles aus! In des
Himmels Namen reisen Sie geschwind fort; ich hab' 'nen
Wagen mitgebracht, der nächste Zug geht in einer Viertel=
stunde; Sie können die gare*) noch gerade erreichen.““ —
Noch einmal wandte ich mich hoffend zu Lassalle — er
blieb bei seiner Entscheidung: „„Laß uns den Wagen be=
nutzen. Wo wohnt Deine Freundin, zu der Du gehen kannst,
bis ich Alles eingerichtet? Sie, Theres, gehen nach Hause
und melden mir regelmäßig, was dort geschieht; es versteht
sich von selbst, daß Sie zu uns gehören, daß Sie uns in
wenigen Tagen folgen und uns nie mehr verlassen! Komm
Kind — ich bringe Dich selbst zu Deiner Freundin!““ —
„Therese ging. Traurig und niedergeschlagen, halb un=
bewußt, nannte ich den Namen einer guten Bekannten, der
Einzigen, an deren Herzensgüte und Selbstlosigkeit ich glaubte,
der Einzigen, von der ich überzeugt war, daß sie nicht nach
einer Erklärung fragen, sondern mir ihr Haus, wie ihre Hilfe
zur Verfügung stellen würde. Das Alles hat sie auch redlich

---

*) Eisenbahn=Station.

gethan, so weit sie konnte — und doch war grabe ihr Haus
eine unglückliche Wahl, sie wohnte nur ungefähr 10 Villen
entfernt von der meines Vaters — in derselben Avenue —
und war ein zartes, schwaches Frauchen, die bei ernsten An=
griffen unterliegen mußte. —

„Für's Erste ging Alles, wie ich gedacht: Madame Ka=
roline R. empfing uns erstaunt — dann bereitwillig; stellte
mir ihr Haus und einen ganzen Flügel desselben zur Ver=
fügung und versprach, Niemanden außer Theres zu mir
einzulassen. Aber während wir noch mit diesen Anordnungen
beschäftigt waren, rief sie, die dem Fenster zunächst stand:
‚ta mère et Marguerite.'*) —

„Marguerite war meine Schwester, die Braut des Grafen
Keyserling.

„Schnell entschlossen, sagte Lassalle: „„Die schickt uns der
Himmel, ich will sie sehen und sprechen."" —

„Wir riethen ihm Beide ab. Karoline meinte, es sei
entschieden besser, sie gar nicht herein zu lassen, ihnen einfach
zu sagen, ich sei nicht da, und sie wisse Nichts von mir. Aber
Lassalle bestand auf seinem Willen, und so gingen wir denn
hinunter in Madame R's. eigentlichen Empfangssalon. —

„Die Szene, die sich da zwischen Lassalle und meiner
Mutter abspielte — meine Schwester verhielt sich vollständig
passiv — war so abscheulich, daß es schwer sein wird, sie in
ihrer vollen Wirkung hier wieder zu geben; aber. in jener
Stunde habe ich die Mutter, hat .sie mich auf immer ver=
loren! —

„So wie sie unser ansichtig wurde, rief sie: „„Ich will
diesen Menschen nicht in meiner Gegenwart dulden! Hinaus
mit ihm!"" — Lassalle näherte sich ihr mit wirklicher Würde,
versicherte sie seines Respektes für sie, seiner Liebe für mich,
und frug endlich: „„Sagen Sie mir um Gotteswillen, was
haben Sie gegen mich?"" —

„Sie drehte ihm den Rücken zu und schrie förmlich:
„„Darüber bin ich Ihnen keine Rechenschaft schuldig. Aber
mein Mann wird Sie ausweisen lassen — per Schub sollen
Sie fort! Und jetzt hinweg, aus meinen Augen!"" —

„Ich war empört. Ich näherte mich Lassalle und die
Hand auf seinen Arm legend sagte ich: „„Komm, laß uns

---

*) Deine Mutter und Margarethe.

gehen! Ich will es nicht dulden, daß so zu Dir gesprochen
wird. Niemand darf Dich in meiner Gegenwart so behandeln!"" —

„Er aber faßte meine Hand und sagte ruhig und höflich
zur Mutter: „„Sagen und thun Sie, was Sie wollen, meine
Gnädige — Sie können mich nicht reizen; ich werde immer
und unter allen Umständen Helenens Mutter in Ihnen sehen
— werde das keinen Augenblick vergessen und mich daher zu
keinem heftigen Worte hinreißen lassen!""

„Statt daß diese Worte die aufgebrachte, wüthende Frau
beruhigt hätten, machten sie dieselbe nur noch rasender; und
als Lassalle ihr noch gesagt hatte, daß er sofort zu meinem
Vater gehen wollte, um mit ihm, einem vernünftigen Manne,
Alles ruhig abzumachen, entgegnete sie ihm unhöflich: „„Mein
Mann nimmt Sie nicht an, er wird Sie durch die Diener
hinauswerfen lassen.""

„„Das wird er nicht thun,"" entgegnete Lassalle ruhig,
„„ich bin kein Mann, den man hinauswirft — aber, da ich
Helenen's Vater selbst einem solchen Versuch, uns Alle zu
entwürdigen, nicht aussetzen will, so werde ich ihm schreiben."" —

„„Er wird Ihre Briefe uneröffnet zurückschicken!""

„„Thut er das, nun dann, meine Gnädige, wird auch
meine Geduld erschöpft sein; — wir sind dann berechtigt,
uns selbst zu helfen, denn man wird uns dann dazu gezwungen
haben."" —

„Höhnisch antwortete sie ihm: „„Das haben Sie ja jetzt
schon gethan! Sie haben meine Tochter zu einem unerhörten
Schritt verleitet; sie hat das Vaterhaus verlassen und weigert
sich zurückzukommen! Sie sind ein Scheusal, Sie haben mir
mein Kind gestohlen!"" —

„Nun fuhr ich auf: „„Das that er nicht! Ich ging
fort, weil ich Eure Unbarmherzigkeit sah, weil ich mich des
Papa's Flüchen und Drohungen entziehen wollte, und weil
ich mich mehr zu ihm, als zu Dir gehörig betrachte! Und
ich will nicht wieder zu Euch, weil Ihr die Liebe, die ich zu
Euch hatte, gewaltsam zerstört habt!"" —

„Ich war furchtbar aufgeregt; mein ganzes Sein strebte
von der Mutter, der bösen Mutter fort, zu ihm, zu dem,
den ich jetzt wieder mit aller erdenklichen Gluth und Leidenschaft liebte. Aber wieder dämpfte er diese Gluth zu kühlerer
Empfindung herab, als er ruhig und lächelnd sagte: „„Sie

meinen, ich habe Ihr Kind gestohlen, meine Gnädige? Sie
werden sehen, wie Unrecht Sie haben! Helene, thust Du
Alles und Jedes für mich? Gibt es kein Opfer, das Dir
für mich zu schwer würde? Willst Du auf einen Wink von
mir mit mir gehen, oder thun, was ich Dich bitte?"" —

„„Gewiß"" — erwiderte ich ohne Zaudern, wenn auch
mit angstvollem Herzen. — „„Alles will ich thun, was Du
willst; ich gehe sofort mit Dir! Verlange, was Du er=
denken kannst — nur nicht mit den sogenannten Meinen zu
gehen."" —

„„Und gerade Das verlange ich! Und für mich als das
größte Opfer, welches Du mir bringen kannst. Wirst Du es
thun? Willst Du? —""

„„Wenn Du es wirklich verlangst, es verlangen
kannst — ja! — Aber bedenke, was Du thust! Mir ist's
schrecklich bange! Laß mich nicht zu ihnen zurück — ich zittere
davor!"" —

„„Du wirst es für mich thun"", sagte er fest. „„Und
jetzt, meine gnädigste Frau, gebe ich Ihnen Ihr Kind
zurück! Hören Sie; ich, der mit Ihrer Tochter machen
konnte, was ich wollte, habe sie Ihnen — allerdings nur auf
kurze Zeit — zurückgegeben. Sie geht nur mit Ihnen, weil
ich es will — vergessen Sie das nie — und nun leben Sie
wohl!"" Damit wandte er sich zu mir, nahm mich in seine
Arme und sagte, mich an seinem Herzen haltend: „„Adieu
jetzt für kurze Zeit! Ich werde Dir, was Du jetzt für mich
thust, diesen Rücktritt in Dein verhaßtes Elternhaus, nie ver=
gessen! Kann es Dir nie genug danken! Mehr verlange ich
nicht von Deinem Willen, Deiner Stärke. Ich weiß, das ist
unendlich viel; Alles Andere ist jetzt meine Sache. Laß
Dich nicht mißhandeln, sonst aber thue, was man von Dir
verlangt; ich werde Alles wissen, was sie mit Dir vornehmen,
und bei dem geringsten Unrecht hole ich Dich sofort! Das
bedenke, und sei nicht unglücklich, sie sollen Dich nicht lange
behalten. Füge Dich geduldig eine kurze Zeit in ihren
Willen; der meine ist der stärkere, wir siegen! Und nun
Adieu, für kurze Zeit!""

„Ein Kuß — ein Händedruck — er ging und — ich
habe ihn nie wieder gesehen. —

„Mein Herz krampfte sich zusammen. Er war fort —
ich blieb allein mit den von nun an feindlich gesinnten Ver=

wandten. Er, meine einzige Stütze, mein einziger Halt gab
mich, die ich nie ohne eine für mich sorgende Liebe gelebt
hatte, nie, auch nur einen Augenblick in gleichgiltiger Umgebung gewesen war, mich verwöhntes, schwaches und jetzt
sogar krankes Geschöpf, den Verfolgungen, der Härte und vielleicht dem Haß der Meinen preis!! — Eine wahnsinnige
Angst ergriff mich, ich dachte einen Moment daran, ihm nach-
zueilen, ihn zu beschwören, mich mit sich zu nehmen, aber:
„„er will Dich ja nicht!"" tönte es wie eine fernher
klingende Verdammung, und ein kaltes, todesmattes Gefühl
kam über mich — als sei ich aus hellstem, lachendem Sonnenschein plötzlich in ein moderiges, finsteres Grabgewölbe getreten. — Ich fühlte meine grenzenlose Verlassenheit; wußte,
daß nichts mir mehr helfen könnte — daß Niemand mich
höre als todte kalte Herzen, die für mein warmes Leben kein
Verständniß hatten; — und matt, muthlos und jeder Hoffnung baar, wünschte ich nur Eines noch, meinen Tod!! —

„In jener Minute entstand in mir ein Empfinden oder
besser Nichtempfinden, ein Gefühl der Oede, des Stumpfsinns,
der Gleichgiltigkeit gegen Freud und Schmerz, welches, in der
nächsten Zukunft sich noch stärker ausbildend, für beinahe ein
Jahr in gleicher Starrheit anhielt. — Freilich in jener Minute hatte ich nicht viel Zeit, um über dieses Todesempfinden
nachzudenken, denn Lassalle hatte uns kaum eine Viertelstunde,
vielleicht nicht einmal so lange, verlassen — meine Mutter
war ihm gefolgt, um zum Vater zu gehen, über ihren Sieg
Bericht zu erstatten und seine Befehle einzuholen, und meine
kleine Margaretha (ich hatte sie wie meine anderen Geschwister
damals sehr lieb) saß bei mir und weinte mitleidig über mein
Loos — als die Thür hastig aufgerissen wurde und mein
Vater hereinstürzte.

„Ich habe Niemand vorher und, Gott sei Dank, auch
nachher nie wieder Jemanden in solcher Verfassung, in solch
maßloser Wuth gesehen. Der Anblick war erschrecklich, obgleich, wenn ich heute daran zurückdenke, auch ein wenig lächerlich; damals dachte ich freilich daran nicht.

„Ohne Hut, einen langen Hirschfänger, wahrscheinlich die
ihm zunächst hängende Waffe (denn da er leidenschaftlicher Jäger
und Pistolenschütze war, hätte er Schießwaffen eben so leicht erreichen können und sie hätten seinem Zweck besser gedient), in
der Hand, war er fortgestürmt, mich zurückzuschleppen!

„Mein Gott! er hätte nicht so fürchterliche Vorbereitungen zu machen brauchen; — es setzte sich ihm ja Niemand
zur Wehr — ich am allerwenigsten; — aber der Sturm war
einmal erregt; zu Hause wurde er durch „nos intimes", d. h.
durch schlechte Freunde, zu noch wilderem Toben angefacht
und die hochgehenden Wogen waren nicht mehr zur Ruhe zu
bringen. — Ich wiederhole hier, was ich wieder und immer
wieder sagen möchte, und mich heute, so wie in all' diesen
langen Jahren selbst gefragt habe: warum diese maßlose
Wuth, dieses sinn- und vernunftslose Toben? Warum be-
nahmen sich alle dabei Betheiligten wie Wahnsinnige, wie von
einem bösen Geist Besessene? — Ich weiß es nicht und kann
und werde es nie fassen! Daß sich unter. all den damals
handelnden Personen nicht ein Mensch mit ruhiger Ueberlegung gefunden hat, der nicht nur den eigenen Vortheil im
Auge, die Folgen, d. h. den fürchterlichen Skandal voraus-
sah, der aus all dem wahnwitzigen Treiben entstehen mußte,
Das ist eben so unbegreiflich als alles Andere! — Von
Einem, von dem Doctor Arndt, demjenigen, der sich am Un-
verantwortlichsten dabei benahm, weil ihn die ganze Sache
eigentlich gar nichts anging, der das Ganze als eine Art
Privatrache betrachtete, von ihm habe ich später durch Andere
erfahren, woher sein Haß gegen Lassalle stammte; dieser soll
ihn einmal bei einer Versammlung in Berlin wegen flegel-
haften Benehmens haben hinauswerfen lassen, und Arndt ihm
dann zugerufen haben: „Das werde ich Ihnen gedenken!" —
Ob wahr, oder nicht? Jedenfalls ließe sich damit bei einem
kleinlichen Charakter sein damaliges abscheuliches, ja ganz nie-
derträchtiges Hetzen gegen Lassalle einigermaßen erklären.*)

„Ich stand also meinem rasenden Vater gegenüber, der
sich in den stärksten Ausdrücken gegen Lassalle, gegen mich,
gegen Madame R. (denn die Arme hatte versucht, ihr Haus-
recht zu wahren und ihm in dieser Eigenschaft den Eintritt
zu weigern), kurz gegen Jeden und Jedes erging — und sagte
kleinlaut und zitternd: „„Seid nur Alle ruhig — ich will ja
thun, was Du willst!"" —

„„Das wirst Du auch, Du — — —"" irgend ein bru-
tales Schimpfwort ausstoßend — „„aber nicht, weil Du, oder

---

*) Diese appréciation (Werthschätzung) mag Helene verantworten!
Rüstow urtheilte später über Dr. Arndt keineswegs so hart.
B. Becker.

Dein sauberer Geliebter, der jüdische Lump, es wollen, sondern weil ich es so sage. Ich werde Dir schon Respekt vor meinem Willen beibringen!"" — Damit ergriff er meine Haare und schleppte, stieß und zerrte mich so beim Arm, beim Haar, wo er mich gerade packen konnte, mit sich über die Straße bis zu unserem Haus. — Später haben sich meine Eltern gewundert, daß die Sache solchen Standal gemacht hat!!! —

„Zu Hause hatte er, der wüthende Vater, bereits Polizei, die den Garten und die Eingangsthüren zur Villa bewachte, requirirt! — Was er sich dabei gedacht hat, ist mir ebenfalls nie klar geworden.

„Ich wurde auf mein Zimmer gezerrt — dort vernagelte mein Vater mit eigener Hand die Fensterläden, verschloß die Thüren und schrie mir zu: „„So wirst Du bleiben, bis Du Dich eines Besseren besonnen hast!"" —

„Ich war allein! — Verzweifelt? — Nein! — Ich empfand nichts mehr! Die Aufregungen dieses entsetzlichen Tages, die furchtbaren Nervenerschütterungen, hatten mich überwältigt — — ich brach zusammen und fühlte Nichts mehr! — Aber in diesem Nichtempfinden lag eine trostlose Qual, eine tödtliche Angst. Ich sehnte mich zurück nach den aufgeregten, ja selbst nach den leidensvollen Augenblicken — denn mein jetziger Zustand war furchtbar."

So lautet Helenens Darstellung der schauderhaften Auftritte. Helene war jetzt sequestrirt. Ich fahre nun mit meiner eigenen Erzählung fort.

Noch am nämlichen Tage stattete Graf Kayserling und ein Familienanverwandter Namens Dr. Arndt, der ein Mitarbeiter der vom deutschen Bundestage subventionirten Monumenta Germaniae war, Lassalle einen ernsten Besuch ab. Dr. Arndt, welcher dabei das Wort führte, ersuchte nämlich Lassalle, das Fräulein aufzugeben, nicht mehr an sie zu denken und alsbald Genf zu verlassen, wofern er sich großen Unannehmlichkeiten, die ihm zu bereiten Herr von Dönniges kraft der von Letzterem eingenommenen diplomatischen Stellung die Macht besitze, nicht etwa unvorsichtiger Weise aussetzen wolle. Indeß ließ sich Lassalle nicht einschüchtern. Er stand nicht einmal von seinem Vorhaben ab, Herrn von Dönniges einen Besuch zu machen. Auf zwei Briefe, in welchen er Herrn von

Dönniges um eine Unterredung bat, empfing er jedoch keine
Antwort.

Die Nacht vom 3. auf den 4. August verbrachte er schlaf-
los. Er befürchtete durch die Zurücklieferung Helenens ins
älterliche Haus einen dummen Streich begangen zu haben,
war außer sich über die ungünstige Meinung, die man in der
Familie Dönniges über ihn hatte, und sann auf Mittel, um
den Widerstand, den er nicht vertragen konnte, zu brechen.
Er sah ein, daß er Beihülfe haben mußte. Da er aber in
dieser Sache der Gräfin Hatzfeldt nicht über den Weg trauen
konnte, so beschloß er, den Oberst-Brigadier Rüstow, Ritter des
militärischen Ordens von Savoyen, aus Zürich kommen zu
lassen, dessen Zusammentreffen mit der Gräfin er scheint haben
verhindern zu wollen. Für den Fall aber, daß er weiblicher
Hülfe benöthigt wäre, wollte er gleichwohl nicht die Gräfin
Hatzfeldt zuziehen, sondern sich an Emma Herwegh, die Frau
des Dichters, wenden. Er schrieb darum am 4. August den
folgenden Brief nach Zürich:

„Rüstow!

Wenn Du je einen Funken Freundschaft für mich gefühlt
hast, so setze Dich augenblicklich auf, ohne auch nur den
nächsten Zug zu versäumen, und eile hieher zu mir nach Genf!
Es handelt sich um einen rein persönlichen Dienst, aber um
Leben und Tod. Zum ersten Mal in meinem Leben,
brauche ich, der ich so Vielen geholfen, Andere. Möge nicht der
Erste, an den ich mich wende, mir den Rücken kehren! Rücken
kehren — das heißt hier auch der kleinste Aufschub! Sage
auch Frau Emma (Herwegh), daß sie sich bereit hält, im
Augenblick, wo sie eine telegraphische Depesche empfängt, hierher abzureisen. Sehr möglich, daß wir sie brauchen!

In fliegender Eile   Dein

F. Lassalle.“

Auf diesen Brief kam die Antwort:

Telegramm 403.

„Zürich, 5. August.

Mons. Ferd. Lassalle!

Reçu dix heures, pars huit heures. Demain midi
à Genève.

Rüstow.“*)

---

*) „Herrn Ferd. Lassalle. Um zehn Uhr erhalten, reise acht Uhr.
Morgen Mittags in Genf. Rüstow.“

Laſſalle ſetzte mit Beſtimmtheit voraus, daß Sophie von
Hatzfeldt, wenn ſie nach Zürich käme und ihren Freund Rüſtow
nicht vorfände, wüthend werde, daß ſie ſofort Rüſtow nach
Genf nachreiſen und dann ihre Wuth auslaſſen, nämlich heim=
lich oder offen Alles zu verderben ſuchen werde. Um dieſer
Eventualität vorzubeugen, ſchrieb Laſſalle einen ſehr freund=
ſchaftlichen Brief an die Gräfin, worin er ſie bat, ſofort zu
kommen und nicht über Zürich zu reiſen, fügte aber dieſem
Brief eine Nachſchrift hinzu, worin er ihr ſagte, ſie
ſolle noch nicht kommen. Dieſes Schreiben war wörtlich
ſo abgefaßt:

Laſſalle an Sophie von Hatzfeldt.

„Genf, 4. Auguſt.

Ich kann nicht anders, obgleich ich ſeit vierundzwanzig
Stunden dagegen ankämpfe, aber ich muß mich ausweinen
an der Bruſt meines beſten und einzigen Freundes. Ich bin
ſo unglücklich, daß ich weine, ſeit fünfzehn Jahren zum
erſten Male! Was mich dabei noch zermartert, iſt das
Verbrechen meiner Dummheit! Wie konnte ich ſo be=
ſchränkt ſein, auf Helenens Wunſch nicht einzugehen, ſie ihren
Eltern zurückzuliefern und loyal um ſie zu werben! Ich hätte
den Beſitzſtand benützen und ſofort mit ihr entfliehen ſollen!
Jetzt iſt das Unglück da. Sie iſt unter vollſtändiger
Sequeſtration und furchtbarſter Mißhandlung. Ich
weiß noch nicht, wie ich mich ihrer bemächtigen werde, ob
durch Liſt, durch Gewalt. Alles iſt mir gleich. Sie wiſſen
nicht, was ſie leidet, das edle Geſchöpf! Ich fühle mich ſo
ſteinunglücklich, daß ich mich autoriſirt fühle, Sie zu bitten,
blos zu meinem Troſte ſofort herzukommen. Sie
ſind ja doch die Einzige, die weiß, was es heißt, wenn ich
Eiſerner mich unter Thränen winde wie ein Wurm! Ob Sie
mir werden helfen können, weiß ich nicht. Aber tröſten, etwas
beruhigen. Ich weiß zwar nicht einmal, ob Sie mich
noch hier finden, und wenn Sie im Momente des
Empfangs dieſes Briefes abreiſten. Denn alle Tage
kann das Bild wechſeln, d. h. Helene von ihrem Vater, wozu
er Luſt hat, irgend wohin fortgeſchickt werden. Aber Das iſt
doch nur eine ſehr entfernte Möglichkeit. Träte ſie ein, ſo
reiſe ich natürlich ſofort ihr nach, aber im ſelben Augenblick
telegraphire ich Ihnen nicht nur nach Wildbad, ſondern Tele=
graphen=Bureau restante auch nach Baſel und Bern, und lege

hier noch in Genf poste restante einen Brief für Sie nieder, der Ihnen besagt, was aus mir geworden.

Gehen Sie nicht über Zürich! Rüstow finden Sie ohnehin nicht; denn ich habe ihm heute einen Brief geschrieben, auf den er sicher übermorgen hier eintrifft. Wohin bin ich gekommen! Ich, der allgemeine Rather und Helfer, bin rath= und hülflos und brauche Andere. Meine Dummheit richtet mich hin! Der Gewissensbiß*) frißt mich auf! Aber wenn ich mein Verbrechen nicht wieder gut mache, koste es, was es wolle, und um jeden Preis, so will ich mein Haupt scheeren und Mönch werden.

Ach! Gräfin, warum sind Sie nicht hier?

Genf, 4. August.

Pension Bovet aux Pacquis.   F. Lassalle.

Rue Pacquis Nr. 27.

Nachschrift. Kommen Sie noch nicht! Alle Minuten kann sich der Schauplatz ändern. Halten Sie sich nur bereit, auf die erste telegraphische Depesche an den Ort, den ich Ihnen bezeichne, zu kommen!

Wenn ich diese Sache nicht durchsetze — und ich zweifle sehr daran, so bin ich für Immer gebrochen und fertig mit Allem. Noch viel mehr vielleicht, als des Mädchens Verlust, zerbricht mich meine Gimpelei. Wenn ich sie nicht durch Sieg ausgleichen kann, ver= achte ich mich selbst für Immer auf das Schnöbeste."

Nachdem Sophie von Hatzfeldt am 7. August den Brief Lassalle's empfangen und gelesen hatte, setzte sie sich an den Schreibtisch, um trotz der Nachschrift, die ihr das Kommen untersagte, Lassalle zu melden, daß sie binnen wenigen Tagen in Genf eintreffen werde. Sie schrieb ihm:

„Ich bin am 10. oder 11. da, und solche Dinge verstehe ich besser als Sie, und habe auch leichteres Spiel als Sie, Verbindungen anzuknüpfen. Und Helene müßte wirklich zu einfältig sein, wenn sie nicht in kurzer Zeit Nachricht aus dem Haus bringen könnte, vorzüglich wenn ich ihr von draußen Gelegenheit biete. Also ich bitte Sie bringend, keinen Eklat bis ich da bin." —

Ferner sandte Sophie von Hatzfeldt an Lassalle folgendes Telegramm:

---

*) Lassalle verstand Gewissen nicht im theologischen Sinne. (Note B. Becker's.)

Telegramm 216.

„Wilbbad, 7. August, 3 Uhr nachmittags.

Tranquillité! Nous réussirons, j'en suis sûre. Dix ou onze je suis à Genève.

Sophie."*)

Doch Lassalle gab ihr darauf folgende Antwort:

Telegramm 272.

„Genf, 8. August, 6 Uhr nachmittags.

Restez. Le 13 vous serez à Carlsruhe, Erbprinz, où je suis ou arriverai le 14. Absolument nécessaire.**)

Nichtsbestoweniger kitzelte Sophien von Hatzfeldt die Luft, nach Genf zu kommen und daselbst ihre Finger in die Pastete zu stecken, dermaßen, daß sie zwar am 9. nach Karlsruhe reiste, aber bennoch von Dort an Lassalle telegraphirte, daß sie sofort nach Genf kommen werde.

Da sah Lassalle ein, daß er ernstlich und kräftig der alten Rivalin das Kommen verbieten müsse. Darum erhielt sie die Rückäußerung:

Telegramm 719.

„Genf, 9. August, 4 Uhr nachmittags.

R(üstow) doit rester ici. Suivez mes ordres. Desespéré.

Ferdinand."***)

Ungeachtet dieses Befehls, dem sie sich freilich nicht förmlich zu widersetzen mochte, gab Sophie von Hatzfeldt ihr Spiel noch nicht auf. Sie schrieb daher am 10. August einen ihrer Schreibebriefe, an dessen Schlusse die Worte standen:

„Leben Sie wohl, liebes, gutes Kind, die Ungewißheit, in der ich hier bin über Das, was mit Ihnen unterdessen vorgeht, wirkt wie Gift auf mich. Ich bin vollständig krank, wie gelähmt und so traurig, daß es nicht zu beschreiben ist. Länger wie bis zum 14. kann ich es wirklich hier nicht aushalten, vor-

---

*) „Ruhiges Blut. Wir werden sicher siegen. Den 10. oder 11. bin ich in Genf. Sophie."

**) „Bleiben Sie. Sie werden am 13. zu Karlsruhe im Erbprinzen sein, wo ich am 14. bin oder eintreffe. Durchaus nothwendig."

***) „R(üstow) muß hier bleiben. Befolgen Sie meine Befehle. Außer sich. Ferdinand." — Die Antwort Lassalle's berechtigt uns zum Schlusse, daß noch eine andere Depesche oder ein Brief seitens der Gräfin an Lassalle abgesandt worden war, worin sie verlangte, daß Rüstow zu ihr oder sie zu ihm kommen müsse. Denn Lassalle telegraphirt: „Rüstow muß hier bleiben."

züglich, da ich ja gar Nichts hier für Sie thun kann. Es wäre gewiß besser, ich wäre mit Ihnen. Rüstow soll, wenn Sie es nicht können, mir sofort schreiben."

Obgleich sie keine Antwort erhielt, gab sie gleichwohl den Plan, nach Genf zu reisen, noch nicht auf, sondern schrieb unterm 12. August an Lassalle unter Anderm wie folgt:

„Ich bilde mir ein, daß ich das Nöthige jetzt dort am Besten machen könnte; ich habe ja früher Proben abgelegt, daß ich mich nicht fürchte, und daß es mir für Sie an gutem Willen nicht fehlt. Das wissen Sie doch auch. Man kennt mich nicht in Genf, ist also nicht gleich aufmerksam und wird sich auch gegen mich bedenken, Mittel anzuwenden, die man bei Ihnen nicht scheuen würde. Ueberdies sind ja Rüstow und (Johann Philipp) Becker da, um zu beobachten und zu folgen, wenn nöthig. —

Sind Sie meiner Meinung, daß ich nützlich sein kann, so telegraphiren Sie sofort und sagen mir, ob ich dann nach Genf kommen, oder ob Sie mich besser, um alles Aufsehen zu vermeiden, in der Eisenbahn-Station vor Genf sprechen wollen. Die Eisenbahnzüge von hier nach Genf gehen so, daß ich, wenn ich um 3 Uhr morgens hier abfahre, den Abend 6½ Uhr in Genf bin, sonst muß man zwei Tage haben. Hier bin ich ja zu gar Nichts gut, als mich krank zu ängstigen, was Niemand Etwas hilft. Ich erwarte Ihre Entscheidung darüber."

Lassalle war mit dem „guten Willen" seiner „vieljährigen" Freundin mehr als zu viel bekannt, um als „liebes gutes Kind" denselben in dieser Beziehung einer neuen Probe auszusetzen. Indem er Helene von Dönniges heirathen wollte, suchte er doch nichts Anderes zu thun, als die enge Verbindung mit Sophien von Hatzfeldt aufzuheben und sich dauernd mit einem jungen Weibchen zu vereinigen, das er erforderlichen Falls gegen die Stiefschwiegermutter in Schutz zu nehmen hatte. Darum mußte Sophie von Hatzfeldt in Karlsruhe warten, bis Lassalle selbst dort ankam.

Nach dieser kleinen Episode kehren wir nach Genf zurück, um zu sehen, wie sich dort die Sachen mittlerweile gestaltet haben.

Oben ist bereits berichtet worden, daß am 3. August Graf Kayserling und Dr. Arndt Lassalle einen Besuch abstatteten. Dieselben besuchten ihn nochmals am folgenden

Tage, indem sie, wie Dr. Arndt versicherte, diesmal im Namen
des Fräuleins kamen. Zur Beglaubigung zeigte Dr. Arndt
Lassalle einen von Helenen geschriebenen Zettel vor, auf welchem zu lesen war: „Die Instruktion meines Vetters
ist vollständig der Wahrheit gemäß. Das Kind."
Worin bestand nun diese Instruktion? — Darin, daß Dr. Arndt
die Mittheilung machte: das Fräulein sage sich vollständig von
Lassalle los, sie habe ihrem Vater ihre Reue über das Vorgefallene ausgedrückt und sei bereits von Genf abgereist; worauf
Lassalle antwortete, daß er, weit davon entfernt, an einen so
schnellen Sinneswechsel zu glauben, vielmehr annehmen müsse,
Helene habe, wie sich schon aus der Unterschrift: „das Kind",
schließen lasse, den Zettel unter äußerem Zwang geschrieben.
Beim Abschied sagte Dr. Arndt zu Lassalle:

„Glauben Sie nicht etwa, daß wir ohne Gefühl sind,
aber Sie werden begreifen, daß wir in unserer Stellung uns
freuen müssen, daß Helene verhindert worden ist, die
Familie zu entehren. Und Sie werden es begreiflich
finden, daß wir nach den vorangegangenen Auftritten uns beeilen, das wiederhergestellte Glück und die wiederhergestellte
Ehre der Familie zu genießen."

Rüstow traf am 6. August mittags bei Lassalle in Genf
ein. Als beide einen Spaziergang machten, begegneten sie
Helenen, die sie freundlich aus einem Wagen grüßte, in welchem
sie mit einer andern Dame fuhr.*) Helene fuhr nämlich, was
freilich Lassalle nicht wissen konnte, auf die Eisenbahn, um
Genf zu verlassen. Wohin Helene ging, wird aus folgendem
Briefe erhellen, den sie vor ihrer Abreise noch an Frau Arson
nach Wabern schrieb:

Mademoiselle de Doenniges à Madame Arson.

„Samedi, le 6 août 1864.

Ma bonne, ma bien aimée, je pars — ou plutôt
on me part dans quelques heures, — hélas! je n'ai
plus la force de faire quoique ce soit. — Nous irons

---

*) Helene gibt in ihrem Buche an, sie sei des Nachts in einem
Kahn auf dem See fortgefahren und auf diese Weise nach Bex gebracht
worden. In dieser Hinsicht glaube ich, da ich wählen muß, wem ich
glauben will, nur Lassalle und Rüstow, nicht aber Helenen. Zudem gilt
die alte Regel auch hier: „Aus zweier Zeugen Mund wird alle Wahrheit kund!" Auch der Brief Helenen's an Frau Arson liegt vor und über-
weist Helenen der Unwahrheit.

B. Becker.

à Evian et puis à Baix ou Bex, je ne sais pas comment cela s'écrit. Oh! je souffre tellement. Je ne sais rien de mon aigle aimé! — Je ne sais où il est — oh ma chère, c'est à en devenir folle. —

Voilà votre note, — je garde donc les 30 francs de plus, — et vous les retirerez de ces 50 francs qui sont pour moi à la poste de Berne. —

Envoyez-moi seulement les bottines, on me les donnera bien. — Mais si vous m'écrivez, ne prononcez pas son nom, ne faîtes pas même une allusion à Lui! ne me consolez non plus, — pour moi il n'y a plus de consolation , et je sais que vous m'aimez plus que mes parents — oh! et je prie que Dieu vous en recompense!

Je ne sais pas ce qu'on fera de moi; je suis enfermée depuis jeudi matin, et je suis si malheureuse. Dites toutes mes amitiés à tous les bons amis là-bas, dîtes-leur de garder dans leurs nobles coeurs une bonne petite place à votre malheureuse et brisée, mais tout resignée.   Hélène.

Marguérite est financée au comte Kayserlingk.

Zu deutsch:

Fräulein von Dönniges an Frau Arson.

„Sonnabend, ben 6. August 1864.

Meine gute, vielgeliebte Freundin, ich reise ab — ober besser: man schafft mich in einigen Stunden fort, — ach! ich habe nicht mehr die Kraft, irgend Etwas zu thun. — Wir gehen nach Evian und dann nach Baix ober Bex, ich weiß die Schreibart nicht genau. Wie ich doch leide! Ich weiß Nichts von meinem geliebten Adler! Ich weiß nicht, wo er ist: — ach, theure Freundin, es ist zum Tollwerden.

Anbei folgt Ihre Rechnung. Wenn ich die 30 Francs brüber behalte, so wollen Sie dieselben von den 50 Francs in Abzug bringen, welche für mich auf der Berner Post liegen.

Schicken Sie mir die Stiefelchen, man wird sie mir schon geben. Aber wenn Sie mir schreiben, so sprechen Sie seinen Namen nicht aus, spielen Sie nicht einmal darauf an! Auch trösten Sie mich nicht, — für mich gibt es keinen Trost mehr: — weiß ich doch, daß Sie mich mehr lieben, als meine Eltern. — Ich bete zu Gott, daß er es Ihnen vergelten möge!

Ich weiß nicht, was man mit mir vornehmen wird; seit Donnerstag früh bin ich eingesperrt und bin ganz unglücklich. Empfehlen Sie mich bestens allen guten Freunden drunten und sagen Sie denselben, daß sie in ihrem edlen Herzen ein freundliches Plätzchen bewahren Ihrer unglücklichen und gebrochenen aber ganz ins Schicksal ergebenen

Helene.

Margarethe ist mit dem Grafen Keyserling verlobt."

Dieser Brief beweist, daß Helene die Heirath mit Lassalle bereits aufgegeben hatte, als sie auf der Eisenbahn von Genf fortgeschafft wurde. Auch wußte sie einige Stunden vor ihrer Abreise, daß sie fortgeschafft werden sollte und wohin sie kam. Hiermit fällt das romanhafte Märchen, das sie uns in ihrem Buche weiß zu machen sucht. Sie erklärt sich am Schlusse ihres Briefes in ihr Schicksal ergeben und nennt sich resignirt. Tags zuvor hatte Helene schon einen andern Brief an Frau Arson abgeschickt, in welchem außer sentimentalen Phrasen und dem Winke, vorsichtig beim Schreiben zu sein, weil alle ihre Briefe geöffnet werden, folgende Stelle, die wir in der Uebersetzung geben, enthalten ist:

„Ich kann Ihnen gar nicht sagen, was hier vorgefallen ist. Ich habe hierzu nicht die nöthigen Kräfte. — Kurz, es gab schreckliche Auftritte. — Mein Vater, mein guter Vater, meine Mutter, alle meine Geschwister weinend auf den Knieen — — o Gemma, möge Gott Sie Alle, die Sie so freundlich gegen uns gewesen, davor bewahren, jene Leiden, welche ich habe durchmachen müssen. nur zu begreifen!" *)

Auch dieser Brief läßt auf Ergebung in ihr Schicksal schließen, wenngleich sie ihren Ferdinand darin nochmals ihren schönen Adler nennt und sogar sich den Tod wünscht.**) Uebrigens zeigt der Umstand, daß sie diese beiden Briefe

---

*) Das Original lautet: Je ne puis pas vous dire tout ce qui s'est passé ici, je n'ai pas les forces, — seulement il y avait des scènes affreuses, — mon père, mon pauvre père, ma mère, tous mes frères et soeurs en larmes à genoux — — oh! Gemma que Dieu vous préserve tous, qui avez été bons pour nous — de comprendre seulement ces souffrances par lesquelles j'ai dû passer!

**) Sie sagt: „Mein schönes Glück ist verflogen in den Traum meines Lebens, und ich habe jenen Gott, der mich für mein achttägiges Glück so grausam bestraft hat, um Nichts weiter, als um einen schnellen, nicht gar zu schmerzhaften Tod anzuflehen."

schreiben konnte, wovon der am Freitag (5. Aug.) geschriebene ziemlich lang ist, zur Genüge, daß die Ueberwachung, in welcher sie gehalten wurde, nicht sehr streng war. Ferner geht daraus hervor, daß sie keine körperliche Mißhandlung zu erdulden hatte und absichtlich Laffalle keine Nachricht gab. Frau Arson sandte die beiden Briefe als Einlage an Laffalle in einem Schreiben erst unterm 17. August. Wo er damals war, wird aus dem weiteren Verlaufe unserer Darstellung ersichtlich werden. Am 9. August war Helene in Bex und schrieb von dort nach Berlin an den Rechtsanwalt Holthoff, um bei diesem Alles zu widerrufen, was sie ihm früher über ihr Verhältniß zu Laffalle mitgetheilt hatte. Kein Wunder, wenn nun auch Holthoff seine Gesinnung änderte. An dieser Sinnesänderung war also Helene schuld, obschon sie dieselbe Herrn Holthoff zum Vorwurf in ihrem Buche macht.

Da Laffalle wegen des Widerstandes, auf den er bei Herrn von Dönniges stieß, die Campagne Vaucher, worin derselbe wohnte, überwachen ließ und selbst die Dienstboten zu bestechen suchte, so wandte sich Herr von Dönniges an die Genfer Behörde mit der Bitte um Schutz, nahm, weil er einen Ueberfall befürchtete, Polizei in seine Wohnung und ersuchte den Präsidenten der Justiz und Polizei, den Unruhstifter Laffalle, indem er diesen als einen agent provocateur und ein Instrument Bismarck's bezeichnete, aus Genf auszuweisen. Indeß wurde die Gefahr der Ausweisung von Laffalle abgewandt, aber das Ueberwachungs-System von ihm aufgegeben.

In den Worten, welche am 4. August Abends Dr. Arndt zu Laffalle beim Abschiede gesagt hatte, glaubte dieser eine Ehrenbeleidigung finden zu müssen und ersuchte daher Rüstow, den Betreffenden aufzusuchen und ihn zur Rede zu stellen. Rüstow begab sich also am Sonntag (7. August) in die Campagne Vaucher; doch wollten hier die Dienstboten Nichts von einem Dr. Arndt wissen. Ueber Herrn von Dönniges wurde zu Rüstow gesagt, daß derselbe verreist sei, und als er nun Frau von Dönniges sprechen wollte, erfuhr er, daß diese nicht zu Hause sei. Nachdem der Ritter des militärischen Ordens von Savoyen *) seine Karte zurückgelassen hatte, sprach er nach einigen Stunden in der Campagne Vaucher wieder vor, wurde aber auch jetzt nicht bei Frau von Dönniges vorgelassen,

---

*) Rüstow hatte mit Garibaldi für die italienische Einheit gekämpft. N. b. H.

sonbern einfach durch den Hauslehrer benachrichtigt, daß
Dr. Arndt seit zwei Tagen verreist sei. In der That
war Dr. Arndt am 5. August nach Berlin abgereist,
um den Wallachen Janko von Rackowitza, den verlobten Bräutigam Helenens nach Genf zu holen.
Nun wurde beschlossen, den Grafen Keyserling aufzusuchen.
Die Adresse desselben erfuhr Rüstow vom ungarischen General
Klapka, mit welchem er bei dem Grafen einen Besuch abstattete.
Aber auch Graf Keyserling war verreist. Rüstow mußte sich
also begnügen, seine Karte zurückzulassen, auf welcher er schriftlich an den Grafen in einigen Worten die Bitte richtete, ihn
ungesäumt von seiner Rückkehr zu benachrichtigen.

Vom 7. August (Sonntag) an · war die ganze Familie
Dönniges nebst ihren Verwandten nicht mehr in Genf aufzu-
finden. An diesem Tage schrieb Lassalle dem Fräulein Dönniges nachstehenden Brief:

Lassalle an Helene von Dönniges.

„Sonntag, 7. August.

Helene!

Was ich leide, übersteigt alle und jede Gränzen! Doch
davon ein Andermal. — Hier nur das Wichtigste:

1) Man hat Dir gesagt, daß Du wegen der Gesandten-
Eigenschaft Deines Vaters unter Münchener Gesetz ständest und
folglich noch minderjährig seiest. Das ist falsch! Du bist, so
lange Du hier bist, mit 21 Jahren volljährig, trotz aller jener
Einwendungen. Du kannst jeden Tag, jeden Augenblick mit
vollem gesetzlichen Recht das Haus Deines Vaters verlassen,
in welchem Du sequestrirt bist. Der bloße Umstand, daß
Du keine Briefe von mir empfangen kannst — ich habe fünf
vergeblich an Dich geschrieben, — stellt eine Sequestration dar. Ich habe Dich selbst Deiner Mutter
zurückgeführt, weil ich Dir einmal zugesagt hatte,
zuvor alle Rücksichten und alle Wege der Güte zu
erschöpfen. Sie sind erschöpft, fruchtlos erschöpft, und ich
fordere Dich jetzt auf, Dein Recht in Anspruch zu nehmen
und Dich unter meinen und des Gesetzes Schutz zu stellen.

2) Es ist unmöglich, daß es wahr sei, was man mir
sagte: Du habest mich aufgegeben. Nur die Täuschung, daß
Du noch minderjährig seiest, kann Dir eine solche Konzession entrissen haben. Es ist unmöglich, daß Deine
Schwüre Meineide gewesen sind, daß Du die Schwäche bis auf

diesen Punkt treibst. Du haft kein Recht, alle die Zuficher-
ungen zu brechen, die wir so fest uns gegeben hatten. Du
haft kein Recht, das Uebermaß von Rückficht und Delikatesse,
mit welchem ich Dich Deiner Mutter zurückgab, so schrecklich
undankbar, so schändlich zu entgelten. Du haft kein Recht,
mich zu kompromittiren, indem Du mich in freier Initiative in ein Unternehmen verwickelt haft, auf das ich
mich nur unter der Betheuerung, daß Du felsenfest entschlossen
seiest, einließ.

3) Willft Du mich gleichwohl Deinem Vater aufopfern, gut,
so fordere ich wenigstens noch eine einzige Unterredung von
Dir, um mein Loos aus Deinem eigenen Munde zu vernehmen.
Früher kann und werde ich Dich nicht aufgeben. Diese Unterredung — die letzte unseres Lebens — Du kannft und
darfst fie nicht abschlagen.

Du haft mich namenlos unglücklich gemacht; ich liebe
Dich jetzt mit einer Gluth, gegen welche alles Andere und
Frühere bloßer Anfang war. Seit Mittwoch-Nacht liebe
ich Dich bis zum Wahnfinn."

Lassalle, der in dieser Sache das Geld mit vollen Händen
wegwarf, hatte telegraphisch Frau Arson in Wabern gebeten,
nach Genf zu kommen, um dort die Rolle der Vermittlerin
zu übernehmen. Indeß reifte Frau Arson sofort nach Empfang
der Depesche nicht nach Genf, sondern nach einem in entgegen-
gesetzter Richtung liegenden Orte ab, wohin angeblich eine
bringende Angelegenheit sie rief. Vielleicht wollte sie sich
überhaupt nicht in der Sache, in welcher Lassalle sie zu verwenden beabsichtigte, vor den Eltern Helenens bloßstellen, oder,
was noch wahrscheinlicher, sie mußte jetzt aus Helenens Briefe,
der am 5. August geschrieben war und folglich bei ihr eingetroffen sein konnte, daß für Lassalle die Sache sehr ungünftig
stand. Wir geben die Antwort, welche Lassalle aus Wabern
erhielt, in der Ueberfetzung. Sie lautet:

James Lesley an Lassalle.

"Klein-Wabern bei Bern, den 6. Auguft 1864.

Theuerfter Herr!

Ich habe die Ehre, Sie zu benachrichtigen, daß Frau
Arson die Depesche gerade in dem Augenblicke ihrer Abreise
nach Interlaken erhielt, wohin sie in Folge des Empfanges
ziemlich beunruhigender Nachrichten in Bezug auf die Krankheit
ihrer Freundin sich begeben mußte. Beim Fortgehen beauf-

tragte sie mich, Ihnen zu schreiben und Ihnen ihr lebhaftes
Bedauern wegen dieser Widerwärtigkeit, welche sie auf einige
Tage verhindern wird ihre Freundin zu verlassen, auszudrücken.
Erlauben Sie mir, mein Herr, Ihnen im Namen Aller die
Versicherung zu erneuern, daß Sie unsere volle Sympathie
besitzen; und in der Hoffnung, daß Ihre Wünsche binnen
Kurzem sich erfüllen mögen, bitte ich Sie, der Versicherung
meiner freundschaftlichen Gesinnung Glauben zu schenken.

James Lesley."

Wer die Art der Entschuldigungen kennt, durch welche in
gewissen Kreisen der Gesellschaft heikle Sachen von der Hand
gewiesen werden, der wird es nicht für unmöglich halten, daß
Madame Arson nach Empfang der Lassalle'schen Depesche sofort
abreiste, um jeder weitern Verwickelung in die Liebesangelegenheit aus dem Wege zu gehen. Lassalle schrieb nun nochmals
an Helene von Dönniges. Der betreffende Brief zeigt, daß
Lassalle schon bedeutend an ihrer Treue und Standhaftigkeit
zweifelte. Der unbefangene Leser wird sich hievon überzeugen,
wenn er das Schreiben selbst liest. Dasselbe war so verfaßt:

Lassalle an Helene von Dönniges.

„Genf, den 10. August.

Während andere ausführlichere Briefe auf anderem Wege
zu Dir zu bringen suchen, soll Dir Mr. Lesley diesen Brief
bringen. Er muß kurz sein und ich kann Dir nur die Haupt-
punkte so gedrängt als möglich schreiben.

1) Man hat Dir beigebracht, daß Du, wegen der Ge-
sandten-Eigenschaft Deines Vaters unter Münchener Recht
stehend, auch hier noch minderjährig seiest. Dieses ist falsch. Man
hat Dich getäuscht. So lange Du in Genf bist, bist Du trotz
Dessen majeure (volljährig). Du kannst jeden Tag mit vollem
gesetzlichen Recht das Haus Deines Vaters verlassen, in welchem
Du sequestrirt bist. Der bloße Umstand, daß Du nicht nach
Belieben ausgehen, Besuche von wem Du willst, Briefe von
wem Du willst, empfangen kannst, konstituirt Sequestration im
gesetzlichen Sinne. Ich hab' Dich selbst Deiner Mutter zu-
geführt, um alle Mittel der Güte und Delikatesse zuvor zu
erschöpfen. Sie sind erschöpft, und ich fordere Dich jetzt auf,
Dein Recht zu gebrauchen. Nach Art. 372 Cod. Civ. (des französischen Civilgesetzbuches) bist Du Deinem Vater nicht mehr
den geringsten Gehorsam rechtlich schuldig und so frei wie er.

2) Um Deine Freiheit faktisch zu erlangen, brauchst Du mir nur einen an Amberny gerichteten schriftlichen Auftrag — mit Deinem vollen Namen unterzeichnet — zu schicken, worin Du ihm erklärst: Du wolleſt das Haus Deines Vaters, in welchem Du wider Willen zurückgehalten würdeſt, keine Briefe nach Belieben empfangen, keine Besuche nach Belieben vor= nehmen könnteſt, verlaſſen und erſuchteſt ihn, die zuſtändigen Behörden in Anſpruch zu nehmen, um Dich zu befreien; Du wollteſt eine eigne Wohnung nehmen. Dieſen Brief ſchickſt Du mir ober, wenn dies Dir leichter wird, an Mr. Amberny, Avocat, Rue du Marché 34.

3) Biſt Du in Folge Deſſen befreit, ſo kannſt Du hier Deine eigne Wohnung nehmen, nach Art. 148 Cod. Civ. jeden Monat Deinen acte respectueux*) machen, und nach drei Monaten biſt Du meine geſetzliche Frau. Aber ich weiß einen noch viel kürzeren Weg, auf welchem Du 6 Tage, nachdem Du brauſzen biſt, auf völlig geſetzlichem Wege meine Frau biſt. Ich weiß einen Prieſter, welcher uns ſofort, ohne jeden Akt und Wiſch Papier, durch die untrenn= baren Bande der Kirche vereint.**)

4) Alles liegt daran, daß Du in Genf den Boden des franzöſiſchen Rechtes nicht verläſſeſt. Denn erſtens wirſt Du in Deutſchland wieder minorenn***) und zweitens habe ich jetzt hier eine Welt von Freunden und Mitteln in Bewegung ge= ſetzt. Ich würde zwar an jedem andern Ort den Kampf wieder aufnehmen, aber wer weiß, wie viele Wochen es dauern würde, bis ich an einem andern Ort ſo viel Mittel zuſammen= gehäuft hätte. Widerſetze Dich alſo mit äußerſter Gewalt jeder Ortsveränderung.

5) Zwingt man Dich dennoch, ſo muß dieſe Gelegenheit gerade zu Deiner Befreiung benutzt werden. Alles kommt dann nur darauf an, daß Du mir ſo zeitig wie möglich den ſchriftlichen Auftrag ſchickſt, Deine Abreiſe, die gegen Deinen Willen ſei, zu verhindern (mit Namensunterſchrift) und Ort und Art der Abfahrt (Dampfſchiff, Eiſenbahn 2c.) angibſt. Ich werde Dich dann mit meiner Freunde und reſp. der Behörde Hülfe noch an der Eiſenbahn und aus dem Arme Deines Vaters befreien.

---

*) Geſetzliche Willenskundgebung gegenüber den Eltern.
**) Laſſalle war in dem Irrthum, daß Helene katholiſch ſei.
***) Somit glaubte Laſſalle wirklich Helenen viel jünger als ſie war.

6) Am 12. reise ich von hier nach Karlsruhe, natürlich nur um dort Demarchen zu machen, die in Bezug auf Dich stehen. Aber auch wenn ich abgereist bin, bin ich erst recht da. Ich lasse nämlich als Vertreter meinen Freund zurück, den Oberst W. Rüstow aus Zürich, dem Du in allen Dingen ohne Ausnahme wie mir selbst vertrauen, folgen und gehorchen sollst. Und sowie ich abgereist bin, wird Deine Haft viel weniger streng werden. Sowie Du also nach dem 12. dieses Monats Mittel findest, Briefe hinaus zu schicken, so schreibe an Oberst Rüstow. Das äußere Couvert adressire Mr. Amberny, Avocat Rue du Marché, no. 34. Jeder Anweisung Rüstows komme nach wie meiner eigenen. Er vertritt mich ganz. —

7) Sollte es sich treffen, daß man Dich nach dem 12., wenn ich also nicht da bin, abreisen machen will, so schreibst Du an Amberny, benachrichtigst ihn davon, sowie von den Details der Abreise und gibst ihm den schriftlichen Auftrag, sie, weil sie gegen Deinen Willen und Du über 21 Jahre alt seiest, zu hindern. Ferner legst Du diesem Brief einen Brief an Oberst Rüstow bei, in welchem Du diesem dasselbe sagst und denselben Auftrag gibst. Diese Beiden werden Dich dann ebenso gut befreien, wie ich.

8) Alles ist gelungen, wenn es erst gelingt, eine sichere Korrespondenz zwischen mir und Dir, oder Dir und Rüstow oder Amberny einzuleiten. Diesen Brief bekömmst Du durch Lesley. Einen andern versuche ich Dir morgen durch Mr. Baucher zuzustellen, den Amberny für uns interessirt. Hoffentlich übernimmt er den Auftrag. Briefe, die Du durch Baucher an mich schreibst, kannst Du an mich adressiren. Briefe aber, die Du nach dem 12. — also nach meiner Abreise — an Rüstow schickst durch Baucher, (der Nichts von letzterem wissen soll) adressirst Du bis auf weitere Ordre äußerlich an Amberny, innerlich an Rüstow.

9) Es ist unmöglich, daß es wahr sei, was man mir sagte: Du habest mich aufgegeben. Nur die Täuschung, daß Du minorenn seiest, kann Dir eine solche Konzession, eine solche List entrissen haben. Es ist unmöglich, daß alle Deine Schwüre Meineide gewesen seien! daß Du die Schwäche bis auf diesen Punkt treibst! Du hast kein Recht, alle die Zusicherungen zu brechen, die wir so fest uns gegeben! Du hast kein Recht, das Uebermaß von Rücksicht und Delikatesse, mit

welchem ich Dich Deiner Mutter zurückgab, so schändlich zu
vergelten! Du haft kein Recht, mich zu kompromittiren, indem Du mich in freier Initiative in ein Unternehmen verwickelt
haft, auf das ich mich nur unter der Betheuerung, daß Du
felsenfest entschlossen seieft, mich einließ. Erst in der Nacht
vom Mittwoch zum Donnerstag ist mir meine Liebe
zu Dir, wie durch eine Offenbarung zum Bewußtsein gekommen! Erst das Leiden hat die Rinde relativen
Phlegma's, welche das Glück um mich zu legen pflegt, gesprengt,
und meine Liebe ist herausgesprungen in ihrer riesengroßen
Schreckensgestalt! Ich will die Brutalität Deiner Eltern segnen,
wenn ich Dich erringe. Denn erst diese unendlichen Leiden,
Die mich um Deinetwillen verzehren, haben mir das Bewußtsein gegeben, was Du mir wirklich bist!

Helene! Wenn Du mir treulos sein könntest — unein-
gedenk Deiner Schwüre mir entsagen könntest, Du würdest
nicht werth sein, was ich für Dich leide. Beruhige mich durch
eine Zeile! Der Gedanke, daß Du mich aufgibst, bringt mich
dem Wahnsinn nahe! Auch Lesley sagt: dann löge Alles, und
Nichts in der Welt verdiente mehr, daß man daran glaube!

Helene! Rasend und mit Schmerzen der Verzweiflung
geliebtes Weib! Gib mir eine Zeile, daß Du fest bleibst.
Deine Briefe an die Arson — die in Interlaken ist — sind
mir nicht zugekommen."

Also meldete Lassalle Helenen, daß ihm seine Liebe „erst
in der Nacht vom Mittwoch zum Donnerstag wie durch eine
Offenbarung zum Bewußtsein gekommen," daß „erst das Leiden
die Rinde relativen Phlegma's, welche das Glück um ihn zu
legen pflege, gesprengt" habe, und daß bei dieser merkwürdigen
Entpuppung seine „Liebe herausgesprungen sei in ihrer riesengroßen Schreckensgestalt." — Hieraus hätte Helene, wenn sie
den Brief erhielt, folgern können, daß Lassalle vor dieser Nacht
ein verhältnißmäßig kalter Liebhaber gewesen, und daß die
Schwüre, die sie sich vor der Nacht vom 3. auf den 4. August
gegenseitig gegeben, auf Seiten Lassalle's doch nicht so ganz
und gar aus der Tiefe des Herzens gekommen seien. Daß
aber jener eigenthümliche Durchbruch der Liebe in den Ge-
wissensbissen verletzter Eitelkeit bestand, das gibt Lassalle selbst
deutlich in der Nachschrift des Briefes an Sophie von Hatzfeldt, den er am 4. August, also an den auf jene Offenbar-

ungsnacht folgenden Tage, schrieb, in den oben mitgetheilten Worten kund:

„Noch viel mehr vielleicht, als des Mädchens Ver-luft zerbricht mich meine Gimpelei. Wenn ich sie nicht durch Sieg ausgleichen kann, verachte ich mich selbst für Immer auf das Schnödeste!"

Ferner scheint jetzt, am 10. August schon, Laffalle ent-schloffen gewesen zu sein, zum Katholizismus überzutreten und sich von einem katholischen Priester mit Helenen trauen zu laffen. Demnach war er bereit, um des Besitzes eines Mäd-chens willen, deffen Heirath, um sich nicht schauderhaft kom-promittirt zu haben, er eifrig betrieb, die elende Poffe eines Religionswechsels aufzuführen und zu diesem Behufe für einige Tage den religiösen Heuchler zu spielen. Wie dieser Gedanke zur Ausführung gebracht werden sollte, werden wir bald sehen.

Den Brief vom 10. August sollte Herr Lesley, den Laffalle herbeigerufen hatte, als Familienfreund Helenen ins Haus schmuggeln. Durch diesen Herrn erfuhr Laffalle endlich mit Gewißheit, daß Helene von Genf abgereist war. Auch vernahm er von ihm, weil selbiger mit Frau Arson in Wabern gesprochen hatte, daß Helene an die genannte Dame zwei Briefe zu schreiben günstige Gelegenheit gehabt, aber trotzdem nicht auf diesem Wege einige Zeilen an ihren geliebten Adler gerichtet hatte. Die Waberner Dame wird von Laffalle im Briefe vom 10. August piquirt einfach „die Arson" genannt. Er scheint mit ihr unzufrieden gewesen zu sein.

Ein anderer Brief, zwei Tage später von Laffalle ge-schrieben, lautet:

Laffalle an Helene von Dönniges.

„Freitag, 12. August.

Beiliegenden Brief schrieb ich Sonntag Abends. Montag hieß es, Du seiest abgereist, was mich verhinderte, ihn Dir, wie ich wollte, rekommandirt zu schicken. Seit Mittwoch ist es mehr als gewiß, daß Du fort bist. Aber man wird Dir diesen Brief nachschicken, oder Du wirst ihn finden bei Deiner Rückkunft.

Ich schicke Dir also den Brief, obgleich ich weiß, daß Dein Vater ihn gleichfalls lesen wird, wenn er überhaupt in Deine Hände kommt. Mag er ihn lesen, wenn er nur wenig-stens auch von Dir gelesen wird. — Ich wiederhole Dir also Alles, was ich Dir in beiliegendem Brief gesagt habe. Die

9

Unterredung, die ich darin fordere, mußt Du in allem und jedem Falle bewilligen.

Ich reise heut oder morgen ganz früh nach Karlsruhe. Denn der Weg, Dich zu gewinnen, geht über Deutschland. Antworte mir nach Karlsruhe poste restante; bestimmst Du mir die Unterredung, so fliege ich so schnell wie möglich zurück. Nur Deiner eigenen mündlichen Erklärung werde ich glauben, daß Du mich aufgibst, nicht einmal einer schriftlichen!

Hältst Du aber fest an mir, wie ich überzeugt bin, so soll keine Macht der Erde uns trennen. Zu einer Heirath kann man Dich nicht zwingen. Du als fille majeure*) — was Du trotz aller Gesandten=Eigenschaften Deines Vaters hier bist, hast Du sogar das Recht, jeden Augenblick sein Haus zu verlassen. Schleppt man Dich auch nach Deutschland, so kann man Dich immerhin, obwohl Du dort mineure (minder= jährig) bist, nicht zu einer Heirath zwingen, wenn Du im entscheidenden Moment Dein „Nein" sprichst.

Behalte also Muth; auch wenn ich Dir fern bin, bin ich Dir ewig nah. Wenn Du mir Treue bewahrst, so soll es keiner Macht gelingen, uns auseinander zu reißen. Ich denke Nichts mehr, thue Nichts mehr, was nicht auch in Bezug auf Dich steht. Triumphire! Meine Liebe zu Dir übersteigt Alles, was Dichtung und Sage jemals von Liebe gesungen haben. Halte fest — et je me charge du reste."**)

Demnach hatte sich jetzt Lassalle fest vorgenommen, nach Deutschland zu reisen, da er auf diese Weise zufolge einer von ihm angestellten Berechnung Helene erobern zu können ver= meinte. Zudem vermuthete er, daß das „rasend geliebte Weib" gleichfalls in Deutschland sei und sich in München aufhalte. Indem er Rüstow, den Ritter des militärischen Verdienst= ordens von Savoyen, als seinen Stellvertreter einsetzte, stellte er ihm vor dem Notar die nachstehende General=Vollmacht aus:

„12. août.

L'an mil huit cent soixante-quatre le douze août par devant Me. Jean François Henri Rivoire et Me. Jean Marc Albert Wessel, tous deux notaires à Genève soussignés.

A comparu Monsieur Ferdinand Lassalle, fils de feu Henri, rentier, originaire de Breslau, domicilié à

---

*) Mündige Tochter.
**) Für das Uebrige sorge ich.

Berlin, residant temporairement à Genève, rue du Môle no 6.

Lequel a par les présentes fait et constitué pour mandataire général et spécial Monsieur Rüstow.

A qui il donne charge et pouvoir de pour lui et en son nom faire toutes démarches et formalités préaslables en vue du mariage projeté entre le constituant et Mademoiselle Hélène de Doenniges, rentière domiciliée à Genève, fille de Monsieur le Docteur de Doenniges, Chargé d'affaires de S. M. le roi de Bavière près la Confédération Suisse, établi à Genève; en conséquence faire proceder à toutes publications et annonces, adresser toutes réquisitions et autorisations à tous officiers compétents, faire toutes déclarations, donner tous consentements, produire tous titres et pièces, faire dresser tous procès-verbaux, en retirer tous extraits et expéditions.

Se faire délivrer tous actes de naissance, de baptême, de confirmation et de décès; faire dresser tous actes de notoriété et tous certificats.

Faire constater l'absence d'opposition au mariage dont il s'agit, s'il y a lieu; en cas contraire, poursuivre la main levée de tout empêchement, refus et opposition.

Former et provoquer par tous moyens légaux toutes oppositions au mariage qui pourrait être projeté entre madite Demoiselle de Doenniges et toute personne autre que le constituant, faire rectifier et mentionner ces oppositions partout où besoin serait.

Aux effets ci-dessus, citer et comparaître devant tous juges et tribunaux présenter toutes demandes et défenses, former tous recours, appels et interventions, constituer tous avocats, plaider, obtenir tous jugements et arrêts, les faire notifier et exécuter par toutes voies de droit, donner tous acquiescements, prendre tous engagements.

Signer tous actes, régistres et requêtes, élire domicile, substituer en tout ou partie des présents pouvoirs, et généralement faire dans le but ci-dessus indiqué tout ce qui peut être requis ou utile, quoique non prévu spécialement.

9*

Promettant d'avoir le tout pour agréable, [de le ratifier au besoin, d'exécuter les engagements pris par son mandataire constitué, et de lui rembourser les avances qu'il pourra faire pour l'exécution du présent mandat.

·Dont acte fait et passé à Genève, rue de la Tour de l'Isle 2, en l'etude. — Et après lecture faite du tout, mondit F. Lassalle, comparant,· a signe avec les notaires le présent brevet repertoiré par Me. Rivoire.

Wessel, not.

Ferdinand Lassalle.

J. F. Rivoire, not.

Enrégistré à Genève le douze août 1864, V. 1. no. 1465, reçu un franc, sans renvoi.

Mercier."*)

---

*) Eine Ueberſetzung bieſer General⸗Vollmacht, bie ſich in rein tech⸗ niſchen Formen bewegt, wäre für ben Laien ebenſo unverſtänblich wie bas Driginal.

Sechstes Kapitel.

Der Weg über Deutschland zu Helenen.

Lassalle verließ Genf am 13. August und übernachtete auf dem Wege nach Deutschland in Olten (zwischen Bern und Basel) wo er eine Zusammenkunft mit dem Dichter Georg Herwegh hatte. Wie man sich erinnern wird, hatte er Sophie von Hatzfeldt nach Karlsruhe beordert, und selbige erwartete ihn daselbst seit dem 9. August. Er traf am 14. Nachmittags ein. Tags darauf schrieb er an Rüstow:

Lassalle an Rüstow.

„Karlsruhe, Montag, 15. August.

Lieber Freund!

Gestern hier angekommen! Noch keine Depesche von Dir! Ihr wißt also noch immer nichts Neues.

Hofstetten*) ist hier. Ich reise morgen mit ihm nach München ab.

Humbert**) sah ich gestern in Basel. Helene ist nicht in Basel gewesen. Sie hat also die Schweiz noch nicht verlassen. Humbert ist nun nach Bern und wird wohl zur Zeit schon an Philipp Becker rapportirt haben, ob er was von ihr ermittelt.

Wenn nicht, so schicke ihn oder Lombard, oder wenn's nöthig ist, Beide das ganze Seeufer entlang; auch auf der französischen Seite ist zu suchen.

---

*) Das ist Jean Baptist von Hofstetten, geboren in München und verheirathet mit einer sehr liebenswürdigen sanften Frau, einer geborenen Gräfin Strachwitz, die sich von ihm, nachdem er mit dem Baron Jean Baptist von Schweizer ihr Geld verpulvert, hat trennen lassen. Hofstetten, recht angenehm im Umgange und immer zu Plänen geneigt, ist früher ein Schauspieler und dann Offizier à la suite des Königs von Bayern gewesen, ehe er auf dem Schützenfeste in Frankfurt a. M. Schweitzer kennen lernte. B. B.

**) Humbert und Lombard waren von Lassalle beauftragt, die Spur Helenens ausfindig zu machen.

Die Gräfin wird nach Wabern zur Arson reisen, die Briefe Helenens dort lesen und durch die Arson, mit dieser nach Genf gehend, die Mutter zu sprechen suchen und dieser dann höchst einbringlich die Wahrheit sagen.

Verzweiflung immer im Herzen

Dein

Ferdinand.

Ich wohne in München Hôtel Oberpollinger.

Die Gräfin wird vielleicht durch die Arson Mittel haben, Helenen einen Brief von mir zu bestellen. Wenn sie also einen solchen von Dir fordert oder durch Philipp Becker fordern läßt (oder etwa von Bern oder anderwärts aus brieflich ihn verlangt; Deine Adresse habe ich ihr für diesen Fall gegeben), so schicke ihr sofort den großen Brief, der durch Amberny früher gehen sollte, oder den kleinen, der durch Lesley gehen sollte; lieber aber den ersten Amberny'schen

F. L."

In Karlsruhe erschöpfte die Gräfin Haßfeldt ihre „wilde Beredtsamkeit", um Lassalle von seinen Heirathsgedanken abzubringen. Sie stellte ihm vor, daß sie seine beste Freundin sei und fast wie eine Mutter an ihm gehandelt habe, daß Helene ein unwürdiges Spiel mit ihm treibe und jedenfalls blos auf einige Tage eine sinnliche Neigung zu ihm gefühlt habe, ferner daß Lassalle sich selbst täusche, wenn er glaube, daß er in Helene verliebt sei, und dergleichen mehr. Vergebens. Lassalle hatte sich zu tief in die Angelegenheit verwickelt, um ohne Weiteres davon abzustehen. Er wollte den Widerstand der Familie besiegen, den Stolz des Herrn von Dönniges beugen und denselben durch den baierischen Ministerpräsidenten zwingen, ihm mit der Tochter eine Unterredung zu gestatten. Bei einer Zusammenkunft mit Helenen hoffte er, vermittelst seiner männlichen Schönheit und rhetorischen Kunst als Sieger über seinen Rivalen, den Wallachen Janko von Rakowitza, hervorzugehen. Weil er aber entschlossen war, Helene um jeden Preis zu heirathen, gedachte er zur katholischen Kirche überzutreten und durch einen katholischen Priester, auch wider den Willen der Eltern seiner Verlobten, mit dieser sich kopuliren zu lassen. In dieser Beziehung erinnerte er sich, daß in der Arbeiter-Agitation der Bischof Freiherr von Ketteler zu Mainz den Versuch gemacht hatte, die soziale Frage zu Gunsten der heiligen, allein selig machenden Kirche auszubeuten. Lassalle war diesem Versuche nicht entgegengetreten, sondern hatte sich im Gegentheil über die ultramontane Kutten=Bundesgenossen=schaft dermaßen gefreut, daß er in seiner Ronsdorfer Rede, gedruckt unter dem Titel: „Die Agitation des Allgemeinen Deutschen Arbeitervereins und das Versprechen des Königs von Preußen", (Berlin, 1864, 8°) sogar (Seite 26 und 28) die Worte gebraucht hatte:

„Vor Kurzem hat sich Niemand anders, als ein Fürst der Kirche, der Bischof von Mainz, Freiherr von Ketteler, in seinem Gewissen gedrungen gesehen, seinerseits das Wort in der Arbeiterfrage zu ergreifen. Es ist dieses ein Mann, der am Rhein fast für einen Heiligen gilt, ein Mann, der sich seit langen Jahren mit gelehrten Forschungen abgegeben. Er hat ein Buch veröffentlicht unter dem Titel: „„Die Arbeiterfrage und das Christenthum"", und hier hat er sich Punkt für Punkt für alle meine ökono=mischen Sätze und Thesen den Fortschrittlern gegenüber ausgesprochen ... Meine Freunde, ich gehöre, wie Euch bekannt ist, nicht zu den Frommen. Mit Recht aber muß ich den höchsten Werth darauf legen, daß ein Bischof trotz der Milde und Rücksichtnahme, die ihm in seiner Stellung natürlich ist, sich dennoch in seinem Gewis=sen genöthigt sieht, sich mit derselben Schärfe, wie ich in meiner rücksichtsloseren Stellung als Volkstribun gethan habe, auszusprechen und die Fortschrittspartei wegen ihrer so hart=näckigen Ableugnung des von mir nachgewiesenen ökonomischen Gesetzes geradezu des absichtlichen Betrugs zu beschuldigen. Urtheilt, bis zu welcher Sonnenklarheit ich jene Beweise bei=gebracht haben muß, um einen Kirchenfürsten zu dieser Sprache zu veranlassen!"

Die Gräfin von Hatzfeldt war eine so fromme Katholikin, wie es eine emanzipirte Dame mit einer interessanten Ver=gangenheit und noch nicht ganz den Freuden dieser Welt abgestor=benen Gegenwart immerhin sein konnte. Sie gehörte dem hohen Adel an und durfte daher seitens des Bischofs, der ja nicht ungalant gegen vornehme Damen gewesen sein soll, auf einen guten Empfang rechnen. Sie besaß Darstellungsgabe und vermochte nöthigenfalls einen Strom Thränen zu ver=gießen. Sie schien also Lassalle die geeignete Person zu sein, um mit dem Bischofe über den Uebertritt zum Katholizismus und über die Unterstützung der am baierischen Hofe einfluß=

reichen Ultramontanen zu unterhandeln. Ob die Gräfin beauftragt wurde, der allein selig machenden Kirche sonstwie in
Bezug auf die Arbeiterfrage Eröffnungen zu machen, muß
dahin gestellt bleiben.

Noch am nämlichen Tage, an welchem sie nach Mainz
abgereist war, lieferte Sophie von Hatzfeldt Lassalle über ihren
Besuch des Bischofs folgenden schriftlichen Bericht.

Sophie von Hatzfeldt an Lassalle.

„Mainz, 16. August 1864.

Liebes Kind!

Ich bin um drei ein halb Uhr hier angekommen und um
fünf Uhr fuhr ich zum beabsichtigten Besuch. Ich wurde sogleich vorgelassen und brachte längere Zeit dort zu.

Ich gebe hier Bericht über den Lauf der Unterredung.
Positives in Ihrem Sinne habe ich leider nicht erreichen können, aber ich selbst hielt dies ja, wie ich
es Ihnen ja im Voraus sagte, auch nicht gut für
möglich. Indessen war der Eindruck, den mir die Unterredung machte, ein höchst günstiger, sogar sehr wohlthuender.

Ich habe einen Mann von hohem Verstand nnd feinstem
Urtheil gefunden, aber noch weit mehr als das: einen Mann,
der ohne jemals im Allergeringsten von dem, seinem Beruf,
seiner Stellung Angemessenen abzuweichen, dennoch ganz frei
ist von jener Scheinheiligkeit, die immer nur richten will und
so abschreckend wirkt. Er hat das Verständniß menschlicher
Schwächen, Wohlwollen und Milde, und ich glaube, daß man
in ihm immer weit mehr den Tröster als den Richter finden
würde. Daß er ohne Vorurtheile ist, bewies mir die richtige
Beurtheilung und Anerkennung, die er für Sie hat, und insoweit fand ich also den Boden für meine Bestrebungen günstig.

Ich will Ihnen nun — zwar zusammenhangslos bei der
mir so karg zugemessenen Zeit — einige Details mittheilen,
wenn auch nicht immer ganz wörtlich wiedergebend, doch überall
streng den Sinn beibehaltend.

Ich fing also damit an, Ihren Auftrag in Ihren eignen
Worten auszurichten, und erhielt die Antwort: diese Worte
entsprächen so sehr Ihrer streng konsequenten Denkungsart,
daß Sie sie gesprochen haben müßten. Daß Ihr angekün-
digter Entschluß zunächst auf rein formellen und äußerlichen
Gründen beruhe, konnte ihm natürlich nicht zweifelhaft sein;

und ich war ihm wie Ihnen die Wahrheit schuldig und be-
stritt dies in keiner Weise.

Ich setzte ihm nun die Sachlage auseinander und um
Was es sich handle. Nach langen bittenden Vorstellungen
meinerseits — denn ich sprach, wie Sie denken können, mit
meinem ganzen Herzen — und nach Anfragen seinerseits, in
welcher Form ich mir ein Eingreifen möglich dächte, sagte
er: „Ja, wenn das Mädchen Katholikin ist und sich selbst an
die Kirche wendet um Schutz, um Erhaltung der Heiligkeit
des Sakraments, zu dessen wahrer Weihe die Uebereinstimmung
der Seelen erforderlich ist, um Sicherstellung ihres durch eine
aufgezwungene Lage gefährdeten Seelenheiles: dann würde
eine Einmischung vielleicht gerechtfertigt sein. — Was Ihre
Person anbeträfe, so wären Sie ja noch nicht katholisch.

Er äußerte sich über Sie in sehr anerkennender, wohl-
wollender Weise und versicherte, er nähme das lebhafteste Interesse an Ihrem ernsten, wahren, wissenschaftlichen Streben,
billige Ihre sozialen Bestrebungen, Ihr Wirken; und wenn
er an der Möglichkeit der praktischen Realisirung
Ihrer Theorie auf dem eingeschlagenen Wege zweifle,
so sei es nur, weil jedes Prinzip und sei es noch so richtig
und von den eminentesten Fähigkeiten vertreten, wenn es der
allein unwandelbaren Basis entbehre, nicht Stand hielte,
sobald der Sturm der Leidenschaft darüber hinwehe. Jedenfalls aber hätten Sie die so sehr wichtige Aufgabe, Irrthümer
und Lügen aufzudecken und auszurotten, mit großem Erfolg
und Verdienst gelöst und müßten diesem Wirken ferner erhalten
bleiben. Wenn er Etwas für Sie thun könnte, würde er
es gern thun, um einen der allgemeinen Sache so unentbehr-
lichen Mann zu erhalten.

Ich schilderte ihm die wiederholten Versprechen, welche
Ihnen das Mädchen gegeben, Ihr so rücksichtsvolles, ehren-
haftes Benehmen gegen Helene, die Art, wie Sie Selbst sie
der Familie zurückgegeben, das völlig unerklärliche, von Vorn-
herein brutal beleidigende Verfahren der Familie Dönniges.
Er sprach die vollkommenste Billigung Ihres durchaus ehren-
haften Benehmens aus, welches Sie auch niemals bereuen
dürften, denn es sei das einzige, für Sie passende gewesen.
Er billigte auch Ihren Plan, in der beabsichtigten loyalen
Weise in München Ihr gutes Recht zu suchen.

Da ich sehr aufgeregt war und unter immer wieder

hervorstürzenden Thränen sprach, so äußerte er mir, er
könne gar nicht begreifen, wie ich die Sache so schwarz ansehen
könne, das Betragen des Vaters sei höchst tadelnswerth, könne
aber nicht von Dauer sein, und mit Ruhe und Ausdauer sei
das Ziel wohl zu erreichen.

Ich hätte Ihnen so gern ein positives gutes Resultat
gemeldet, aber Sie sehen: war auch die Aufnahme, wie der
Wille günstig, so waren doch die in der Sache selbst liegenden
Schwierigkeiten zu groß.

Ich reise morgen ganz Früh nach Bern, wo ich Abends
eintreffe, gehe gleich nach Wabern zu Madame Arson und
Madame Lesley, ziehe dort alle nöthigen Erkundigungen, vorzüglich über die Briefe, die von Helenen dort angekommen sein
sollen, ein und werde Alles aufbieten, Madame Arson zu bewegen, daß sie mit mir nach Genf reist, um mir behilflich
zu sein, Helenen selbst zu sprechen; und ich hoffe endlich, zuverlässige Kunde aus der so streng abgeschlossenen Festung zu erlangen.

Nun leben Sie wohl, mein liebes, mein gutes Kind. Ich
bin innerlich wie äußerlich halb todt. Immer noch steht Ihr
bleiches wehmüthiges Gesicht, wie ich es noch aus dem Waggon
sah, vor mir. Wenn Sie mich hart in meinen Er-
mahnungen gefunden haben, so wissen Sie doch, daß
mein Herz dabei weit trostloser geblutet hat, als das Ihre.
Ich kann sagen, daß ich für Sie das Gefühl habe, als wären
Sie an mein innerstes Sein mit einem materiellen Band
gebunden, das, zerschnitten, die völlige Verblutung für mich
zur Folge haben muß.

Also für mich, wie für Sie Selbst, etwas Vorsicht, Ruhe
und Schonung Ihrer Gesundheit.

Sophie."

Indem Lassalle sich an den Bischof von Mainz wandte,
setzte er wohl voraus, daß Helene katholisch sei. Er erfuhr
jedoch nach einigen Tagen, daß selbige dem protestantischen
Glauben angehörte. Somit war der beim Mainzer Bischof
unternommene Schritt in jeder Beziehung ein falscher. Die
Gräfin Hatzfeldt konnte jetzt nicht mehr von der Reise nach
Genf zurückgehalten werden. Es handelt sich also blos noch
darum, ihr nicht das mindeste Mißtrauen mehr zu bezeigen.
Lassalle mochte sich einigermaßen, nachdem er sie in Karlsruhe
gesprochen und in Mainz verwendet hatte, der Hoffnung

hingeben, daß die Gräfin sich ins Unvermeidliche fügen und keine Intrigue gegen seine beabsichtigte Verheirathung ins Werk setzen werde. Zudem glaubte er, daß er selber in München die endgiltige Entscheidung in der Sache herbeiführen und daß selbige schon sehr bald erfolgen müsse. Er wollte sich nämlich zunächst an den Minister des Auswärtigen, Freiherrn von Schrenk, mit der Bitte um Hilfe wenden. Sollte er aber hier nicht ganz reüssiren, so hatte er bereits einleitende Schritte gethan, um bei dem von München gerade abwesenden bayerischen Könige selbst vorzukommen.

Die nächsten Vorgänge in München werden wir aus nachstehendem Brief kennen lernen.

Lassalle an Sophie von Hatzfeldt.

„München, 18. August.

Gräfin! Kein Verdammter in so entsetzlicher Höllenpein!!!

Ihren Brief (von Mainz) erhalten. —

1) Auch nach baierischem Gesetz ist sie mit 21 Jahren majorenn. Gleichwohl ist auch dann noch, da sie nicht emanzipirt ist, Einwilligung des Vaters nöthig, die aber, wenn verweigert, durch die Gerichte ertheilt werden kann, und wie mir Dr. Haenle sagte, auch ertheilt werden würde. Haenle nimmt sich meiner Sache mit aller Energie an. Er will die Klage auf Einwilligung in meinem Namen anstellen, macht sich zwar keine Illusion, daß auf dem Rechtswege Nichts praktisch zu erreichen sei, meint aber auch den Vater durch Furcht vor dem Skandal einzuschüchtern, will ihm einen Brief schreiben, worin er ihm dieses Alles vorstellt ꝛc.

Ich komme soeben vom Minister des Auswärtigen zurück, Baron von Schrenk, mit dem ich eine fast zweistündige Unterredung gehabt. Er fand mich Herrn von Dönniges gegenüber ganz im Recht und ging z. B. soweit, zu sagen: Ich würde Ihnen unter solchen Umständen meine Tochter nicht verweigern, obgleich ich begreife, daß es nicht angenehm wäre, einen Schwiegersohn von so überwiegend politischer Bedeutung zu haben.... In Summa: er war ganz für mich, war sich nur nicht darüber einig, was er thun solle und könne; ein gütlicher Brief würde nicht nützen; befehlen könne er nicht. Er verabredete mit mir, daß ich morgen um 12 Uhr mit Haenle zu ihm kommen solle, um dann gemeinschaftlich mit uns festzustellen, was er thun könne.

3) Anbei ein Brief von Holthoff. Er hat einen Brief Helenens vom 9. aus Bex erhalten, worin sie Alles widerruft, was sie ihm geschrieben. Er legt aber keinen Werth darauf, schiebt es blos auf rohe Gewalt, erklärt es für ein Diktat des Vaters. In einem andern Briefe von ihm, den ich soeben erhalte, spricht er dies noch stärker aus, sagt, daß dem Briefe Helenens an ihn sogar die gewöhnlichsten Höflichkeitsformen fehlten, er im rohesten Geschäftsstyl geschrieben sei 2c. Er hat wohl Recht! Aber der Gedanke· ist dennoch furchtbar! Ich leide jetzt noch entsetzlicher, als bisher. Meine Ahnung hat sich bestätigt. Aber ich muß sie trotzdem ge= winnen!

4) Von Rüstow langt eine Depesche an. Er hat Helenen irgend einen Brief, — ich weiß nicht, ob einen ganz kurzen lakonischen, den ich ihm ließ, oder den langen beweglichen, so= genannten Amberny'schen Brief — endlich insinuirt und von ihr Antwort bekommen, die er mit „„ganz schlecht"" bezeich= net, was in unserer Verabredung heißt, daß sie mich aufgibt. Das heißt natürlich nicht mehr, als auch der Brief an Holt= hoff, hat schwerlich, hat keinenfalls einen größeren Werth. Ach! es wäre furchtbar, auch noch an einer Unwürdigen zu Grunde gehen zu müssen! Und ich selbst trüge die Schuld ihrer Unwürdigkeit! Furchtbare, furcht= bare Verwicklung!

5) Die Hauptsache ist jetzt, daß Sie die Arson aufpacken, mit ihr nach Genf gehen und Helenen, vor allen Dingen Helenen selbst wieder fest machen. (Denn daß Helene wie= der in Genf ist, ergibt sich aus Rüstow's Depesche zwar in= direkt, aber doch mit Sicherheit.) Sie müssen also vor allen Dingen Helenen bei der Arson sprechen und mit Ihrer ganzen wilden Beredtsamkeit in sie bringen. Sie müssen sie vor allen Dingen enttäuschen, denn die Arme ist vor allen Dingen getäuscht, sie hält sich für minorenn, und wer weiß, was man ihr noch Alles eingeredet haben wird, auch über mich 2c. Sie müssen ihr auch den sogenannten Amberny'schen Brief (Rüstow hat ihn und weiß, welcher Brief mit diesem Namen gemeint ist) insinuiren. Sie muß ihn auch in Ihrer Gegenwart mit allen seinen Einlagen durchlesen. Sie müssen dieselben erst gelesen haben, ehe Sie mit Helenen sprechen, um zu wissen, wie Sie sie zu nehmen haben. Stellen Sie mir nur Helenen wieder her, dann verzweifle

ich noch nicht. Die Arſon muß Ihnen eine Unterredung in ihrem Zimmer mit ihr verſchaffen. Dieſe Unterredung rettet Alles. Wenden Sie Ihre ganze Beredtſamkeit auf, daß die Arſon mit Ihnen nach Genf geht und Ihnen dieſe Unterredung mit Helenen verſchafft.

Ehe Sie Bern verlaſſen, telegraphiren Sie mir hierher und melden Ihre Abreiſe, ſowie das Hotel, das Sie in Genf beziehen werden, damit ich weiß, wohin ich ſchreiben oder tele=graphiren ſoll.

Wie die Dinge laufen, und da Helene dort iſt, bleibe ich wohl noch mehrere Tage hier, wenn ich hier Etwas thun kann. Hölle im Herzen.

Ihr

F. Laſſalle."

Laſſalle wollte die Gräfin Hatzfeldt nicht allein nach Genf reiſen laſſen, ſondern zur größeren Sicherheit ſollte Madame Arſon dieſelbe begleiten. Auf dem Zimmer von Madame Arſon ſollte auch die Unterredung Sophiens mit Helenen ſtatt=finden. Indeß zog die Gräfin Hatzfeldt vor, allein nach Genf zu gehen und Madame Arſon in einigen Tagen nachkommen zu laſſen. Dies wird ſich aus folgendem Schreiben ergeben:

Sophie von Hatzfeldt an Laſſalle.

„Bern, 19. Auguſt.

Liebes gutes Kind!

Ich komme ſoeben 9 Uhr Abends von Wabern, wo ich Alle anweſend gefunden. Man iſt voll der größten Sym=pathie für Sie und voll Bewunderung über Ihr Benehmen. Sie hätten Sich wie der echte Ehrenmann benommen, und das könne und dürfe Sie nicht gereuen. Madame Arſon hat mir mehrmals aufgetragen, Ihnen zu ſagen, daß ſie zu Allem bereit ſei, Ihnen nützlich zu ſein, aber auch nur Ihretwegen: Sie möchten ſie nicht verkennen, weil ſie Ihnen nicht früher Nachrichten ge=geben; ſie hätte auf alle Briefe an Helene keine Antwort er=halten; die beiden Briefe, die ſie zu Anfang von Helenen er=halten, habe ſie Ihnen nach München geſchickt; der dritte, von dem man Ihnen geſagt, ſei gar nicht von Helenen. Es herrſcht hier eine tiefe Entrüſtung gegen die Familie von Dönniges, Helene nicht ausgenommen. Madame Arſon iſt wüthend, daß es in ihrem Hauſe geſchehen, und ſie wird in einigen Tagen nach Genf kommen, um dort mit He=lenen und der Mutter auf das Eindringlichſte zu reden. Mr.

Lestley wird auch kommen. Mir hat man gerathen, nach
Genf gleich zu gehen, und glaubt, daß es mir sicher ge=
lingen werde, Helenen jetzt schon selbst zu sprechen, ebenso, daß
es keinem Zweifel unterliege, daß es erlangt werden wird, daß
Sie eine Unterredung mit ihr bekommen, aber Sie möch=
ten Sich jetzt nicht zu sehr beeilen, nach Genf zu
kommen, sondern erst vorarbeiten lassen. Der Wallache,
den man hat kommen lassen, ist ein junger Mensch,
jünger wie Helene, der seine Examen noch nicht ein=
mal beendet hat: was der ganzen Sache keinen schönen An=
strich gibt.

Also, mein liebes Kind, etwas Ruhe und Gedulb! Das
Schwierigste ist geschehen, sie ist aufgefunden, und man kann
an sie herankommen. Bestehen Sie in München nur auf
Ihrem Recht, das nach einem so positiven Eheversprechen Ihnen
nicht verweigert werden darf, aus dem eigenen Munde des
Mädchens ihre wahre und ungezwungene Willensmeinung zu
hören. Malen Sie mit grellen Farben das ganz ehrlose Be=
nehmen der Familie gegenüber Ihrer so loyalen Haltung, da=
mit eine Stimmung dort erzeugt werde, die den Vater bang
um seinen Posten macht. Drohen Sie nöthigenfalls mit allen
Mitteln der Oeffentlichkeit, um dadurch vielleicht zu den Ohren
des Mädchens zu gelangen, indem Sie es für unbedingte Pflicht
hielten, sie mit jedem Mittel vor Gewalt zu schützen, bis Sie
ihre freie Willensmeinung wüßten, und dies sei nur auf diese
einzige Weise möglich, daß Sie sie sehen. Die Leute hier
sind alle der Meinung, daß Ihnen bei der ersten per=
sönlichen Zusammenkunft Helene wieder um den
Hals fällt, aber sehr sonderbarer Weise, ohne daß ich
ein Wort davon gesagt, sprachen sie einstimmig die An=
sicht aus, daß sie eine andere Heirath jetzt gleich für gar nicht
schlimm für Sie halten würden. Uebrigens soll von einer
plötzlichen Heirath nicht die Rede sein.

Soeben erhalte ich Ihr Telegramm. Ich werde
hier auf den Brief warten, aber es thut mir leid.
Ich glaube, es wäre sehr nützlich, wenn ich gleich in Genf
wäre, sowohl weil nur ich gewisse Schritte thun kann, und
dann, damit nicht etwa Dinge geschehen, die meinen
Anschauungen entgegen sind. — Ich hätte den an=
gekündigten Brief fünf Stunden später in Genf gehabt. Aber
ich mag doch nicht gegen Ihren Willen handeln.

Nun leben Sie wohl, liebes Kind! Ich falle fast um vor Müdigkeit.

Ihre Freundin.

Ich hoffe, nicht lange hier zu bleiben. Ich glaube schleunigen Aufenthalt und Rücksprache von mir mit Helenen in Genf sehr vortheilhaft. Helene ist protestantisch.

S. H."

Das erwähnte Telegramm lautet:

Lassalle an Sophie von Hatzfeldt.

„München, 19. August.

Morgen Vormittags haben Sie den Brief. Dann schnellstens mit Madame nach Genf. Vor Abreise mir Genfer Hôtel telegraphiren. Schreibe heute Ihnen Genf poste restante und wichtig."

Somit reiste Sophie von Hatzfeldt erst am 20. August nach Genf, aber sie ging allein. Um Lassalle zu beeinflussen, veranstaltete sie, daß am Tage nach ihrer Abreise Mr. Lesley nachstehendes Telegramm nach München schickte:

Telegramm 2357.

„Bern, 21. August, 12 Uhr 15 Minuten.

Herrn F. Lassalle.

Tout est combiné avec et par la comtesse. Ne venez pas sans ses ordres.

Lesley.*)

Der von Lassalle an die Gräfin Hatzfeldt am 19. August geschriebene Brief folgt weiter unten. Wir geben zuvörderst drei Briefe, die er an diesem Tage nach Genf absandte.

Lassalle an Rüstow.

„München, Freitag, den 19. August.

Deinen Brief vom 17. empfangen. Begreife nicht, daß Du mir nicht telegraphirtest, als Du Helenens Rückkunft erfuhrst, die Du, wie sich zeigt, schon am 17., schon am 16. wußtest. Unbegreiflich, denn wenn dafür auch keine Formel verabredet war, so war doch selbstredend, daß dieses Faktum im Momente telegraphirt werden mußte. Unendliche Qualen und viele Depeschen hättest Du mir erspart.

Tödtlich hat mich Deine gestrige Depesche „„ganz schlecht"" getroffen! Und dennoch beweist sie gar Nichts. Denn Helene

---

*) Alles ist mit der Gräfin und durch sie kombinirt worden. Kommen Sie nicht ohne ihre Weisungen. Lesley.

ist getäuscht und gebrochen. Und überdies wirst Du ihr nur
den dritten, ganz inhaltslosen Brief zugestellt haben, nicht den
Amberny'schen Brief, nicht einmal den Lesley'schen. Einen
von beiden suche ihr sofort zuzustellen, und wenn der Weg ganz
sicher ist, den Amberny'schen.*)
Der Brief, den Du ihr zustelltest, scheint durch die A. (Arson)
gegangen zu sein.**) Dieser Weg scheint wohl sicher. (Möglich, daß der Vater den Brief erhielt und ihr die Antwort
aufzwang; möglich auch, daß sie ganz gebrochen ist.) Hast
Du nur einen ganz sichern Weg, ihr den Amberny'schen Brief
zu geben, so thue es. Ob und auf welchem Wege sie antworten kann, ist egal. Wenn sie den Brief nur erst gelesen
hat! Das ist das Wichtigste; das Andere findet sich. Ist
Dein Weg nicht ganz sicher, so versuche es mit dem Lesley'-
schen. Gleich wichtig wie der Amberny'sche Brief ist, aber
neben ihm — er dient nur zu seiner Verständigung — der
beiliegende Brief, den ich Dir hier für Helene schicke, lies ihn.
Du erfährst einige Fakta daraus, z. B. daß Helene auch nach
baierischem Recht großjährig und daß ich zwei Stunden mit
dem hiesigen Minister des Auswärtigen gestern gesprochen. Er
ist ganz für mich, will Alles thun, was er nur thun kann.
Heute wieder Konferenz. —
Beiliegenden Brief an Helene instruire ihr also sofort,
sowie Du nur sicher weißt, daß sie ihn empfängt, mit dem
Amberny'schen.
Da Helene wieder in Genf ist, war es sehr unrecht, daß
Du durch Klapka den Keyserling von Deiner Anwesenheit benachrichtigen ließest. Du bist ja dadurch verrathen, und wirst
nochmals abreisen und Wohnung wechseln müssen, um sicher
zu sein. Dann aber telegraphische Anzeige an mich hierher.
Willst Du erproben, ob der Weg sicher ist, so schreibe
Selbst Helenen: „„Ich habe zwei sehr wichtige Briefe für
Sie (Amberny'schen und den beiliegenden), die Sie schlechter-
dings allein lesen müssen. Ist dieser Weg sicher, kann ich
Ihnen auf ihm diese beiden Briefe schicken, die keinesfalls in
falsche Hände fallen dürfen?"" — Dann wirst Du ja sehen;

---

*) Weiter unten wird sich ergeben, daß Helene den Amberny'schen
Brief, auf welchen Lassalle das größte Gewicht legte, weil selbiger „be-
weglich" geschrieben sei, erhalten hatte.
**) Auch diese Voraussetzung Lassalle's war falsch. Denn Rüstow
hatte Helenen in eigner Person den Brief überreicht.

Du kennst ja ihre Hand. Wenn Du Dessen nicht sicher bist, so ist allerdings Nichts hiermit gewonnen.

Ich habe heut' zwei Briefe Helenens an die Arson vom 5. und 6. August bekommen. Sie ist schon da ganz gebrochen, aber doch ebenso treu. Sie ruft den Tod herbei in der erschütterndsten Weise!

Dein sehr unglücklicher

F. Lassalle."

Der als Einlage mitgeschickte Brief an Helene, von welchem im Briefe an Rüstow gesprochen wird, ist des Inhalts:

Lassalle an Fräulein von Dönniges.

„München, 19. August.

Helene!

Meine unbeschreiblichen Qualen schildere ich Dir ein ander Mal. Hier nur so viel:

1) Man hat Dich getäuscht. Du bist majorenn. Nicht nur nach Genfer Gesetz, auch nach bayerischem mit 21 Jahren. Nach Genfer Gesetz kannst Du jeden Augenblick das Haus Deines Vaters verlassen, eigene Wohnung nehmen (Hôtel 2c.), die drei actes respectueux machen und, nach drei Monaten von dem ersten an, mich heirathen. Rüstow, Amberny, die Genfer Behörden, die alle benachrichtigt sind, werden Dich während dieser drei Monate schützen. Uebrigens gibt es einen kürzeren Weg. An demselben Tage, wo Du das Haus Deines Vaters verlässest, bringt Dich Rüstow sicher nach Italien, mich hintelegraphirend. In fünf Tagen sind wir durch den ersten besten Priester dort katholisch getauft und getraut.

2) Aber auch nach bayerischem Recht ist, da Du majorenn bist, die Einwilligung Deines Vaters zur Ehe nicht unerläßlich, sondern kann durch die Gerichte gegeben werden, und Haenle hier hat mir sein Wort darauf gegeben, daß ich sie erhalte. Eine Welt ist bereits von allen Seiten für mich in Bewegung. Sehr nützlich wäre es auch, wenn Du mir eine schriftliche Vollmacht, einen bloßen Brief für Advokat Haenle in München schicktest, worin Du ihn beauftragst, von den bayerischen Gerichten die Einwilligung zu Deiner Ehe mit mir zu erlangen.

3) Dein Brief an Holthoff aus Berg beweist Nichts. Er ist erzwungen. Rüstow telegraphirt mir, daß Du nach einem Brief von Dir an mich, den er hat, mich aufgibst.

10

Dies ist ebenso erzwungen. Nur Folge der morali=
schen und physischen Gewalt und der Täuschung,
die man gegen Dich verübt. Es heißt also Nichts — und
dennoch starb ich tausend Tode bei dieser Nachricht.

4) Ich habe gestern zwei Stunden mit dem hiesigen Mi=
nister des Auswärtigen, Baron von Schrenk, gesprochen, der
ganz und gar auf meiner Seite und empört ist. Er hat mir
versprochen, Alles zu thun, was nur irgend möglich. Heute
soll ich wieder zu ihm kommen, wo die bestimmten Schritte
zwischen uns festgestellt werden sollen.

Ist es möglich, so werden selbst noch mächtigere Mittel
in Bewegung gesetzt werden, was bereits vorbereitet wird.
Himmel und Hölle werde ich in Bewegung setzen, Dich zu er=
ringen. (Das Kürzeste, Glatteste, Schnellste bleibt immer das
faktische Verlassen des Hauses Deines Vaters und die Flucht
mit Rüstow nach Italien, oder mit mir selbst, wenn Du vor=
ziehst, so lange zu warten, bis ich hier Alles gethan habe und
wieder zurück bin.)

5) Ich habe Riesenkräfte und ich werde sie vertausendfachen,
um Dich zu erkämpfen. Kein Mensch kann Dich mir ent=
reißen, wenn Du fest und treu bleibst. Seit ich daran zweifle,
bin ich der elendeste aller Menschen. Ich leide stündlich tau=
sendfachen Tod. Und doch, es ist unmöglich! Du kannst mich
nicht verrathen, einen Mann wie mich, einen Mann, der Dich
so rasend liebt. Ich bin mit Demantketten an Dich geschmie=
det. Ich leide tausendmal mehr, als Prometheus am Felsen.
Aber wenn Du meineidig wirst nach so vielen Eiden
und solcher Liebe gegenüber, so wäre die Menschen=
natur entehrt, man müßte verzweifeln an jeder
Wahrheit, jeder Treue; Lüge wäre Alles, was existirt.
Dies sagen Alle, die diese blutige Geschichte kennen.

6) Deine Briefe an die Arson habe ich — sie war ver=
reist, in Interlaken, sonst würdest Du früher von mir gehört
haben, — erst heute hier in München empfangen. Welche
fatalistische Komplikation!

7) Schreibe mir nur ein einziges Wort, ob Du fest und
treu bleibst, und ich bin gestählt vom Wirbel bis zur Zeh.
Kein Mensch soll Dich mir gegen Deinen Willen rauben.
Schreibe mir auch, ob Du die Kammerzofe für treu hältst.

F. L."

Rüstow's Depeschen an Lassalle waren nicht klar, nicht ausführlich genug gewesen. Von Ungewißheit gequält, telegraphirte Lassalle daher nach Genf:

„War Henri's ganz schlechter Brief schon Antwort auf Amb—schen? oder vor Lesung desselben geschrieben? Durch die Lesung Nichts verbessert? Rücktelegraphiren. Sterbe stündlich tausendmal. — Hier nicht übel. — Sophie kommt spätestens Sonntag oder Montag in Genf.

Julian."

Wie man sieht, war Lassalle mit Rüstow übereingekommen, daß er sich in telegraphischen Depeschen Julian nennen wollte. Helene wurde mit Henri bezeichnet.

Lassalle telegraphirte am 18. August an Rüstow:

„Briefe kopiren. Original augenblicklich hierher, Hôtel Oberpollinger. Muth nicht verlieren, festhalten. Wo ist Henri?

Telegraphisch mir anzeigen, wenn bekannt."

Zwei andere Telegramme folgten dem vorstehenden noch am nämlichen Tage nach. Das eine davon lautete:

„War von Henri beantworteter Brief durch Brandamante (die Kammerzofe Helenens) bestellt? Vielleicht in unrichtige Hände gefallen und Antwort erzwungen. Wenn Weg nicht absolut zweifellos, wage nicht Ambernny'schen Brief, sondern erwarte hierzu Sophiens Ankunft. Rücktetegraphiren."

Von Rüstow traf am nächsten Tage folgende Depesche ein:

Telegramm Nr. 10,879.

„Genf, 19. August 1864.

Ferdinand Lassalle. München, Hotel Oberpollinger.

Mitternacht zwei Münchener Depeschen erhalten. Habe persönlich Ambernny'schen Brief an Henri abgegeben. Henri's Brief mit meinigem seit gestern nach München unterwegs, weitläufige Aufklärung. Wann kommt Sophie?

Wilhelm."

Hierauf antwortete Lassalle:

Telegramm Nr. 690.

„München, 19. August 1864.

Colonel Rüstow. Genève 68. rue des Pacquis parterre.

Weitläufige Aufklärungen! Wie? Schlecht? Mittelmäßig? Hoffnungslos? Deute doch an! Ich liege auf glühendem Rost. Sophie in wenig Tagen da.

Julian."

Ohne die von Rüstow telegraphisch angemeldeten Briefe, welche unterwegs waren, abzuwarten, schrieb Lassalle an Rüstow sofort einen neuen ausführlichen Brief, der von seiner großen Aufregung Zeugniß ablegt. Er will selbst auf die Gefahr hin, sich durch den eklatanten Schritt, den er von München aus gegen Herrn von Dönniges unternimmt, lächerlich zu machen, nicht vom Versuche, Helenen zu erobern, abstehen. Das betreffende Schreiben lautet:

Lassalle an Rüstow.

„München, 19. August, 5 Uhr Nachmittags.

Theurer Freund!

Du liebst mich so, thust so viel für mich und tödtest mich wirklich mit Deinen Nichtdepeschen, wie mit Deinen Depeschen. Schon daß Du mir Helenens Rückkunft nicht sofort telegraphirtest, war furchtbar: aber durch Deine jetzt erhaltene Depesche — ich habe sie bereits telegraphisch beantwortet — „„Habe persönlich Amberny'schen Brief an Henri gegeben. Henri's Brief mit meinigem unterwegs, weitläufige Aufklärung"" — durch diese Depesche hast Du mich getödtet! Ich frage mich: Ist Helenens „„ganz schlechter"" schon die Antwort auf den Amberny'schen? Oder ist er nur Antwort auf das dritte kurze Billet? Dann hätte es nicht viel zu bedeuten. Darum habe ich Dich gestern Abends telegraphisch deßhalb befragt und bekomme in Deiner Antwortsdepesche keine Antwort darauf!!! Ist das erhört?! Alles hängt ja für mich davon ab, Dieses zu wissen; denn ist ihr „„ganz schlechter"" Brief schon eine Antwort auf den Amberny'schen, so steht die Sache traurig, furchtbar traurig für mich, obwohl ich auch dann die Hoffnung nicht aufgebe.

Ist er aber blos Antwort auf das dritte Billet, so hat die Sache weniger auf sich. Diese Dir telegraphisch gestellten Fragen hast Du nicht beantwortet. Ich zermartere mich umsonst, es zu errathen, die Indizien sind widersprechend.

Daß Du ihr den Amberny'schen persönlich übergeben, scheint (wie hast Du sie überhaupt so schnell persönlich sprechen können?) dafür zu sprechen, daß Du ihr den Amberny'schen Brief erst nach ihrem „„ganz schlechten"" Brief übergeben hast. Umgekehrt scheinen die Worte: „„Henri's Brief seit gestern mit meinigem unterwegs: weitläufige Aufklärungen —"" zu zeigen, daß ihr „„ganz schlechter"" Brief, von dem Du mir gestern

telegraphirteſt, und den Du nach München laut Depeſche ſenden
ſollteſt, eben der einzige ſei, den Du von ihr erhalten, und
eben Dies auf den Ambernh'ſchen — ein Gedanke, der ſchlim=
mer iſt, als Feuertod und Folter!

Das Wort „„Wettläufige Erklärungen"" ſcheint einerſeits
anzudeuten, daß ſie ſeit dem Geſpräch mit Dir und dem Am=
bernh'ſchen Brief ihren „„ganz ſchlechten Brief"" erklärt und
revozirt habe. Und umgekehrt ſcheint es auch wieder nur an=
zudeuten, daß ſie ihn aufrecht erhalte und ihre Untreue
beſchönige.

O wie machſt Du mich leiden!

Wenn dieſes Weib von mir läßt, für das ich ſo namen=
los märthrere, ſo iſt Alles geſchändet, was Menſch
heißt! Ein Felſenherz, das ſo liebt, ſo treu aushält, wie
das meinige, ſo zu zerreißen! —

Nun höre von hier: ich ging geſtern zum Miniſter des
Auswärtigen, Baron von Schrenk, und ſprach mit ihm nicht
weniger als zwei Stunden. Obgleich ich innerlich den tiefſten
Schmerz empfinde, bin ich doch im Handeln wieder ganz ich
ſelbſt und war es mit Schrenk dreimal. Ich fand von vorne=
herein bei ihm die zuvorkommendſte Aufnahme. Er verwickelte
mich in ein politiſches Geſpräch über die ganze Situation, die
haute politique*), die Revolution, meine Organiſationspläne 2c. 2c.
Ich ließ mich, furchtbar leidend, darauf ein und lebhaft ein.
Er verſicherte mir, in der Sache von Dönniges thun zu
wollen, was er könne. Heute ſollte ich wiederkommen, um
feſtzuſtellen, was zu thun ſei. Wir konferirten wieder über
eine Stunde: er war wirklich auch entrüſtet über die Gewalt,
die man gegen Helene und mich übe, erklärte mir, Dönniges'
Widerſtreben gar nicht zu begreifen, und daß er in demſelben
Falle mir keine Hinderniſſe in den Weg legen würde, trotz
meiner politiſchen Richtung 2c. und wir kamen endlich zu
folgendem Konkluſum:

Er gibt dem hieſigen Advokaten Haenle, der ſich ſehr für
mich intereſſirt, ein offiziöſes Kommiſſariat, mit nach
Genf zu gehen und die Sache mit Herrn von Dönniges à
l'amiable**) beizulegen. Er gibt ihm daſſelbe in der Form
eines Briefes an Herrn von Dönniges, worin dieſer ihm er=

---

*) Die hohe Politik.
**) Auf dem Wege der Güte.

klärt: er habe Haenle ersucht, sich nach Genf zu begeben und
die Sache à l'amiable mit ihm (Dönniges) beizulegen, was
ihm in mehr als einer Hinsicht wünschenswerth sei 2c. 2c. Für
den Fall, daß die glückliche Beilegung nicht zu Stande käme,
gebe er (der Minister) ihm (Dönniges) auf, mir Helene in
meiner Gegenwart vor einem Notar zu sistiren, damit sie vor
demselben und nach den Mittheilungen, die ich ihr zu machen habe,
frei ihren Willen erkläre, ob sie mich ehelichen wolle oder
nicht, und im Falle des Nein hierdurch mindestens jeder Schein
von Gewalt beseitigt sei, der inconvenable *) sei für einen
Gesandten, und ich über die Freiheit ihres Willens, und daß
sie nicht ein Opfer brutaler Gewalt sei, beruhigt sein könne.

Es ist jetzt verabredet, und morgen schickt der Minister
den Brief an Haenle. Auch soll ich morgen nochmals zu ihm
kommen.

Du begreifst auch, daß wenn in Helenen nur ein Funken
von Wahrheit, Willen und Treue ist, mit diesem Schritt Alles
hinreichend gewonnen ist. Denn wenn auch der alte Dönniges
so eigensinnig sein sollte, nicht nachzugeben, und die Feder des
Ministers nicht energisch genug spricht, um die Widerstands=
gedanken in ihm zu beugen — vor dem Notar muß er sie mir
sistiren, sonst kostet ihm die Sache seine Stelle. Und einmal
vor dem Notar, kann Helene nicht nur ihr lautes: „Ich will
ihn heirathen", erklären und mir alle möglichen notariellen
Vollmachten geben, für sie zu handeln und ihr Recht wahrzu=
nehmen: sondern sie kann — damit wir den ganzen Rechts=
quark ersparen — einfach darauf meinen Arm nehmen, mit
mir das Hotel des Notars verlassen, eine andere Wohnung
nehmen (Hôtel), oder zur Gräfin gehen, oder am Einfachsten
sofort mit mir nach Italien reisen, so daß wir in drei Tagen
Mann und Frau sind. Alle Genfer Behörden stehen jetzt auf
unserer Seite und würden uns, statt Irgendwas gegen uns
zu thun, in allen diesen Fällen sogar schützen, und Alles ist
jetzt so leicht und sicher, wie bon jour **) zu sagen.

Ja, es kann jetzt nicht einmal der geringste Tadel auf
Helene zurückfallen, denn nach allen Vorgängen hat dieser
Schritt eine andere Gestalt als vor denselben. Jetzt ist es
berechtigter Bruch furchtbaren, furchtbaren Gewalt=

---

*) Unpassend.
**) Guten Tag, guten Morgen.

mißbrauchs, welchen zu brechen sogar die höchste Behörde in Bayern feierlich einschritt! Jetzt würde Alles für sie gesagt, was sonst gegen sie gesagt worden wäre.

Kurz, gehe ich jetzt zu Grunde, so ist es nicht mehr an der brutalen Gewalt, die ich gebrochen habe, sondern — wenn sie mir eben vor dem Notar „„Nein““ erklärt statt „„Ja““ und mit mir zu gehn — an dem grenzenlosen Verrath, an dem unerhörtesten Wankelmuth und Leichtsinn eines Weibes, das ich weit über alles Maß des Erlaubten hinaus liebe! Es wäre wirklich das Grenzenloseste von Allem, wenn ich deshalb den Minister des Aeußern vermocht habe, ein Kommissariat zu ertheilen und sie mir vor dem Notar sistiren zu lassen, damit sie mir auch noch das furchtbare Ridicule*) gibt, mich mit einem „„Nein““ abzuweisen. Inzwischen, wenn sie mir den Dolch in die Brust stoßen will, — je n'ai rien à dire!**) Wenigstens falle ich nicht durch den Uebermuth eines brutalen Mannes. — Ich kann sie übrigens unter keinen Umständen für so vollendet schlecht, so grenzenlos schlecht halten.

Wichtig ist aber, daß sie von der Sache im Voraus weiß, sich sammeln, sich fassen, einen festen Entschluß fassen kann; daß sie nicht unvorbereitet, nicht mit falscher und halber Darstellung von der Sache überfallen wird. — Es ist also von der höchsten Wichtigkeit, daß Du ihr diesen meinen gegenwärtigen Brief an Dich, der ebenso gut ein Brief an sie ist, auf ganz sicherem Wege — über diese Sicherheit darf natürlich kein Zweifel obwalten — insinuirst. Kannst Du ihn vorher von der Gräfin lesen lassen, so ist es gut. Denn obgleich ich der Gräfin, die zur Zeit, wo Du dieses erhältst, schon in Genf angekommen sein wird, den Hauptinhalt noch außerdem brieflich mittheile, so werde ich's aus Mangel an Zeit doch vielleicht nicht ausführlich thun können. Kannst Du ihn also, ehe Du ihn Helenen zustellst, vorher noch schnell von der Gräfin lesen lassen, so ist es besser. Keinenfalls aber darfst Du deswegen eine Gelegenheit vorüberfliegen lassen, ihn an Helene gelangen zu lassen, sondern wenn diese irgend sicher da ist, so besorge ihn ihr ohne Zeitverlust. Die Gräfin erhält doch noch einen ziemlich hinreichenden Brief von mir, und Du kannst ihr Das, was Du hier gelesen, erzählen.

---

*) Mich furchtbar lächerlich macht.
**) Ich habe Nichts dagegen.

Helenen schärfe ich auf's Strengste ein, ja Nichts von diesem ministeriellen Auftrag an Haenle zu verrathen. Er muß dem alten Dönniges in's Haus platzen, wie eine Bombe, ohne daß er auch nur die geringste Ahnung davon hat. Sonst hätte mir Helene, wie durch ihre unzeitige Mittheilung das erste Mal, Alles verdorben zum zweiten Male, und ich könnte wieder von Vorn anfangen.

Ferner: Helene soll Dir sogleich auf diesen Brief ant-worten,

a) ob sie bereit ist, mir vor dem Notar ihr „„Ja"" zu erklären und mir alle erforderlichen Vollmachten zu geben;

b) ob sie ferner bereit ist, sofort mit mir das Haus des Notars zu verlassen, eine eigne Wohnung zu nehmen oder zur Gräfin zu ziehen und sich unter deren, meinen und des Gesetzes Schutz zu stellen!

c) ob sie ferner bereit ist, sofort, höchstens die Nacht noch im Hôtel bei der Gräfin schlafend, am andern Tag oder auch augenblicklich vom Notar weg mit mir nach Italien zu gehen, um in drei Tagen meine Frau zu sein.

Ferner triffst Du sofort für diesen Fall alle nöthigen Reisevorbereitungen.

Gut wäre es auch, wenn Du einen Paß auf „„Helene von Dönniges aus Genf 21½ oder 22 Jahre alt"" besorgen könntest. Wenn Helene Dir ein Briefchen von zehn Worten gibt, worin sie darum ersucht, besorge Du ihn jedenfalls.

Ferner: Sowie Du Helenens Antwort auf diesen Brief hast, so telegraphirst Du mir sofort, je nachdem die Antwort ausfällt. „„Einverstanden mit rechtlich"" (das heißt, daß sie blos mit a — sieh' oben — einverstanden ist,) oder „„ein-verstanden mit faktisch"", (das heißt, daß sie auch mit b ein-verstanden,) oder „„gänzlich einverstanden"", (das heißt, daß sie auch mit c einverstanden ist). Oder endlich — furchtbarer Gedanke — „„einverstanden mit Nichts.""

Diese Depesche nun telegraphirst Du mir

1) nach München, Hotel Oberpollinger,
2) nach Lindau, Bahnhofs-Bureau restante (zum Unterschied vom Telegraphen-Bureau in der Stadt),
3) nach Olten, Bahnhofs-Bureau restante,
4) nach Bern, Bahnhofs-Büreau restante.

Dieses ist nöthig, damit sie mich noch irgendwo trifft, ehe ich Genf erreiche. Denn hier trifft sie mich schwerlich mehr.

Morgen (Sonnabend) erhalten wir den Brief des Mi=
nisters. Dennoch will ich erst Montag von hier abreisen —
ich, der ich bis jetzt so eilte! — um der Gräfin Zeit zu lassen,
vorher, ehe die Entscheidungsstunde kommt, Helene zu Ehre,
Pflicht und Gewissen zurückzurufen! So muß ich jetzt noch
absichtlich Zeit verlieren! Soweit hat sie mich gebracht!
Wenn ich in der Schweiz bin, telegraphire ich Dir von
irgend einer Station aus, ob Du mich und zu welcher Stunde
in Genf oder schon in Nyon (im letztern Falle mit der
Gräfin) auf dem Bahnhof erwarten sollst, damit wir dann so=
fort nochmals großen Kriegsrath halten.

Dein

F. Lassalle."

In dem Verhältniß Lassalle's zu Sophien von Hatzfeldt
war jetzt eine merkliche Veränderung eingetreten. So lange als
er der Liebe Helenens sicher gewesen war, hatte er seine alte
Freundin Sophie vom Schauplatze der Ereignisse ferngehalten
und sich beeilt, die Heirathsangelegenheit vor ihrer Ankunft
ins Reine zu bringen. Dann aber war er mit ihr in Karls=
ruhe zusammengetroffen, und hier hatte sie wieder über ihn
Etwas von jener Autorität gewonnen, die sie jahrelang durch
Benutzung seiner Schwächen behauptet hatte. Lassalle mußte
sich nun in's Unvermeidliche fügen, indem er sich damit tröstete,
daß die Sache, auch wenn Sophie intriguirte, nicht mehr rück=
gängig zu machen war. Zudem hatte ihm die Gräfin Hat=
feldt durch die Reise zum Bischof von Mainz gewissermaßen
ein Unterpfand gegeben, daß sie an der glücklichen Lösung
ernstlich mitarbeiten wollte, obschon das Resultat der Mainzer
Reise keineswegs glücklich ausgefallen war. Auch hatte ihr
Bericht über die Zusammenkunft mit dem Bischof Ketteler, weil
sie die hohe Meinung hervorhob, welche der Bischof von Las=
salle hege, auf die Lassalle'sche Eitelkeit einen guten Eindruck
zu machen nicht verfehlt. Denn durch Schmeicheleien ließ sich
Lassalle leicht blenden und gewinnen. Hätte er freilich den
unterwegs befindlichen Brief Rüstow's abgewartet, worin dieser
abmahnte, die Freundin in Genf zu verwenden, so hätte er
vielleicht nicht die Gräfin Sophie mit einer Mission bei dem
Fräulein Helene betraut. Worin diese Mission bestand, geht
theils aus dem schon Mitgetheilten hervor, theils aber und
ganz besonders erhellt sie aus nachstehendem Briefe.

Lassalle an Sophie von Hatzfeldt.

„München, 19. August, Freitag Nachts.

Gute Gräfin!

Ich gebe Ihnen hier einen nur gedrängten Auszug eines viel ausführlicheren Briefes, den ich heute Rüstow geschrieben, und den er Helenen, für die er mit bestimmt ist, insinuiren, vorher aber, falls Nichts dadurch versäumt ist, von Ihnen lesen lassen soll. Wenn nicht, wird Ihnen auch dieser gedrängte Auszug genügen. Ich war gestern ohne Weiteres zwei Stunden und heute über eine Stunde bei dem hiesigen Minister des Auswärtigen, Baron von Schrenk. Ich fand in ihm eine günstige Stimmung. Er war, sowie er meine Identität mit mir selber erfuhr, sehr entgegenkommend. Er verwickelte mich in ein politisches Gespräch, auf das ich mich lebhaft einließ. Er versprach Alles zu thun, was er könne.

Dies gestern — und irre ich nicht, habe ich Ihnen das auch gestern schon gemeldet. Heute wurde nun folgendes praktische Konklusum zwischen uns vereinbart.

Er gibt dem hiesigen Advokaten Dr. Haenle ein offiziöses Kommissariat, d. h. einen Brief an Dönniges, worin er diesem sagt: er habe Haenle ersucht, sich zu ihm nach Genf zu begeben, um die Sache à l'amiable mit ihm beizulegen, da ihm gütliche Beilegung höchst wünschenswerth sei 2c. 2c. Für den Fall, daß diese gütliche Beilegung nicht gelänge, verlange er von ihm, daß er seine Tochter in meiner Gegenwart vor einem Genfer Notar sistire, damit sie mir vor diesem frei erkläre, ob sie auf ihrem Willen beharre, mich zu ehelichen oder nicht, damit ich, falls nicht, durch diese freie Erklärung wenigstens beruhigt, und jeder Schein einer inkonvenablen Gewalt beseitigt sei.

Dennoch hoffe ich keineswegs, daß diese Demarche*) den Widerstand des alten Dönniges, seinen Willen brechen wird. Aber Sie begreifen, daß demnach Alles dadurch gewonnen wäre, wenn Helene fest ist. Denn vor dem Notar sistiren muß mir Dönniges seine Tochter, sonst riskirt er seine Stelle. Mir aber vor dem Notar gegenübergestellt, kann sie nicht nur ihr lautes „„Ja"" erklären und mir alle möglichen General- und Spezial=Vollmachten geben, für sie aufzutreten und zu handeln, sondern sie kann, majeure nach dortigem wie hiesigem Recht,

---

*) Dieser Schritt.

sofort auch Arm in Arm mit mir das Haus des Notars ver-
laffen, sich in einem Hotel oder bei Ihnen installiren, sich
unter Ihren, meinen und des Gesetzes Schutz begeben und gar
nicht wieder den Fuß in das väterliche Haus zurücksetzen. Alle
Genfer Behörden sind jetzt auf unserer Seite und würden sie,
statt sie zu hindern, nur schützen. Sie kann endlich sofort mit
Ihnen und mir nach Italien reisen und in drei Tagen, katholisch getauft und getraut, mein Weib sein.

Alles, Alles, Alles hängt also ab von dem Ausgang
dieser Einen Stunde, die über mein Leben entscheidet.
Jetzt würde sogar nicht einmal ein inkonvenabler Schein auf
Helene zurückfallen, wie früher an jenem Mittwoch Abends.
Denn jetzt nach jenen Vorgängen, nach der furchtbarsten gegen
sie verübten Gewalt, nachdem sich sogar das oberste Ministerium
in München in Bewegung gesetzt hat, um durch eine so auf-
fällige Demarche diese Gewalt zu brechen und ihr ihre Freiheit
wiederzugeben, nach allem Diesen kann sie auch in den Augen
der Welt das ohne den geringsten Vorwurf thun, was damals
ganz anders war.

Wenn sie umgekehrt vor dem Notar „„Nein"" erklärt,
so ist das grenzenloseste Ridicule die Folge dieses mit solcher
Mühe errungenen offiziösen Kommissariats, so ist jede weitere
Hilfe für mich vernichtet, kurz, so hat mir die Undankbare
und Treulose selbst den Dolch in diese treue Brust gerannt!
Ich falle dann mit ihrem und durch ihren Willen,
ein furchtbares Denkmal davon, daß ein Mann sich
nie an ein Weib ketten soll. Ich falle dann durch
den entsetzlichsten Verrath, die schnödeste Felonie,
welche die allsehende Sonne je geschaut hat.

Alles, Alles, Alles hängt also an dem Gewicht dieser
Einen Stunde.

Ihnen fällt also die wichtigste, folgenschwerste Aufgabe
zu: Helene, ehe dieser moment suprême*) naht, wieder fest
zu machen.

Gegenwärtig scheint es sehr, sehr schlimm mit ihr zu
stehen. Ihre Briefe an die Arson vom 5. und 6. August
zeigen zwar schon, daß ihre Widerstandskraft gebrochen ist,
athmen aber noch die größte Liebe und Treue! Sie ruft in
der rührendsten Weise den Tod herbei. Rüstow's gestrige

---

*) Höchste Augenblick — Augenblick der Entscheidung.

Depesche (vom 18.) sagt aber schon, was ich Ihnen nach Bern gemeldet („„ganz schlecht““). Da tröstete ich mich noch mit dem Gedanken, daß dieser Brief Helenens, den Rüstow mit „„ganz schlecht““ bezeichnete, nur die Antwort auf einen ganz kleinen trockenen Zettel gewesen wäre, den ich ihm hinter= lassen, nicht auf den langen, so beweglichen, sogenannten Am= berny'schen Brief. Ich telgraphirte ihm sofort um Aufschluß hierüber, und später nochmals den Auftrag, den Amberny'schen Brief vom Stapel zu lassen. Darauf bekomme ich folgende, heut (19. August 11 Uhr 25 Minuten) von ihm aufgegebene Depesche: „„Mitternacht, zwei Münchener Depeschen erhalten, habe persönlich Amberny'schen Brief an Henri gegeben. Henri's Brief mit meinigem seit gestern nach München unterwegs, weit= läufige Aufklärung. Wann kommt Sophie?““

Sie sehen, daß aus dieser Depesche nicht klug, sondern nur toll zu werden ist. War also Helenen's „„ganz schlechter““ Brief schon eine Antwort auf meinen Amberny'schen, oder, ehe sie diesen gelesen hatte, auf den kürzeren Zettel? Es scheint das Erstere, und das wäre vernichtend, vernichtend!

Ist also der Brief Helenens, der mit dem von Rüstow unterwegs ist, eben der „„ganz schlechte?““ Oder ist seit diesem der sogenannte Amberny'sche Brief von Rüstow ihr abgegeben, und Antwort eingetroffen, und bezieht sich darauf das Wort: „„weitläufige Aufklärung?““ Kurz, es ist um rasend zu werden.

O, wenn Helene nur eine Vorstellung hätte von dem zehntausendsten Theile meiner Leiden, nie, nie käme ihr der verbrecherische Gedanke, mir treulos zu werden! Nein, so erbärmlich könnte sie dann nicht sein! So traurig es wäre, wenn Helenens „„ganz schlechter““ Brief schon die Ant= wort auf den Amberny'schen wäre, so gäbe ich auch dann noch nicht alle Hoffnung auf.

Sondern meine Hoffnung stellt sich dann auf Sie. Lassen Sie Helene durch die Arson Sich holen. Lesen Sie ihr diesen Brief vor. Beschreiben Sie ihr, was Sie in Karlsruhe ge= sehen,*) bringen Sie in sie mit aller milden Beredt= samkeit Ihrer Zunge.

---

*) Nach Herrn von Hofstetten's Aussage hatte Lassalle in Karlsruhe geweint wie ein Kind. An den Advokaten Dr. Haenle war Lassalle durch Hofstetten gewiesen worden. Letzterer hatte auch Lassalle ange= rathen, das Haus Oberpollinger, ein Haus dritten Ranges, in München

An Ihrer Zunge, Gräfin, hängt meine Existenz!
Wie aber, wenn es Ihnen nicht gelungen wäre, die Arson
mit Sich nach Genf zu führen!

Dann reisen Sie nochmals nach Wabern zurück, erzählen
ihr die Intervention des Ministers der auswärtigen Angelegen=
heiten, die ihr Muth und Lust machen und ihr Vertrauen be=
leben wird, schildern ihr den bevorstehenden moment suprême
vor dem Notar, und wie Alles daran liege, daß Helene vorher
aufgeklärt, gesammelt, entschlossen sei und nicht unvorbereitet
überfallen werde. Das wird die Arson begreifen und um
dieses entscheidenden Moments willen mit Ihnen gehen. Oder,
halten Sie es für besser, nicht Genf zu verlassen, so schreiben
Sie der Arson französisch Alles das ausführlich, was ich Ihnen
soeben gesagt habe, und beschwören Sie sie, sofort zu Ihnen
nach Genf zu kommen. Diesen Brief schicken Sie ihr aber
dann nicht durch die Post, sondern durch einen Expressen von
Genf aus, aber einen intelligenten Mann, dem Sie die Woh=
nung beschreiben. (Johann Philipp) Becker selbst, oder ein
ganz zuverlässiger Freund -von ihm, oder Mr. Lesley, wenn
er noch in Genf, wird die Güte haben, die Reise für mich
zu machen.

Wie hat denn Rüstow die Helene gesprochen? Können Sie
es auf demselben Wege? Lassen Sie Rüstow gleich zu Sich
kommen und Sich von ihm Alles, wie es mit Helenen steht,
und ob sich bei ihr durch den Amberny'schen Brief Etwas ver=
bessert, oder ob ihr „„ganz schlechter"" Brief schon die Ant=
wort auf ihn war, und was die „„weitläufigen Erklärungen""
bedeuten, und was seitdem etwa noch — mir unbekannt —
vorgegangen, ausführlich und bestimmt schildern. Ich reise
wahrscheinlich Montag früh 6 Uhr von hier ab und bin
dann Dienstag Abends in Genf. Ich könnte schon Sonntag
reisen, verliere aber absichtlich den Tag, um Ihnen einen Tag
mehr Vorsprung zum Sprechen mit Helenen zu geben. Ich
erwarte in Folge meiner heutigen Depesche morgen telegraphische
Anzeige von Ihnen, in welchem Hôtel (Hôtel des Bergues
oder wo sonst) Sie in Genf sein werden. Von der Schweiz
telegraphire ich Ihnen dann noch, ob wir direkt nach Genf
kommen, oder ob Sie (und Rüstow) in Nyon auf der Eisen=

zu beziehen, damit wo möglich jedes Aufsehen in der zu Klatschereien
geneigten bayerischen Hauptstadt vermieden werde. Uebrigens ist das
Hôtel Oberpollinger ein ganz empfehlenswerthes gutes Haus.

bahn-Station bleiben follen, um bort nöthigenfalls zu über-
nachten und vor unferm Einrücken in Genf Kriegsrath zu
halten.

Depeschen von Ihnen treffen mich bis Sonntag Abends
und Nachts sicher hier.

Von Montag früh müssen Sie jede Depesche nach vier
Orten aufgeben, nämlich; nach Hier, Hôtel Oberpollinger, weil
ich doch möglicherweise noch hier bin; 2) nach Lindau, Bahnhofs-Büreau restante; 3) nach Olten, Bahnhofs-Büreau
restante; 4) nach Bern, Bahnhofs-Büreau restante.

Nun leben Sie wohl! Es gibt keine Gerechtigkeit, wenn
ich dieses Weib nicht erlange. Denn so hat sich noch nie ein
Mensch für ein Weib abgequält, abgehärmt, abgezehrt!

Schon die physische Arbeit — ich habe heute vielleicht
60 Briefseiten geschrieben — Alles in Todesangst — würde
aufreiben, geschweige diese furchtbare Pein.

Mehr todt als lebendig,   Ihr

F. L."

Nachstehend laffen wir nun die telegraphischen Depeschen
folgen, die, so lange als Laffalle noch in München blieb, entweder bei ihm eintrafen oder von ihm abgesandt wurden.

Telegramm Nr. 2388.
„Bern, den 20. August 1 Uhr.
Herrn Laffalle in München.

Reise gleich Genf. Hôtel Metropole; schreibe heute Brief;
jedenfalls abwarten; dort bleiben.   Sophie."

Antwort:

Telegramm Nr. 735.
„München, 20. August.
An Gräfin Hatzfeldt in Genf.

Darf ich nicht vor Ankunft Ihres Briefes abreisen?
Montag oder Dienstag? Habe wichtige Demarche in Händen.
Briefinhalt ja mündlich mittheilbar; nur nöthig, daß Sie vor
meiner Ankunft Henri eindringlich gesprochen haben. Telegraphische Antwort.   Ferdinand."

Telegramm Nr. 10,537.
„Genf, 20. August 1864.

Ferdinand Laffalle. München, Hôtel Oberpollinger.
Henri's Brief vor Lesung des Deinigen geschrieben, nach

Lesung aber folgte mündliche Bestätigung. Will noch hoffen. Schreib Henri, würdest frühere Briefe nur persönlich zurück= geben. Wilhelm."

Antwort:

Telegramm Nr. 728.

„München, 20. August 1864.
Hältst Du Henri's Willen für innerlich geändert oder blos gebrochen? Telegraphische Antwort. Am 18. abgesandter Brief noch nicht da. Gestern Dir und Henri gemeinschaftlich geschrieben. Abendbrief gib Henri nicht, wenn Du im Ge= ringsten Verrath seines wichtigen Inhalts befürchtest, sondern erwarte dann zuvor Dir abgesandten Brief vom 20.

Julian,"

Télégramme 10,080.
„Klein-Wabern, le 17 août 1864.
Mons. Ferd. Lassalle.
J'arrive d'un voyage, aucunes nouvelles récentes, je vous envoie lettres. Gemma Arson."

Antwort:
Madame Arson.
„19. août.
Lettre reçue. Soyez benie, faites ce que Comtesse vous priera, après qu'elle aura reçu ma lettre d'hier qu'elle doit attendre à Berne. Vous bénirai toujours."*)

Nachdem die Gräfin Hatzfeldt in Genf eingetroffen war, bekehrte sie ihren Freund Rüstow zu ihrer Ansicht, daß Lassalle nicht nach Genf kommen dürfe. Dieser dagegen, welcher der Gräfin nicht ganz traute, wollte sich nicht fern halten lassen, sondern selbst am Platze sein, um die Entscheidung herbeizu= führen. Es wurden nun in Folge hiervon folgende Depeschen ausgetauscht:

---

*) Zu Deutsch: „Kleinwabern, den 17. August 1864. Herrn Ferd. Lassalle. Ich lange von einer Reise an, keine frischen Nachrichten, ich schicke Ihnen Briefe. Gemma Arson."
Antwort: „An Frau Arson. Brief empfangen. Seien Sie gesegnet. Thun Sie, worum Sie Gräfin ersuchen wird, nachdem sie meinen gestrigen Brief, den sie in Bern abwarten soll, empfangen hat. Werde Sie stets segnen."
Die Briefe, welche Lassalle zugeschickt erhielt, waren jene von Helenen an Frau Arson unterm 5. und 6. August geschriebenen. Der begleitende Brief der Arson bietet wenig Interesse.

Rüstow an Lassalle.
Telegramm Nr. 12,428.
„Genf, 21. August 1864.
Ferdinand Lassalle. München. Hôtel Oberpollinger.
Sophie eben Brief erhalten, ich noch nicht. Wir sagen Dir:
sistire Deine Notar-Maßregeln. Jetzt geradezu gefährlich.
Alles hängt an Henri. Erwarte dort unsere Briefe. Laß
Sophie absolut nothwendige Zeit. Kaltes Blut.
Wilhelm.“

Sophie von Hatzfeld an Lassalle.
Telegramm Nr. 12,087.
„Genf, 21. August.
München bleiben, bis ich telegraphire. Hier schaden,
Heinrich noch nicht gesehen. Briefe heute.
Sophie.“

Lassalle an Sophie von Hatzfeldt.
Telegramm Nr. 734.
„München, den 21. August.
Abreise nicht länger als Dinstag, spätestens Mittwoch
verschieben. Beauftragter*) — siehe Brief nach Genf, poste
restante — drängt. Eilen Sie, Haupt-Terrain zu verbessern,
eventuelle Verbesserung sofort telegraphiren, damit dann noch
Dinstag ohne Ihren Brief reise. Ferdinand.“

Rüstow an Lassalle.
Telegramm Nr. 12,166.
„An Ferdinand Lassalle. Hôtel Oberpollinger, München.
— Heute beim Wallachen. Brief unterwegs an Dich, Furcht
ist da, keine Besserung. Wilhelm.“

Lassalle an Sophie von Hatzfeldt.
Telegramm Nr. 762.
„München, den 21. August.
Muß Dinstag Mittags absolut reisen. Bin Mittwoch
früh 10 Bern, Bernerhof, um 2 weiter nach Genf. Inhalt
des Genfer Briefs mir nochmals nach Bern, Bernerhof, Hôtel
restante, schreiben, weil ihn vielleicht verfehle. Wir können
auch in Genf einen Tag inkognito sein und Anwesenheit also
nicht schaden! Telegraphische Antwort.
Ferdinand.“

*) Dr. Haenle.

Sophie von Hatzfeldt und Rüstow an Lassalle.
Telegramm Nr. 12,639.

Genf, 22. August 1864.

An Ferdinand Lassalle. München, Hôtel Oberpollinger.
— Ueber Verhältnisse im Irrthum, Henri schlimmer, unver-
schämter als irgend denkbar. Hat Sophien frech aus freiem
Willen jede Antwort verweigert, überhaupt von Zwang nicht
die Rede. Maßregel notarieller Vorladung, um vermeintlichen
Zwang zu beseitigen, kann jetzt nur zu entschieden erklärtem
Nein Henri's führen. Also damit bis zuletzt zurückhalten.
Vater pocht noch auf seine Stelle, gibt Henri Vorwand, sich
für diese Stellung zu opfern; diesen Vorwand entziehen. Vater
Furcht einjagen, jetzt Hauptsache. Also das Wichtigste Brief
vom Chef des Vaters an ihn folgenden Inhalts: Beim Chef
angelangte Denunziation gegen Vater kompromittirte dessen
Stellung, schriftliche Beweise lägen vor, vollständiges Recht
Julians, unglaubliches Benehmen Henri's; leider seien schon
Dinge geschehen, die mit öffentlicher Stellung kaum vereinbar;
Chef fordere entschieden vom Vater, Lösung in Julian vollkommen genugthuender Weise zu befördern, Skandal zu vermeiden, der nur auf Vater und Henri zurückfalle. Haenle's
schleunige Herkunft vortrefflich und unerläßlich. Sobald Du
den Brief erlangt, schleunigst mit Haenle herkommen.

Sophie. Wilhelm."

Erst vor zwei Tagen hatte Rüstow an Lassalle telegraphirt:
„Schreib Henri, würdest frühere Briefe nur persönlich zurückgeben." Lassalle war diesem Wunsche nachgekommen. Dieses
vor zwei Tagen abgefaßte Telegramm hatte zur Voraussetzung,
daß Lassalle's Anwesenheit in Genf nothwendig sei. Plötzlich
aber (nach der Ankunft Sophiens) ändert Rüstow seine Ansicht
und ersucht Lassalle, in München zu warten. Das am
22. August gemeinschaftlich mit Sophien von Rüstow abge-
sandte lange Telegramm stand also zu Rüstow's früherem Telegramme in eklatantem Widerspruche, denn Lassalle sollte durch
dasselbe in München zurückgehalten werden. Ferner stand es
im Widerspruche zu sich selber, insofern es am Anfang das
Verschieben der notariellen Maßregel für völlig nothwendig
erklärte, dagegen am Ende „Haenle's schleunige Herkunft vortrefflich und unerläßlich" nannte. Zwischen den Zeilen war
zu lesen, daß Haenle einstweilen ohne Lassalle kommen sollte;
doch stand hintennach der gute Rath: „Sobald Du den Brief

erlangt, schleunigst mit Haenle herkommen." Gegen eine solche konfuse Rathgeberei hatte Lassalle allen Grund auf der Hut zu sein und seine Abreise zu beschleunigen. Es kam hinzu, daß durch die Zusendung dieses langen Telegramms, worin Helenens Wille für vollständig frei erklärt ward, eine große Unvorsichtigkeit begangen wurde. Denn die telegraphischen Depeschen wurden in Baiern alle der Regierung mitgetheilt und von dieser gelesen. Was mußte nun der Minister des Auswärtigen, der soeben das offiziöse Kommissariat angeordnet hatte, von der Sache denken, wenn er erfuhr, daß er (der Chef des schweizerischen Gesandten) als Mittel benutzt werden sollte, um Herrn von Dönniges einzuschüchtern, weil Helenen kein Zwang angethan sei? Lassalle war wüthend und rüstete sich auf der Stelle zur Abreise nach Genf. Seine telegraphische Antworts-Depesche lautete:

Lassalle an Gräfin Hatzfeldt.

Telegramm Nr. 814.

„München, 22. August.

Comtesse Hatzfeldt. Hôtel Métropole. Genève. — Meisterhafte Depesche! Redaktion von unvergleichlicher Vorsicht! Sublimer Verstand! Außerdem nun mich über zwei Tage umsonst zurückgehalten! Meine Absicht ohnehin längst diese, und Brief halb und halb dazu hinreichend. Wir treffen Mittwoch früh 10 Uhr Bern, Abends 7 Uhr Genf ein. Erst mich allein sprechen. Jultan."

Diese Depesche blieb in Anbetracht des rechthaberischen Charakters der Gräfin natürlich nicht ohne Erwiderung. Ihre Antwortsdepesche nebst zwei anderen sich an sie anknüpfenden Depeschen folgt nachstehend:

1.

Sophie von Hatzfeldt an Lassalle.

Telegramm Nr. 12,956.

„Genf, 22. August 1864.

Herrn Lassalle. München, Hôtel Oberpollinger. — Durchaus nicht jetzt Notarmaßregel. Wollen Sie entschiedenes Nein von Henri selbst am Arm des Wallachen? Alles wäre ganz verloren. Ruhe, Zeitgewinn. Einschüchterungen geben Hoffnung des Gelingens. Heute noch einmal Depesche ausführlich. Dort bleiben. Sophie."

2.
Lassalle an Sophie von Hatzfeldt.

Telegramm Nr. 788.

„München, 22. August.

An Gräfin Hatzfeldt in Genf, Hôtel Metropole. — Kann Notarschritt dort sistiren, unmöglich aber Abreise über Dinstag hinausschieben. Steht nicht bei mir.

Ferdinand.“

3.
Sophie von Hatzfeldt und Rüstow an Lassalle.

„Genf, 22. August.

An F. Lassalle. Glaube uns dieses Eine Mal. Kannst von hiesiger Lage keinen Begriff haben.

Sophie und Wilhelm.“

———

Somit erschien nun bald Lassalle selbst an Ort und Stelle, um die Entscheidung herbeizuführen. Ehe wir jedoch gegenwärtiges Kapitel schließen, müssen wir noch einige Briefe nachtragen, die Lassalle in München empfing oder schrieb. Zuvörderst müssen wir drei Briefe des Berliner Rechtsanwalts Holthoff kennen lernen, weil sie dazu beitrugen, Lassalle in dem Glauben zu bestärken, daß er Helene wieder gewinnen könne. Sie lauteten:

1.

„Berlin, den 15. August.

Lieber Freund!

Am Freitag Abends bin ich auf einige Tage von hier verreist und kehre soeben, Montag Nachmittags, zurück, um vier Briefe zu finden, die mich im höchsten Grade bekümmern; drei von Ihnen, der letzte mit einem Couvert vom 11. Ich thue für jetzt Nichts, bevor ich nicht eine weitere Antwort von Ihnen habe. Der vierte von Helenen, ohne Datum in Bex am 9. auf die Post gegeben — nun erst datirt! — 8. August im Gebirge auf der Reise — meldet im strengsten Geschäftsstyl, ohne auch nur die gewöhnlichsten Höflichkeitsformen, daß sie Alles zurücknehme, was sie mir anfangs August aus Bern geschrieben. Der Brief ist augenscheinlich unter dem äußersten Drucke abgefaßt, mit rothen Lettern, die mir wie aus dem Herzen getropft erscheinen.

11*

Das arme Kind! Warum konnte ihr diese Tragödie nicht erspart werden! Ich glaube, Sie müssen in Ruhe abwarten, so unmöglich Ihnen Das auch erscheinen mag. Es wird die Zeit kommen, und nicht einmal Wochen können darüber vergehen, wo Sie die Partie in der Hand haben.

An eine plötzliche Heirath mit dem Wallachen ist nicht zu denken. Er ist nicht in der unabhängigen Stellung, einen solchen Schritt thun zu können. Sie werden zum Ziel kommen, dafür bürgt mir Ihre Energie.

Ihr

Holthoff."

2.

„Berlin, den 17. August.

Lieber Freund!

Als ich Montag Mittags nach zweitägiger Abwesenheit ankam, fand ich drei Briefe von Ihnen, einen von Helenen vor. Der letzte, datirt den 8. auf der Reise im Gebirge, zur Post gegeben in Bex, meldet mir in der sterilsten, jeder Courtoisie entbehrenden Form, daß sie Alles, was sie mir anfangs August aus Bern geschrieben, freiwillig und aus Ueberzeugung widerrufe.

Es ist offenbar das Diktat des Vaters, und nach Ihren Mittheilungen habe ich auch den Schlüssel für die Möglichkeit eines solchen Schrittes.

Was soll das arme Kind der rohen Gewalt gegenüber thun, als nachgeben mit der Reservation (dem Vorbehalt), die Fesseln abzuschütteln, sowie der Moment gekommen ist? Und er wird kommen. Sie müssen aber Gebuld haben!

Dem Vater habe ich nicht geschrieben, weil ich nicht weiß, ob Sie es nach dem Brief von Helenen noch gerathen finden. Die Besorgniß einer übereilten Heirath mit dem Wallachen liegt nicht vor. Er ist nicht unabhängig, daß er einen solchen Schritt thun könnte. Meine Meinung ist daher — da Sie auch, wie ich leider erwarte, in München nichts erreichen werden — ruhig Ihre Stunde abzuwarten, die nicht lange ausbleiben kann.

Sie sind wohl Mann genug dazu, Sich zur Wehr zu setzen und Sieger zu bleiben, wäre es nicht anders, mit verstümmelten Gliedern.

Ihr

Holthoff."

3.

„Berlin, ben 20. August.

Lieber Laſſalle!

Der alte D(önniges) iſt Nichts weiter als ein vollſtändiger Egoiſt. Einzig und allein die Beſorgniß, durch die Heirath in ſeiner Stellung kompromittirt zu werden, iſt — nach meiner Ueberzeugung — der Grund, warum der Herr Geſandte einen ſo unverſchämten Lärm ſchlägt. Dagegen kann nun allenfalls vielleicht ſein vorgeſetzter Miniſter — von Schrenk — helfen. Vor Allem ſcheint es mir aber nöthig, daß Sie ſich über die Stimmung Helenens vergewiſſern. Ich zweifle zwar nicht daran, daß ihr der Brief an mich abgepreßt war. Sie hat aus Liſt oder der Gewalt weichend geſchrieben.

Möglich iſt es aber immerhin, daß ſie ſich in einen wahren Taumel der Kindesliebe hat hineinſchrecken laſſen. Mein Rath iſt, daß Sie, die angeknüpfte Verbindung benutzend, ihr einen Brief in die Hand ſpielen und von ihr ſelbſt eine Erklärung ihrer Handlungsweiſe zu erhalten ſuchen.

Nach Genf würde ich an Ihrer Stelle nicht gehen. Auch können Sie vor der Hand wohl nur auf briefliche Mittheilung rechnen, und darum iſt Ihre perſönliche Anweſenheit nicht nöthig.

Daß Helene in Genf iſt, wiſſen Sie gewiß? Mit ihren Verwandten hier fehlt mir zur Zeit jede Verbindung.

Zunächſt müſſen Sie wiſſen: was will ſie?

Geben Sie baldige Nachricht

Ihrem

Holthoff.“

Der Brief, welchen Rüſtow von Helenen für Laſſalle empfangen hatte, lautete:

„Sr. Wohlgeboren Herrn Laſſalle!

Nachdem ich mich von ganzem Herzen und in tiefſter Reue über die von mir unternommenen Schritte wieder mit meinem verlobten Bräutigam Herrn Yanko von Racowitza ausgeſöhnt und deſſen Liebe und Verzeihung wieder gewonnen habe; nach=dem ich davon auch Ihrem Rechtsanwalt, Herrn Holthoff in Berlin Nachricht, gegeben habe, bevor ich deſſen abmahnen= den Brief erhielt, — erkläre ich Ihnen freiwillig und aus voller Ueberzeugung, daß von einer Ver= bindung zwiſchen uns nie die Rede ſein kann, daß ich mich von Ihnen in jeder Beziehung losſage und feſt entſchloſſen bin, meinem verlobten Bräutigam ewige Liebe und Treue zu widmen.

Helene von Dönniges."

Wie oben mitgetheilt wurde, hatte Rüſtow angerathen, Laſſalle ſollte an Helene ſchreiben, daß er ihr ihre Briefe nur perſönlich zurückgeben werde. Hierdurch hatte Rüſtow Helene zu einer Zuſammenkunft mit Laſſalle bewegen zu können geglaubt. Dies veranlaßte den nunmehr halbwegs enttäuſchten Laſſalle zu nachſtehender Antwort:

Laſſalle an Rüſtow.

„München, 20. Auguſt.

O Freund, armer Freund! Welche traurige Depeſchen mußt Du mir erlaſſen! Iſt ſolcher Verrath je dageweſen? Habe gerade ich Das verdient, das treueſte Herz dieſer Erde! Höre!

1) Hier haſt Du den Brief, den Du für Helene forderſt, daß ich ihr ihre Briefe jedenfalls nie anders als perſönlich zurückgeben würde.

Iſt das Deine ganze Hoffnung — wie ſchwach iſt ſie!

2) Geſtern ſchrieb ich Dir einen Dir und Helenen gemeinſamen Brief.

Du darfſt ihn aber Helenen nur laſſen, wenn Du ganz ſicher biſt, daß Helene nicht verräth, was drin ſteht, und ihn nicht ausliefert. Biſt Du nicht ganz ſicher, ſo darfſt Du ihn ihr keinenfalls laſſen, ſondern höchſtens vorleſen. Und fürchteſt Du, ſie werde verrathen, ſo darfſt Du ihn ihr auch nicht einmal vorleſen, denn des Miniſters Demarche (Maßregel): Haenle's Auftrag mit des Miniſters Brief darf keinenfalls dem alten Dönniges verrathen werden. Sie muß ihn überraſchen wie ein Blitz aus heiterer Luft, ſonſt verpufft ſie wirkungslos.

Biſt Du alſo nicht ganz ſicher, daß Helene — jetzt iſt Alles zu befürchten — nicht verräth, ſo theile ihr auch nicht einmal den Inhalt des Briefes mit.

Den hier beiliegenden aber gib ihr jedenfalls.

3) Deinen und Helenens Brief habe ich — Sonnabend Nachmittags 4½ Uhr — noch immer nicht erhalten, obſchon Du ihn am 18. abgeſchickt, und es iſt heut' der 20.

4) Heute bekommen wir des Miniſters Brief, und ich hätte, wenn ich gewollt hätte, ſchon morgen (Sonntag) oder jedenfalls Montag reiſen können und müſſen, habe aber, damit Du und die Gräfin noch Zeit haben, die Abreiſe auf Dinstag

(früh 6 Uhr) verschoben; denn Du begreifst, daß durch Haenle's Mission noch viel mehr verdorben wird, wenn Helene ihm wirklich erklärt: Ich will ihn nicht mehr.

Jetzt bekomme ich sogar aber noch folgende Depesche der Gräfin: „Ich reise gleich Genf; Hôtel Metropole; schreibe heute Briefe; jedenfalls abwarten; dort bleiben. 20. August, 1 Uhr."

Dies scheint mir zu zeigen, daß auch sie erst das bei Helene verlorene Terrain wiederherstellen will. Ich werde also die Abreise bis zu Mittwoch früh 6 Uhr (denn ihr Brief von heut kann erst Dinstag früh 9 Uhr hier sein), obwohl höchst ungern, verschieben. Es ist um so schwieriger, als Haenle, der später keine freie Zeit mehr hat, gegen Verschiebung ist.

Erlebst Du nur irgend ein Zeichen von Besserung in Helenens Gesinnung für mich, so telegraphire mir sofort: „„Besserung da, komme gleich!"" Damit ich dann, je nachdem Deine Depesche eintrifft, noch Dinstag oder Montag abreise.

Und glaubst Du, daß Hopfen und Malz an ihr verloren, so telegraphire mir: „„Zeitverlust überflüssig."" Ich komme dann auch gleich mit Haenle!

Ich Unglücklicher! Ich hätte nicht verdient, auf eine so Unwürdige zu treffen.

F. Lassalle."

Für Helene war folgender Brief eingelegt:

Lassalle an Fräulein von Dönniges.

„München, 20. August.

Helene!

Ich schreibe Dir den Tod im Herzen. Rüstow's Depesche hat mich tödtlich getroffen. Du, Du verräthst mich! Es ist unmöglich! Noch, noch kann ich an so viel Felonie, so furchtbaren Verrath nicht glauben. Man hat Deinen Willen vielleicht momentan gebeugt, gebrochen, Dich Dir Selbst entfremdet; aber es ist nicht denkbar, daß Dies Dein wahrer, Dein bleibender Wille sei. Du kannst nicht jede Scham, jede Liebe, jede Treue, jede Wahrheit von Dir geworfen haben bis zu diesem äußersten Grade! Du würdest in Verruf gebracht und entehrt haben Alles, was Menschenantlitz trägt — Lüge wäre jedes beßere Gefühl, und wenn Du gelogen hast, wenn Du fähig bist, diesen letzten Grad der Verworfenheit zu erreichen, so heilige Eide zu brechen und das treueste Herz zu zerstören — unter der Sonne gäbe es Nichts mehr, woran irgend ein Mensch noch glauben dürfte!

Du haft mich mit dem Willen erfüllt, nach Deinem Besitz zu ringen; Du haft gefordert, zuerst alle konvenablen Mittel zu erschöpfen, statt Dich von Wabern zu entführen; Du haft mir die heiligsten Eide mündlich und brieflich geschworen; Du haft mir noch in Deinem letzten Schreiben erklärt, daß Du Nichts, Nichts bist, als mein liebendes Weib, und daß keine Gewalt der Erde Dich abhalten soll, diesen Entschluß auszuführen — — Und nachdem Du dieses treue Herz, das, wenn es sich einmal ergibt, sich für Immer ergeben hat, gewaltsam an Dich ge- zogen — schleuderst Du mich, nachdem der Kampf kaum be- gonnen, nach vierzehn Tagen hohnlachend in den Abgrund, verräthst und zerstörst mich? Ja, es wäre Dir gelungen, was nie einem Schicksal gelang. Du hätteft den härteften Mann, der allen äußeren Stürmen stand ohne zu zucken, zertrümmert, zerbrochen!

Diesen Verrath könnte ich nicht überwinden! Ich werde von Innen heraus getödtet! Es ist nicht möglich, daß Du so ehrlos, so schamlos, so pflichtlos, so ganz und gar schändlich und unwürdig bist! Du würdest meinen furchtbarsten Haß und die Verachtung einer Welt verdienen!

Helene! Es ist nicht Dein Entschluß, den Du Rüstow mitgetheilt haft. Durch Mißbrauch guter Gefühle hat man ihn in Dir hervorgerufen! Du würdest ihn — höre, o höre mein Wort! — wenn Du jetzt an ihm festhieltest, beweinen Dein Lebelang!

Helene, treu meinem Wort „je me charge du reste"*) sitze ich hier und thue alle Schritte, den Widerstand Deines Vaters zu brechen. Bereits habe ich treffliche Mittel in der Hand, die gewiß nicht wirkungslos bleiben.

Und führten sie nicht zum Ziel, noch besitze ich tausend und tausend Mittel und will alle Hindernisse zu Staub zerreiben, wenn Du treu bleibst! Denn weder meine Kraft, noch meine Liebe zu Dir hat Gränzen: Je me charge toujours du reste!**) Die Bataille ist ja kaum engagirt, Kleinmüthige!

Und während ich hier sitze und Unmögliches bereits er- reicht habe, verräthst Du mich dort auf die Schmeichelworte eines andern Mannes!

Helene! Mein Schicksal steht in Deiner Hand! Aber wenn

---

*) Ich nehme das Uebrige auf mich.
**) Ich nehme noch immer alles Uebrige auf mich.

Du mich zerbrichst durch diesen bübischen Verrath, den ich nicht überwinde, so möge mein Loos auf Dich zurückfallen und mein Fluch Dich bis zum Grabe verfolgen! Es ist der Fluch des treuesten, von Dir tückisch ge-brochenen Herzens, mit dem Du das schändlichste Spiel getrieben. Er trifft sicher!

Nach Rüstow's Depesche willst Du Deine Briefe zurück. Du würdest sie jedenfalls niemals anders bekommen, als von mir nach einer persönlichen Unterredung. Denn jedenfalls noch einmal will und muß ich Dich persönlich und allein sprechen. Ich will und muß das Todesurtheil aus Deinem eigenen Munde hören. Nur so werde ich glauben, was sonst unmöglich scheint!

Ich betreibe hier weiter die Schritte, Dich von Hier aus zu erringen und komme dann nach Genf!

Mein Loos über Dich, Helene!

F. Lassalle."

Vorstehender Brief wurde nicht an Helene abgegeben, ob-wohl er allein noch im Stande gewesen wäre, auf sie Eindruck zu machen. Zwar hatte Lassalle an Rüstow geschrieben: „Den hier beifolgenden aber gib ihr jedenfalls;" und die einbring-liche Sprache des Briefes sollte Helene für ihre vor dem Notar abzugebende Willenserklärung vorbereiten; allein auf Rüstow machte jetzt die Gräfin Hatzfeldt ihren verderblichen Einfluß geltend und verhinderte den zum Gelingen des offiziösen Kom-missariats Dr. Haenle's nöthigen Schritt. Wenn somit, wie wir sehen werden, einestheils die Gräfin Hatzfeldt mit ihrer „wilden Beredtsamkeit" Helene nicht bearbeitete, während andern-theils das einzige Schreiben, welches auf die Geliebte hätte einwirken können, nicht überreicht wurde: so mußte, da ohne-hin die Sache sehr ungünstig stand, Alles fehl schlagen und Lassalle zur Verzweiflung getrieben werden.

An Rüstow sandte Lassalle noch einen Brief ab, aus dessen Eingange wir eine Stelle auslassen, durch die Rüstow, um in Lassalle's Namen von Helenen Besitz zu ergreifen, zu Etwas ermächtigt wird, das nicht mit den gewöhnlichen An-sichten von reiner Liebe im Einklange steht, außerdem auch wegen des Preßgesetzes nicht druckfähig ist. Lassalle hatte jetzt schon Helenens Absagebrief erhalten, gab aber deshalb noch nicht alle Hoffnung auf. Sein Brief an Rüstow ist psycho-

logisch wichtig, weil er uns zeigt, was für einen Eindruck der
Absagebrief auf ihn gemacht hatte. Außerdem ist der betreffende Brief auch noch deshalb bemerkenswerth, weil Lassalle
von Holthoff den Verdacht der Doppelzüngigkeit und Intrigue,
den das Absageschreiben Helenens auf denselben geworfen hat,
abzuwälzen sucht. Hören wir also Lassalle schriftlich sprechen:

Lassalle an Rüstow.

„Sonntag, 21. August Abends.

Lieber Freund!

Ich bekomme eben Deinen Brief vom 19.*)

Ich approbire Alles, wenn es nur sicher hilft. Entführung: mit List, mit Gewalt. Ja selbst, daß Du — — —

Jedes Mittel, das sicher hilft, ist mir nicht nur recht,
sondern auch absolut gleich.

Lege Dich daher auf die großen Mittel. Nur müssen
sie freilich ganz sicher sein, damit sie nicht blos verderben,
was ich hier erlangt habe.

Holthoff thust Du Unrecht. Er hat den „„abmahnenden““
Brief nicht geschrieben, den Helene in jenem Brief (dem Absagebrief) ihm unterschiebt. Er ist vielmehr entrüstet über die Familie
und thut, was er kann: Das ist aber freilich so gut wie gar
Nichts.

Sophie schreibt, Madame Arson habe ihr alles Mögliche
versprochen; und die Gräfin scheint sich darauf zu verlassen.

Den Brief des Ministers haben wir in der Hand und
wären schon heut' abgereist, wenn die Gräfin mich nicht durch
ihre Depesche zurückhielte. Sie telegraphirte mir, ich solle
durchaus hier bleiben, könne dort nur schaden.

Aber Dinstag Mittags muß ich absolut — Haenle's
wegen — von hier abreisen, bin Mittwoch 10 Uhr 34 Minuten im Bernerhof zu Bern und frage dort nach Briefen und
Depeschen Hôtel restante, und lange dann mit dem um 2 Uhr
abgehenden Zuge (7 Uhr) in Genf an.

Ist es absolut nothwendig, so kann von Bern aus
Dr. Haenle auf ein bis zwei Tage ins Berner Oberland

---

*) Die von Rüstow nach München geschriebenen Briefe werden wir
im folgenden Kapitel kennen lernen. Der hier erwähnte Brief war am
18. geschrieben, aber wahrscheinlich erst am 19. abgegangen.

gehen, daß er gern sehen will, und ich Mittwoch Abends allein und incognito im Hôtel Metropole in Genf eintreffen.

Darüber erwarte ich also, wie ich schon heut' der Gräfin telegraphisch angedeutet, Briefe oder Depeschen im Bernerhof.

Alles handelt sich darum, Helene wieder zu gewinnen. Mit dem Alten würde ich sicher fertig werden. Alles handelt sich darum also, daß die Gräfin mit Helenen spricht. Die wird sie schon verarbeiten! Und ebenso darum ihr meine neuesten Briefe — auch noch den alten silberpapiernen — soweit mittheilen, als nicht aus demselben die hiesige Demarche hervorgeht. Denn in dem jetzigen Augenblick hat man sie in einen solchen Taumel von Kindesliebe hineingesprochen, daß ich sie sogar für fähig halte, die hiesige Demarche dem Alten zu verrathen, und dann kann er sich gegen sie garbiren (auf der Hut setzen), und sie ist verloren.

Wohl aber muß man Helenen mittheilen, daß die Hülfe von hier nahe sei und ihr so wieder Muth machen.

Denn Hoffnungslosigkeit erklärt die Hälfte ihres Zustandes.

Der Alte hat Dir gegenüber jeu serré*) gespielt — aber ein ganz verlogenes Spiel. In den Briefen Helenens an die Arson heißt es: „On ouvre toutes mes lettres, — — je suis enfermée depuis jeudi matin — — je pars ou plutôt on me part etc."**) Das ist Sequestration pure et simple. Zugleich ruft sie in der erschütterndsten Weise den Tod herbei — ist aber schon gebrochen. Warum setzte ich sie Kämpfen aus? Ich bin der Esel! Dabei bleibt es.

Du hast Dich bei Dönniges sehr gut benommen. Vor allen Dingen stelle eine Briefverbindung her.

Dein trostloser

F. Lassalle."

Nun folgten die bereits mitgetheilten telegraphischen Depeschen, worin Rüstow mit der inzwischen nach Genf gelangten Sophie von Hatzfeldt Lassalle zu bewegen sucht, nicht an Ort

---

*) Sehr ernsthaftes Spiel, entschlossenes Spiel.
**) Man öffnet alle meine Briefe — ich bin eingeschlossen seit Donnerstag Morgen — ich reise ab, oder richtiger, man zwingt mich zu gehen u. s. w.

und Stelle zu kommen, sondern der Gräfin das Feld allein zu überlassen. Rüstow und Sophie telegraphirten an Lassalle: „Glaube uns nur dieses Eine Mal!"

Allein er glaubte nicht.

Lassalle reiste am 23. August von München ab. Unterwegs sandte er folgende Depesche nach Genf:

Lassalle an Sophie von Hatzfeldt.

Telegramm Nr. 2190.

„Olten, 24. August, 7 Uhr 20 M. Vormittags.

Gräfin Hatzfeldt in Genf. Passiren eben Olten, um 7 Uhr in Genf, zwei gute Zimmer für mich und Begleiter; will Sie und Wilhelm zuerst allein sprechen.

Ferdinand."

Siebentes Kapitel.

Die Vorgänge in Genf während Lassalle's Münchener Abwesenheit.

Die Abwesenheit Lassalle's von Genf dauerte elf Tage. Es muß uns daran gelegen sein, genau zu kennen, was sich mittlerweile daselbst zutrug. Als Lassalle Genf verließ, wußte er positiv, daß Helene verreist war. Indem er jedoch die Möglichkeit voraussetzte, daß sie nebst der Familie bald zurückkehrte, setzte er Rüstow zu seinem Bevollmächtigten ein und ließ durch denselben die Situation scharf überwachen. Die Rüstow ertheilte Vollmacht ist uns bereits ihrem Wortlaut nach bekannt. Wir wissen auch, daß Dr. Arndt nach Berlin gereist war, um den verlobten Bräutigam Helenens, den Wallachen Yanko von Racowitza, herbeizuholen, damit zwischen diesem und Helenen eine Aussöhnung erfolge und der Bruch mit Lassalle vollständig und unheilbar werde. Dr. Arndt kam mit dem Bräutigam in Wallis an, wo Helene und Yanko sich einander Erklärungen gaben, sich verständigten und schließlich, da die alte Liebe nicht rostet, einander entzückt in die Arme fielen. Nun kam die Familie Dönniges, Helene mit eingeschlossen, zurück nach Genf. Begreiflicherweise kam auch der Bräutigam und Dr. Arndt mit herbei, die Beide im Hause des Herrn von Dönniges, in der Campagne Vaucher, sich niederließen. Warum hätte Helene auch, wie sie in ihrem glühenden Briefe vom 26. Juli aus Wabern an Lassalle nach Rigi geschrieben, „mit kalter Hand ein treues Herz, das ihr mit wahrer Liebe ergeben war, tödten" und „mit krassem Egoismus einen schönen Jugendtraum, der — verwirklicht — das Glück, das Lebensglück eines edlen Menschen machen" konnte, vernichten sollen?! Während also Lassalle bei dem Bischof von Mainz und bei dem baierischen Minister der auswärtigen Angelegenheiten Helene aus der vermeintlichen brutalen Gewalt ihres Vaters zu befreien Schritte that, schwelgte Helene in den Freuden erneuter Liebe mit Yanko von Racowitza.

Um Rüstow bei Helenen einzuführen, hatte Lassalle folgen=
des Schreiben bei seiner Abreise ihm zugestellt:

„Genf, 12. August.

Helene!

Der Uebersender dieser Zeilen ist mein Freund, der Oberst
Rüstow, der mich ganz vertritt und dessen Anweisungen Du
nachzukommen hast, wie meinen eignen. Er hat überdies zwei
wichtige Briefe von mir für Dich, wird Dir aber zuerst nur
diesen Zettel zukommen lassen.   F. Lassalle.

Sowie Rüstow Deine schriftliche Antwort hat, daß Du
diesen Brief richtig erhalten, empfängst Du die beiden Briefe
von ihm, die ich ihm zu diesem Zweck gelassen. Erst den
einen, dann den zweiten, nachdem er wieder über jenen schrift=
liche Empfangsanzeige von Dir hat. — Antworte Rüstow
ausführlich, so daß er schon aus dem Inhalt erkennen kann,
daß der Brief wirklich von Dir kömmt. Mit ihm kannst
Du Alles ohne jede gêne*) besprechen, er ist mein alter
ego!**)   F. L."

Rüstow schrieb demzufolge, indem er die Lassalle'schen
Schreiben zu besorgen beflissen war, an das Fräulein:

Rüstow an Helene von Dönniges.

„Ich bitte Sie, meine Gnädigste, mir eine Zeile Ant=
wort für Lassalle zugehen zu lassen. Er ist in Verzweiflung.
Sei die Antwort, welche sie wolle! Gewißheit ist am Ende
weniger tödtlich, als die Qual der Ungewißheit. Er glaubt
an Sie. Sagen Sie mir, ob er ein Recht dazu hat.

Für den Fall, meine Gnädige, daß es Ihnen unmög=
lich wäre, durch die Ueberbringerin Antwort an mich gelangen
zu lassen, bitte ich Sie, es in einem Briefe unter der Adresse

A B C 12

poste restante   Genève

zu thun; ich werde morgen, Donnerstag Mittags, auf der
Post nachfragen, dann wieder übermorgen. Ich mag die wich=
tigen Briefe, deren auch Mr. L(esle)y einen hat, nicht eher
zukommen lassen, als bis ich sicher bin, daß Sie überhaupt
antworten können.   Rüstow."

Kaum war die Familie Dönniges nach Genf zurückge=
kehrt, als Rüstow, der strenge Wache hielt, davon benachrichtigt

---

*) Befangenheit.
**) Mein zweites Ich.

wurde. Da er seine Karte beim Grafen Keyserling abgegeben hatte, besuchte ihn dieser. Ebenso kam zu ihm Dr. Arndt, dessen Angelegenheit — er sollte Lassalle beleidigt haben — bald beigelegt wurde. Dr. Arndt legte nämlich in die Hand Klapka's eine Erklärung, welche Lassalle zur vollständigen Genugthuung gereichen mußte.

Rüstow erstattete Lassalle über seine Thätigkeit nachstehende Berichte:

Rüstow an Lassalle.

„Genf, 15. August.

Lieber Lassalle!

Ich komme soeben von der Insel Rousseau, wo ich ein Rendez-vous mit Madame N. N. hatte — um 4 Uhr, also bei hellem Tage. Welchem Verdacht ich mich aussetze! Gott, der in das Inwendige der Menschen sieht, weiß es allein und kann begreifen, welche Opferfähigkeit ich beweise!

Die allgemeinen Mittheilungen der N. N. stimmen mit dem Sonstigen überein — im Speziellen behauptet sie zu wissen, daß Helene nicht mit der ganzen Gesellschaft am Mittwoch zurückkommen, sondern 14 Tage länger ausbleiben wird — und sie behauptet ferner zu wissen, wo Helene sei. Lesley, der heut morgen bei mir war, sagt: Madame Arson wollte Freitag, den 12., nach Wabern zurückkommen. Sie ist nicht gekommen, sondern statt ihrer ein Telegramm, welches sagt, sie verreise und wisse nicht, wann sie wiederkomme. Lesley sagt, sie könne nirgend anderswo hingehen, als zu Helenen. Da sie (Madame Arson) aber nicht über Bern gekommen, sei zu schließen, daß Helene weder in Chambery noch in Basel sei. Einige Andeutungen der Madame N. N. weisen darauf hin, daß sie im südlichen Theile des Kantons Bern oder im Kanton Freiburg ist.

Mein Plan, den Du nach dem Vorigen begreifen wirst, ist: den ganzen Mittwoch hier zu warten, um erst sicher zu wissen, ob Helene hierher mit zurückkommt oder nicht. Wenn nicht, will ich dann am Donnerstag dorthin abgehen, wohin es Madame N. N. mir zeigt. Bis Mittwoch Abends habe ich ihr Geheimniß jedenfalls, ich will nur nicht zu scharf draufgehen, um nicht unnütz Geld fortzuwerfen. Lesley, der eben bei mir war, bleibt bis Mittwoch Abends hier, wird bis dahin Briefe haben und glaubt, daß wir darnach kontroliren können — desto besser. Ich schreibe Dir Alles, dieses der Präparation (Vorbereitung) halber, damit Du meine etwaigen Depeschen besser verstehst. Falls ich weg gehe, nehme ich die N. N. als Geisel ein Stück mit, außerdem irgend einen passenden Kerl. Bei Amberny war ich heute Nachmittags; er hatte nichts Neues. Deine Vollmacht habe ich heute Morgen abgeholt und in der Tasche.

Viele Grüße! Ich warte noch mit dem Schluß. Vielleicht kommt noch Etwas.

Du mußt bei allen meinen Briefen Dies ins Auge fassen, daß ich Dir möglichst genau mittheilen will, was vorgeht, damit Du nicht überrascht wirst. Du mußt nur Das herauslesen, was darin steht; immer bedenken, daß mit den Thatsachen Schlüsse verbunden sind, die möglicherweise falsch sein können.

Lach' mich nicht aus wegen dieser weisen Bemerkung — oder, wenn Du lachen kannst   desto besser!

Rüstow."

Ein anderer Bericht Rüstows lautet:
Rüstow an Lassalle.

„Genf, 17. August.

Lieber Freund!

Du wunderst Dich vielleicht, daß ich nicht telegraphire. Indessen mit gutem Gewissen hätte ich noch keine unserer Formen anwenden können. Es scheint mir darauf anzukommen, daß Du nicht unnütz beunruhigt werdest.

Während ich schon gestern Abends mit Sicherheit eine Antwort von Helenen erwartete, kommt heute Morgen die A. mit unserm Billet zurück und sagt, sie könne es zwar übergeben, aber wie werde sie die Antwort empfangen können? Helene sei beständig mit dem Mr. le baron (Yanko von Rakowitz) zusammen. Ich habe nun dem Billet noch einige Zeilen beigefügt, in welchen ich Helene bitte, für den Fall, daß sie der Ueberbringerin die Antwort nicht übergeben könne, einige Zeilen poste restante unter meiner Adresse und in Chiffern auf die Post zu werfen.

Lesley will im Laufe des heutigen Tages in die Campagne Vaucher gehen. Ich habe ihm für diesen Fall den Brief im Bleipapiere übergeben. Der Amberny'sche Brief darf nicht ohne die vollständigste Sicherheit abgegeben werden.

Die Arson ist nach einer Depesche, die Lesley heute empfangen hat, nach Wabern zurück.

Die Langsamkeit unserer Operationen ist scheußlich en-
nuyant (langweilig), und dennoch muß man die Sache ertragen,
um nicht durch Brusquerie (Ueberstürzung) Alles zu verderben.
Keyserling war gestern bei Klapka und wollte von diesem
zu mir kommen, ist aber noch nicht gekommen; ich suche ihn
nicht, sondern erwarte seine Anzeige, daß er hier ist. Klapka
ist gestern Nachmittags nach Turin verreist und kommt in etwa
zehn Tagen wieder.

Fällt noch irgend etwas Erwähnenswerthes vor, so schreibe
ich noch einmal oder telegraphire. Deine Depesche habe ich
gestern, Deinen Brief (aus Karlsruhe vom 15. August) heute
Früh erhalten.

Rüstow."

Tags darauf, nachdem Rüstow vorstehenden Brief an
Lassalle abgeschickt hatte, gelang es ihm, im Dönniges'schen
Hause einen Besuch abzustatten. Dies glückte deswegen, weil
einestheils der Vater jetzt seiner Tochter sicher zu sein glaubte,
und weil anderntheils die sozialen Gründe, aus denen Herr von
Dönniges Lassalle das Betreten seiner Wohnung verweigert
hatte, bei Rüstow nicht vorzuliegen schienen. Rüstow beschreibt
die Zusammenkunft mit Herrn von Dönniges so:

Rüstow an Lassalle.

„Genf, 18. August.

Lieber Freund!

Nachdem ich Dir telegraphirt habe und in Erwartung
Deiner Antwort schreibe ich Dir. Gestern waren Keyserling, der
von Klapka meine Adresse erhalten, und dann Arndt bei mir.
Letzterer theilte mir mit — die Kleinigkeiten übergehe ich heut
—, daß der alte Dönniges sehr erfreut sein werde, wenn ich
ihm einen Besuch mache. Ich konnte Dies nicht ablehnen.
Die ganze Familie ist in der That verreist gewesen, und
Keyserling und Arndt sind gekommen, sobald sie zurück waren.
Mit Arndt traf gestern unglücklicherweise Lesley zusammen, so
daß ich dem Letztern abrieth, in das Haus des Dönniges zu
gehen. Ich selbst hatte die Bestimmung einer Stunde verlangt, — in Folge der Antwort begab ich mich heut um
9¹/₄ Uhr in die Campagne Vaucher und kehrte erst um 11 Uhr
zurück, um sogleich aufs Telegraphenamt zu gehen.

Der alte Dönniges sagte mir nun, daß er auf keinen
Fall seine Zustimmung zur Verheirathung Helenens mit Dir

geben könne. Unter anderen Umständen würde er möglicher
Weise bloß seine Zustimmung versagt haben, im Uebrigen Helene überlassend, zu handeln, wie sie wolle. Aber Helene
sei verlobt seit vier oder fünf Monaten mit Herrn
von Rakowitz. Er, Dönniges, sei dagegen gewesen,
allein Helene selbst wäre in ihn gedrungen. Nun
habe er den jungen Mann kommen lassen, die Verlobung sei feierlich vollzogen, und er fühle sich durch
seine Ehre gebunden, dies Engagement aufrecht zu
erhalten, falls Rakowitz nicht von selbst zurücktrete,
was er nicht gethan.

Ich machte ihn darauf aufmerksam, dieses sei sein
Standpunkt. Ich müßte den Deinigen auseinandersetzen.
Du habest Helenens Wort, und sie habe Dein Wort. Du
seiest durch Dein Wort gebunden, ganz abgesehen von dem
ihrigen. Du müßtest vorläufig in der Voraussetzung handeln,
nach Allem, was vorgegangen, daß Helene nicht frei sei; sie
stehe unter moralischem und physischem Zwang. Du wärest
verpflichtet, so lange Du Dies annehmen müßtest, auch das
Aeußerste zu wagen, Du dürftest ein Weib, das für Dich den
Schritt in der Pension Bovet gethan, nicht so leichtsinnig
preisgeben.

Darauf protestirte Dönniges feierlich: es herrsche kein
Zwang, Helene sei frei, von Mißhandlungen ꝛc. sei
kein Wort wahr. Er habe eine ruhige Auseinandersetzung
mit ihr gehabt, und sie sei ihm schließlich um den Hals
gefallen und habe ihm die größte Reue bezeugt. Uebrigens
habe er Helenen gesagt, so obenhin blos abbrechen, ohne sich
Dir gegenüber zu erklären, Das gehe nicht; sie müsse die
Suppe ausessen, die sie eingebrockt: sie müsse Dir schreiben.

Ich fragte darauf, ob Helene frei sei, so frei, daß ich
ihr einen Brief von Dir übergeben und daß sie diesen ungehindert lesen dürfe. Er sagte ja. Helene wurde gerufen; sie
übergab mir zunächst den unglücklichen Brief (den Absagebrief)
an Dich, den ihr Vater, ohne ihn zu lesen, in meiner Gegenwart versiegelte. Gemäß Deiner Autorisation habe ich ihn
erbrochen, um zu sehen, ob ich Dir, ehe ich telegraphirte, nicht
einen Funken Hoffnung machen könnte.

Ich übergab ihr darauf Deinen (Amberny'schen), also
den Hauptbrief — sie zog sich zurück, um denselben genau zu
lesen, während ich mit dem Alten allein blieb. Nach einer

halben Stunde kam sie zurück; ich spähte, eine Bewegung in ihr, irgend ein Zeichen in ihren Augen zu entdecken. Ich entdeckte — Nichts. Sie sagte mir, nur mit der gêne, die unter den Umständen, und da ich sie scharf und forschend ansah, das Mindeste war, was sie leisten mußte: Sagen Sie Herrn Lassalle, ich habe seinen Brief gelesen; es ist aber Alles vollkommen so, wie es in dem Briefe steht, den ich Ihnen für Herrn Lassalle übergeben. — Ich sagte ihr darauf noch, ich wäre bereit, jeden ihrer Aufträge auszuführen. — Sie zog sich mit einer Verbeugung zurück.

Nimm mir nicht übel — ich weiß nicht, was ich von dieser Dame denken soll. Vorläufig kann ich nicht anders, als mit offenem Maul vor dieser Verbindung von Thatsachen stillstehen.

Lieber, armer Kerl, die Aktien stehen schändlich schlecht. Es wird Dir nichts Anderes übrig bleiben, als daß Du suchst, noch einmal mit Helenen zusammenzukommen, und dann — unbarmherzig Deine „„Sache"" als Sache behandelst. Das ist das Einzige. — Mein Eindruck von heute ist der, daß ich mir gar kein Gewissen daraus machen würde, wenn die Gelegenheit sich böte, auf Dein Konto ebenso zu verfahren.*)

Der Alte brachte im Laufe des Gesprächs auch Dein Judenthum zum Vorschein. Als ich ihm sagte, daß Du ja nicht das Mindeste dawider hättest, einen anderen Glauben anzunehmen, sagte er, Das wisse er wohl, aber eben diesen plötzlichen Religionswechsel, unter solchen Umständen, könne er nicht mit seinen Ueberzeugungen vereinigen; worauf ich ihm bemerkte, er selber habe ja eine Jüdin geheirathet, welche vorher zum Christenthum übergetreten sei.

Eben erhalte ich Deine Depesche. Freilich war sie (Helene) in Bex, das weiß ich seit 3 Tagen auch: warum wußten wir es nicht eher? Vielleicht — —

Nun noch eine tröstliche Antwort. Die Heirath mit Racowitza, Das weiß ich positiv, steht noch in weitem Felde. Der Vater von Racowitza verlangt, daß der junge Mann erst

---

*) Siehe oben die Ermächtigung Lassalle's im Briefe an Rüstow vom 21. August (5. Kapitel), die wir durch eine mit Gedankenstrichen bezeichnete Auslassung angedeutet haben.

12*

Dr. juris werde, ehe er heirathen darf. Du haft alfo Zeit
zu Ueberfällen.

Arndt ift laut feiner Karte: Doctor en philosophie et
colloborateur aux: Monumenta Germaniae historica.*)

Komifche Szenen kamen natürlich in biefen Unterredungen
auch vor. Unter Anberm fpielte ber „„kleine Gefanbte"" zu
meiner unwillkürlichen Erheiterung mehrfach eine Rolle. —

Denkft Du nicht, baß fich bei biefer Fähigkeit zu wechfeln
bie Momente von Kaltbab, Wabern, Penfion Bovet wiederholen können? Dann ergreife fie!

Eine Spezialität ift vielleicht noch von Intereffe für Dich.
Helene erfchien im rothen Hembe. Schön ift fie, aber —
man muß bei ihr zugreifen, wenn man fie hat, unb nicht auf
ihre Feftigkeit, auf ihren Willen rechnen. Deine theoretifch
fogenannte „Sache" mußteft Du in aller Realität zu
Deiner Sache machen, um ficher zu fein, ficher bes Einen
wenigftens, was Du gehabt haft.

Lieber Laffalle — mit Schmerzen wartete ich auf bas
Telegramm, welches, obwohl es fchon um 5 Uhr aufgegeben,
erft um 8 1/4 hier angekommen, eben jetzt um 8 3/4 in meine
Hänbe gelangte. Helene ift, wie Du aus bem Vorherigen
fiehft, hier. Du erhältft von mir ganz genaue Nachricht.
Aber ich fage Dir, es gibt nur ein einziges Mittel. Daffelbe,
was Dir einft Heinrich Heine in Paris fagte, fage ich Dir.
Im Vertrauen (bies ift alfo nur für Deinen Gebrauch) fage
ich Dir, baß ich erfahren habe, man fuche es fertig zu bringen,
Helene bis zum 20. September zu verheirathen. Rakowitz
foll fich in Heibelberg ben Dr. juris kaufen.

Verlaß Dich barauf, baß ich wache unb arbeite, unb
burch Nichts mich abhalten laffe, immer neue Wege zu finden.
Doch Du fiehft, ber Brief Helenens mit Allem, was bran
hängt unb was ich Dir erzähle, könnte Einen rafenb machen.

Dein

W. R."

Rüftow hatte Laffalle außerbem telegraphirt: „Enblich
Beweis. Ganz fchlecht. Brief Henri's für Dich bei mir.
Wohin fenden?" — Aber hiermit nicht zufrieden, fchrieb er am

---

*) Doktor ber Philofophie unb Mitarbeiter an ben hiftorifchen Denk-
mälern Deutfchlands.

Abend des nämlichen Tages einen zweiten Brief nach München, nämlich:

Rüstow an Lassalle.

„18. August.

Lieber Freund!

Ich habe Dir heute morgen telegraphirt. Meinst Du nicht auch, Du solleſt an Helene ſchreiben? Sag' ihr namentlich, keinenfalls würdeſt Du ihre Briefe zurückgeben, ohne daß Du dieſe Forderung aus ihrem Munde hätteſt; keinesfalls würdeſt Du aufhören, cn ihre Unfreiheit zu glauben, ſo lange ſie Dir Das nicht perſönlich erklären könne.

Ich will jetzt einmal mit dem jungen Mann, dem Rakowitz ſprechen. Vielleicht findeſt Du es dumm; indeſſen ich habe leider geſehen, daß ich mich wirklich auf keinen Menſchen verlaſſen kann. Den Ambernh'ſchen Brief hätte Helene noch nicht, wenn ich ihn ihr nicht ſelbſt gab. Ich werde dem Rakowitz ſagen: er ſelbſt müſſe darauf bringen, daß Helene eine perſönliche Auseinanderſetzung mit Dir habe.

Von der Intervention der Gräfin verſpreche ich mir Nichts. Obwohl ich in meiner Unterredung mit dem alten Dönniges jede Erwähnung von Damen abſchnitt, die mit der Sache nichts zu thun hätten, konnte es mir doch nicht entgehen, daß in der Familie Dönniges ein förmlicher irraiſonirter (unvernünftiger) Haß gegen die Gräfin beſteht. Direkt wird ſie nichts ausrichten können; bliebe indirekte Wirkung.

Die Angelegenheit mit dem Dr. Arndt iſt in einer Weiſe beendet, die Dir völlige Satisfaktion giebt. Er hat Klapka und mir erklärt, daß er nicht daran gedacht habe, Dich beleidigen zu wollen. Er glaube ſelbſt andere Worte gebraucht zu haben, als die von Dir angegebenen. Indeſſen, er wolle darauf keinen Werth legen, jedenfalls ſtehe feſt, daß er nicht im Entfernteſten einen für Dich beleidigenden Sinn in dieſe Worte gelegt habe.

Speziell ſagte er mir noch, daß der alte Dönniges beſtändig davon geſprochen habe, wie er die Engagements gegen Racowitza nicht aufgeben könne, ohne der Ehre ſeiner Familie zu nahe zu treten, und daß Dies ihm beſonders vorgeſchwebt habe. Außerdem habe er Dich im Weggehen für den Fall, daß ihm ein zu weitgehendes Wort entfallen, um Verzeihung gebeten. Um der Wahrheit die Ehre zu geben, muß ich sagen, daß der Doktor sich bei dieser Geschichte anständig benommen hat; auch Das, was wir ihm, (unter Anderm in der von mir aufgesetzten species facti)*) imputirten (unterlegten), fällt jetzt, wenn es nicht ganz sein sollte, doch größtentheils dahin.

Du, armer Freund, bist auf die Gewalt, auf den Raub der Sabinerinnen angewiesen. Mein Streben geht dahin, in irgend einer Weise Dich mit Helenen persönlich zusammenzubringen. Was soll man noch auf Anderes hoffen, wenn sie schriftlich gegen jedes Band mit Dir unter Hervorhebung, daß sie frei, protestirt?

Sobald ich mein Ziel erreicht sehe, werde ich Dies schleunigst telegraphiren.

Wie steht es mit den Dingen in München?

Eine Frage noch. Der Dönniges behauptete, als Helene von Deiner Absicht, in die Schweiz zu kommen, gehört, habe sie Dir geschrieben oder sagen lassen, Du möchtest nicht kommen. Ist das wahr? Ich erinnere mich nicht mehr, ob Du mir von diesem Punkt gesprochen.

Eine Beschleunigung der Ehe scheint wirklich beabsichtigt zu sein. Aber jedenfalls ist bis jetzt noch kein offizieller Schritt geschehen. In diesen Tagen und bis morgen incl.**) ist wegen der Staatsrathswahl mit keinem Menschen hier Etwas anzufangen. Ich schreibe Dir mit einer gewissen Trockenheit, um Dich nicht mit banalen Phrasen zu plagen, die einem großen Unglück gegenüber eklig sind, und die doch oft gerade das Einzige sind, was man außer dem Handeln einem großen Unglück bieten kann.

Lebe wohl. Von der Gräfin eben einen Brief, Hoffentlich auf ein Wiedersehen, welches nicht zu trostlos ist!

W. R."

─────────

Sehr beachtenswerth ist die von Rüstow aufgeworfene Frage: ob es wahr sei, daß Helene an Lassalle geschrieben oder ihm habe sagen lassen, er möge nicht in die Schweiz zu ihr kommen. In den Briefen Lassalle's an Rüstow findet sich

---

*) Darstellung des Sachverhalts.
**) inclusive, d. h. einschließlich.

hierauf keine Antwort. Doch kann Rechtsanwalt Holthoff in
Berlin, weil er zwischen beiden Liebenden den Vermittler gespielt, den genauen Sachverhalt wissen. Ferner scheint aus
dem einen Briefe Rüstow's an Lassalle die Stelle ausgemerzt
zu sein, welche auf Holthoff Bezug hat und auf welche Lassalle
an Rüstow schreibt, er (Rüstow) thue Holthoff Unrecht: — es
müßte denn sein, daß ein Brief Rüstow's verloren gegangen
oder sonstwie abhanden gekommen wäre. In der That soll
Lassalle in seiner Aufregung eine Reisetasche, worin sich Geld
und Papiere befanden, verloren haben. Aber selbige soll nach
längerem Suchen wieder aufgefunden worden sein. Am folgenden Tage nach Absendung der beiden oben mitgetheilten Briefe
(vom 18.) schrieb Rüstow nochmals an Lassalle, indem er auf
die „großen Mittel," auf den Raub der Sabinerinnen, zurückkam:

Rüstow an Lassalle.

„Genf, den 19. August.

Lieber Freund!

Ich habe Dir in der That jeden Tag geschrieben. Heut
erhalt ich einen Brief, den ich am 15. nach Karlsruhe absen-
dete, über Bern zurück. Ich lege ihn hier bei, obwohl er für
die Sache jetzt ohne Werth ist.

Du hast jetzt meinen Brief von Gestern. Er wird Dir
mehr sagen, als Alles, was bisher gesprochen worden ist.
Ich versichere Dich, die Sache ist sehr faul. Willst
Du, daß ich noch zu den großen Mitteln auf meine Weise
greife und approbirst Du sie? Ich würde dann Helene
einfach fragen, ob sie entführt sein will. Denn darauf kömmt Alles an. Mit Güte ist gewiß Nichts zu machen.
Haben und Besitzen muß die Parole sein.

Dein

Rüstow."

Da Rüstow sich vorgenommen hatte, mit Herrn von
Racowitza eine Zusammenkunft herbeizuführen, bat er denselben
unterm 19. August schriftlich um eine Unterredung. Er erhielt folgende Antwort:

Yanko von Racowitza an Rüstow.

„Genf, 20. August.

Hochgeehrter Herr!

Auf Ihr geehrtes Schreiben erlaube ich mir die Antwort,

daß es mich freuen wird, wenn Sie die Güte haben wollen, mich Morgen zwischen 8½ und 10 Uhr aufzusuchen.

Ergebenst

Y. von Racowitza."

Bei dieser Zusammenkunft nun suchte Rüstow den Bräutigam zu überzeugen, daß Lassalle Anspruch darauf habe, sein (Lassalle's) Verhältniß auf anständige Weise gelöst und die Heirath des Rakowitz nicht überstürzt zu sehen. Vor Allem aber beabsichtigte er, Rakowitz zu dem Glauben zu bringen, daß Lassalle noch eine Zusammenkunft mit dem Fräulein haben müsse, um aus dem Munde derselben zu vernehmen, daß ihr in keiner Weise moralischer oder physischer Zwang angethan worden sei. Rüstow wollte den Raub der Sabinerinnen vorbereiten. Allein Rakowitz war schwer durch die plausiblen Gründe Rüstows zu überzeugen. Er sagte: wenn Helene so schnell von Lassalle auf ihn (Rakowitz) übergesprungen sei, dürfe man sich hierüber um so weniger wundern, als sie ja kurz vorher ebenso rasch von ihm, dem Bräutigam, auf Lassalle übergesprungen sei. Als sie ihm (Rakowitz) von Wabern nach Berlin den Absagebrief geschrieben, sei er zwar sehr schmerzlich berührt worden, habe sich aber in sein Schicksal ergeben. Möge Lassalle eine gleiche Resignation an den Tag legen. — Kurz, die Unterredung Rüstow's mit Rakowitz, weil dieser Lunte roch, führte nicht zu dem gewünschten Resultate. Folglich konnte der Raub nicht ausgeführt werden. Inzwischen verschlimmerte sich die Sache in Genf durch das Auftreten einer neuen Erscheinung, welcher wir das nächste Kapitel widmen.

Achtes Kapitel.

Weiß gegen Weiß.

Wenn die Sachlage ohnehin schon sehr ungünstig für Lassalle war, konnte es sicher nicht zur Verbesserung derselben dienen, daß am 20. August Abends Sophie von Hatzfeldt in Genf ihren Einzug hielt. Wir haben gesehen, daß es Lassalle gelungen war, die Einmischung der emanzipirten Dame eine Zeit lang zu verhindern; aber sein Plan, die Gräfin in Bern zurückzuhalten oder sie doch nur unter der Kontrole von Madame Arson nach Genf reisen zu lassen, war an dem Eigenwillen und der Pfiffigkeit Sophiens gescheitert. Es wäre viel besser und praktischer gewesen, Lassalle hätte von vorn- herein offen mit der Gräfin gebrochen, anstatt sie am Er- scheinen in Genf auf eine Weise zu verhindern, die sie merkte. Sowie Sophie in Genf war, suchte sie sich dadurch an Lassalle zu rächen, daß sie die Rollen umkehrte, indem jetzt s i e ihn von Genf fern halten wollte. Wir kennen bereits die zu diesem Zwecke an Lassalle gerichteten Telegramme und wissen auch, daß sie, um seine Abreise von München zu verzögern, ihm telegraphisch das Eintreffen eines ihrer Schreibebriefe an- kündigte. Wahrscheinlich war jenes lange, von Sophie und Wilhelm unterzeichnete Telegramm, dessen „sublimen Verstand und meisterhafte Redaktion" Lassalle voll wüthenden Hohnes hochpries, nur in der Absicht von Sophien nach München ge- sandt worden, um bei dem bayerischen Ministerium des Aus- wärtigen Bedenken zu erregen, Lassalle zu kompromittiren und somit das offiziöse Kommissariat rückgängig zu machen. Jeden- falls suchte die Gräfin Lassalle's Pläne zu durchkreuzen.

Rüstow, der nach der Ankunft seiner Freundin Sophie auf einmal wie umgewandelt war, hatte, die Sachlage sehr richtig erfassend, noch in seinem Brief vom 18. August Lassalle vor der Einmischung der Gräfin eindringlich gewarnt. Denn

bei seiner Unterredung mit Herrn von Dönniges hatte er her-
ausgefunden, daß der Makel, welcher Lassalle's Namen durch
die Verbindung mit der Gräfin Hatzfeldt angeheftet war, als
die eigentliche Ursache der Verweigerung der Heirath und aller
hiermit in Verbindung stehenden Schritte der Familie Dönniges betrachtet werden mußte.   Nicht die politische Stellung
Lassalle's, sondern seine gesellschaftliche Beziehung zur Gräfin,
war zufolge Helenens Brief vom 3. August schuld an der Be-
mäkelung, welche Frau von Dönniges an einem Freier zu
machen hatte, „von dem alle Welt so spricht.“ Hiermit völlig
übereinstimmend schrieb Rüstow unterm 18. August nach
München (siehe oben):

„Von der Intervention der Gräfin verspreche ich mir
Nichts. Obwohl ich in meiner Unterredung mit dem alten
Dönniges jede Erwähnung von Namen abschnitt, die Nichts
mit der Sache zu thun hätten, konnte es mir doch nicht entgehen, daß in der Familie Dönniges ein förmlicher irraison-
nirter Haß gegen die Gräfin besteht. Direkt wird sie nichts
ausrichten können: bliebe indirekte Wirkung.“

Also mußte Herr von Dönniges doch auf die Gräfin
deutlich angespielt und sich dabei nicht sehr schmeichelhaft für
Sophie ausgedrückt haben; weshalb Rüstow, anstatt die Ver-
theidigung oder gar Verherrlichung der Gräfin zu versuchen,
es für klug hielt, das Gespräch hierüber abzubrechen und selbiges auf andere Gegenstände zu lenken.

Auf den Brief, den Helene unterm 1. August 1864 an
Sophie geschrieben hatte, antwortete Letztere nicht umgehend,
weil ihr wegen ihres Widerwillens gegen die Heirath Lassalle's
die Antwort schwer fiel und sie sich wohl erst etwas sammeln
und bedenken mußte. Sie will nun auf das oben im dritten
Kapitel (Seite 78 u. 79) enthaltene Brautschreiben Helenens
folgenden anständigen und gesetzten Brief, der den „erst nachträglich aufgefundenen“ Papieren Lassalle's entlehnt sein
soll, abgefaßt und abgeschickt haben:

Sophie von Hatzfeldt an Fräulein von Dönniges.

„Wildbad, den 7. August.

Lassen Sie mich vor Allem, liebes Fräulein, Ihnen
sagen, wie sehr mich Ihr so lieber Brief gefreut, wie tief mich
das schöne Gefühl gerührt hat, das Sie antrieb, mir so bald
zu schreiben. Es ist ein sicheres Zeichen, daß Sie den Mann,
den Ihr Herz gewählt, auch ganz verstehen, und die beste

Bürgschaft für Ihr beiderseitiges Glück. Daß meine wärmsten
Segenswünsche Sie Beide auf Ihrem Lebenswege begleiten
werden, so lange ich lebe, daß Niemand sich Ihres Glückes
inniger freuen wird, als ich — brauche ich wohl nicht erst
zu sagen.

Seit langen Jahren war ich Ferdinand's vielleicht
einziger, jedenfalls sein bester Freund. Es waren
Jahre der Leiden, des Kampfes, der Gefahren, in denen er
mir, so wie ich ihm, treu und fest zur Seite gestanden habe
(hat). Wir waren durch die Verhältnisse fast ganz
nur auf einander angewiesen und oft hat mich der
Gedanke gequält, daß er nach mir völlig herzens-
einsam in der Welt bleiben würde. Ich lege jetzt diese
Sorge in Ihre Hände nieder. Ihnen fällt jetzt die schönere
Aufgabe zu, ihn das Vergangene vergessen zu machen, und
durch Ihre Liebe und ungetrübten jugendlichen Frohsinn die
ernsten Seiten seines Lebens zu mildern, die guten ihm noch
zu verschönen.

Seinen starken Geist, seine außergewöhnliche Thatkraft
und Energie haben Viele, sogar seine Feinde, anerkannt; je
mehr sie es anerkannten, je mehr haben sie ihn allerdings
gehaßt, verleumdet, verfolgt, da die Welt nun einmal keine
wahre Superiorität duldet noch verzeiht und stets nur den
schärfsten Bannfluch dagegen schleudert. Aber daß dieser
Mann dabei auch ein fast kindlich gutes liebevolles und doch
starkes Herz sich trotz aller Stürme und bittern Erfahrungen
bewahrt hat, — Das habe bis jetzt nur ich ganz wissen
und beurtheilen können. Auf dieses Herz, auf diesen Arm, der
Sie durchs Leben führen soll, können Sie mit vollem unbe-
grenztem Vertrauen Sich stützen; diese Stütze kann nie wanken!
Wie wenig Frauen wird dieses seltene Glück zu Theil!

Ich fürchte sehr, liebes Fräulein, bei unserer ersten Be-
gegnung, die hoffentlich recht bald stattfindet, Ihnen etwas
sehr ernst zu erscheinen. Lebensschicksal und Erfahrungen haben
mir leider diese Außenseite, die früher gar nicht die meinige war,
gegeben. Lassen Sie Sich, bitte, nicht dadurch abschrecken, denn
es ist nur Außenseite. Mein Herz ist weder hart noch bitter
geworden, und ich habe mir vielleicht mehr als Andere dennoch die Fähigkeit erhalten, die Jugend zu verstehen und mit
ihr sympathisiren zu können.

Seien Sie versichert, daß ich schon jetzt nur mit den Gefühlen einer Mutter für eine liebe Tochter an Sie benke, und erlauben Sie mir, Sie herzlich in Gedanken zu umarmen — en attendant,*) daß ich es in Wirklichkeit thun kann.

Von Herzen ganz die Ihre

S. v. Hatzfeldt.

Nachschrift. Sie klagen Sich Selbst des Fehlers an, daß Sie Lassalle an seiner Molkenkur gehindert. Ich finde Das zwar sehr natürlich; aber nichtsbestoweniger ergreife ich meinen Vortheil, den Sie mir durch dieses Geständniß geben und lege Ihnen eine Sühne auf, nämlich folgende: daß Sie Alles thun, um Lassalle zu bewegen, daß er, bevor er nach Berlin geht, sich wieder impfen und recht ordentlich impfen läßt, da gegenwärtig dort eine furchtbare Pocken-Epidemie herrschen soll."

Vorstehender zärtlicher Brief nebst der geistreichen und witzigen Nachschrift ist vom 7. August datirt, also von jenem Tage, an welchem Sophie von Hatzfeldt brieflich durch Lassalle benachrichtigt wurde, daß Helene im elterlichen Hause gefangen gehalten und gemartert werde. Denn Lassalle schrieb unterm 4. August an die Gräfin:

„Jetzt ist das Unglück da! Sie ist unter vollständiger Sequestration und furchtbarster Mißhandlung."

Somit konnte die Gräfin voraussetzen, daß ihr, mehr für Lassalle als für Helene bestimmter Brief vorerst gar nicht in die Hände Helenens gelangen werde. Letztere hat ihn auch nie zu Gesicht bekommen; denn er ist angeblich erst nachträglich unter den Papieren Lassalle's von der Gräfin wieder aufgefischt worden.

Nach ihrer Ankunft in Genf richtete die Gräfin an Helene ein Schreiben, von welchem sie in ihrer mit Liebknecht angefertigten Broschüre („Ueber die letzten Lebenstage" 2c.) selbst sagte: „Von diesem Brief ist nur ein Konzept vorhanden, welches vor dem Brief selbst vielleicht in diesem oder jenem Ausdruck, jedenfalls aber nirgends im Sinne abweicht." Der Brief lautet:

*) In der Erwartung.

Sophie von Hatzfeldt an Helene von Dönniges.

„Genf, den 22. August 1864.

Mein Fräulein!

Ich bin hierher gekommen, um wo möglich eine Ange=
legenheit in Ordnung zu bringen, die, wie ich glaube, wäre
ich gleich zu Anfang hier gewesen, nicht eine ebenso unglückliche,
als unpassende Wendung genommen hätte.

Ich halte mich zur Einmischung berechtigt wie verpflichtet,
einestheils durch meine langjährige Freundschaft für Herrn
Lassalle, durch das volle Vertrauen*), mit welchem er diese
Angelegenheit in meine Hände gelegt hat, sowie, was Sie be=
trifft, durch Inhalt und Form des Briefes, den Sie, mein
Fräulein, vor kurzer Zeit an mich gerichtet haben.

Ich muß nach allem Vorgefallnen annehmen, daß Sie
Sich vollständige Illusionen machen über die Schwere der ge=
schehenen Thatsachen, sowie darüber, daß derartige Angriffe
um so schwerer ins Gewicht fallen, wenn sie gegen einen
Mann wie Herrn Lassalle gerichtet sind; ebenso über die un=
ausbleiblichen ernsten Folgen, wenn auf die angefangene Weise
weiter fortgefahren werden sollte.

Sie werden zugeben müssen, daß Lassalle sich gegen Sie
auf die ehrenhafteste, selbst bewundernswürdige Weise benom=
men hat, und werden ebenso zugeben müssen, daß bei der her=
vorragenden politischen Stellung des Herrn Lassalle es ganz
undenkbar ist, daß seine Freunde und zahlreichen Anhänger
eine solche Umkehrung aller Thatsachen und Verhältnisse vor der
Welt zulassen werden.

Sie werden ebenso einsehen, daß es nach Allem, was ge=
schehen, in Ihrem Interesse alsdann noch weit mehr, als in
dem des Herrn Lassalle liegt, daß Ihr Verhältniß zu ihm
in der allerrücksichtsvollsten Form seine Lösung finde.

Nur durch meine Vermittelung könnte dies vielleicht noch
möglich sein, und ich habe mich entschlossen, aus wahrer
Freundschaft für Herrn Lassalle, dieses nicht angenehme Ver=
mittleramt zu übernehmen. Zu diesem Zweck ist mir eine
Unterredung mit Ihnen, mein Fräulein, absolut nothwendig.
Ich schlage Ihnen demnach vor, entweder heute oder spätestens

---

*) Die Gräfin erzählte mir später selber, daß ihr in dieser Sache
Lassalle nicht blos kein volles Vertrauen, sondern sehr großes Mißtrauen
habe angedeihen lassen. Er nahm den Groll gegen sie mit ins Grab.

morgen zwischen 2—4 Uhr Nachmittags zu mir zu kommen, denn jede Zögerung könnte Alles verderben.

Ich halte es gänzlich unter meiner Würde, Ihnen, mein Fräulein, noch irgend welche Versicherung hinzuzufügen, daß bei mir keine schlechten Roman=Szenen zu befürchten sein können; wohl aber spreche ich Ihnen meine Ueberzeugung aus, daß ich durch den Schritt, den ich jetzt thue, am Allermeisten Sie zu Dank verpflichte.

Sophie, Gräfin von Hatzfeldt."

Als Sophie den eben mitgetheilten Brief, in welchem wahrscheinlich „dieser oder jener Ausdruck" noch schärfer und drohender war als in der Kopie, an Fräulein Helene richtete, mußte sie wissen, daß derselbe jede Zusammenkunft zwischen ihr und dem Fräulein unmöglich machen würde. Auf diese Weise wurde die am 7. August von ihr herbeigesehnte Umarmung Helenens vereitelt und der Beweis geliefert, wie die „Gefühle einer Mutter für ihre liebe Tochter," mit denen sie schon damals an Helene dachte, zu verstehen waren. Die résistance intérieure*) (s. Lassalle's Brief vom 30. Juli) welche die Gräfin bisher mühsam hinuntergewürgt hatte, machte sich jetzt Luft. Madame Sophie hielt sich nunmehr für die unbedingte Herrin der Situation.

Um die Angelegenheit nach ihrem Kopf zu lenken: darum hatte sie den in München befindlichen Lassalle so lange als möglich von Genf fern halten wollen. Darum hatte sie ihn durch Herrn Lesley telegraphisch ermahnen lassen, daß er nicht ohne ihren ausdrücklichen Befehl kommen sollte. Eben darum hatte sie ungeachtet der Anweisung Lassalle's in seinem Briefe vom 18. August (s. o.) auch Madame Arson nicht sofort mit sich von Wabern nach Genf genommen. Trotz des ausdrück= lichen und wiederholten Wunsches Lassalle's war die Gräfin allein nach Genf gereist. Lassalle schrieb ihr nochmals unterm 19. August (s. oben):

„Wie aber, wenn es Ihnen nicht gelungen wäre, die Arson mit Sich nach Genf zu führen! Dann reisen Sie nochmals nach Wabern zurück, erzählen ihr die Inter= vention des Ministers der auswärtigen Angelegenheiten 2c. Das wird die Arson begreifen und um dieses entscheiden= den Moments willen mit Ihnen gehn."

---

*) Der innerliche Widerstand.

Weit gefehlt! Madame Sophie zog vor, ohne die Beihülfe der Arson zu operiren. Denn wenn sie das Spiel einmal verderben wollte, erreichte sie ihren Zweck viel sicherer,
indem sie ohne Kontrole handelte und an Helene jenen Brief
vom 22. August schrieb.

Was hatte Madame Arson in Genf thun sollen? — Sie
hatte das Fräulein auf ihr (der Arson) Zimmer holen sollen,
damit dort Sophie mit ihr spräche.

Was that dagegen die Gräfin? — Sie schrieb an Helene,
daß diese allein auf Sophiens Zimmer kommen möge.

Zu welchem Zwecke sollte Sophie in Gegenwart und auf
dem Zimmer der Arson mit Helenen zusammen kommen? —
Sie sollte ihr in die Seele reden, sollte sie an ihre Pflicht
erinnern und vermöge der „wilden Beredtsamkeit" einer gelösten
Zunge Helene fest und standhaft machen, damit dieselbe vor
dem Notar erklärte: sie wolle Lassalle heirathen.

Wie entledigte sich die Gräfin dieses Auftrags? — Sie
schrieb an Helene, daß ihr (Helenens) Verhältniß zu Lassalle
in der allerrücksichtvollsten Form gelöst werden· müsse. Sie
that also das gerade Gegentheil von Dem, was Lassalle ihr
in der nachdrücklichsten Weise eingeschärft hatte.

Wenn nun in Folge dieses eigenthümlichen Handelns
Lassalle zur Verzweiflung und in den Tod getrieben wurde,
weil seine Voraussetzungen sich als falsch erwiesen und er sich
auf's Aeußerste kompromittirt und lächerlich gemacht sah: wer
war schuld daran? Helene oder Sophie, oder Beide? — Der
geehrte Leser möge selbst entscheiden.

Sophie handelte auf solche unverantwortliche Art, obwohl
ihr Lassalle in seinem Brief vom 19. August, den sie schon
am 22., als sie an Helene schrieb, haben mußte, zugerufen
hatte mit einem schmerzlichen Aufschrei der Verzweiflung:
Alles, Alles, Alles hängt also ab von dem Ausgang dieser Einen Stunde, die über mein Leben
entscheidet.... Alles, Alles, Alles hängt also an
dem Gewicht dieser Einen Stunde! Ihnen fällt also
die wichtigste folgenschwerste Aufgabe zu: Helene,
ehe dieser moment suprême naht, wieder fest zu
machen.... An Ihrer Zunge, Gräfin, hängt meine
Existenz!"

Armer Lassalle, wie hattest Du Dich in dem „einzigen,
jedenfalls besten Freunde" verrechnet!

Aber die Gräfin begnügte sich nicht damit, die gemessenen
Befehle Lassalle's nicht zu vollziehen, sondern sie fing auch alsbald
mit der Familie Dönniges zu krakehlen an. Als nämlich der
mit dem Brief an Helene gesandte Dienstmann zurückkam, brachte
er der Gräfin ein Zettelchen, worauf geschrieben stand:
„Reçu la lettre.
Hélène de Doenniges."
(Zu Deutsch: „Den Brief erhalten. Helene von Dönniges.")
Nun erhob die Gräfin einen großen Lärm, ließ Rüstow
herbeikommen und beschwerte sich unter Thränen auf's Heftigste,
daß sie gröblich beleidigt sei, weil sie keiner Antwort gewürdigt werde. Denn der Dienstmann habe ihr gesagt: es sei
keine Antwort darauf. Rüstow wurde hierdurch bewogen, als
Ritter für Sophie einzustehen und an Herrn von Dönniges
einen geharnischten Brief zu schreiben. Aber ehe dieser Droh-
brief noch bei Herrn von Dönniges ankam, traf nachstehende
Antwort des Fräuleins bei Madame ein:
Helene an Sophie.
„Genf, den 22. August 1864.
Frau Gräfin Hatzfeldt, Hochgeboren!
Schon vor drei Tagen habe ich Herrn Oberst Rüstow
meine schriftliche Willenserklärung an Herrn Lassalle übergeben,
welche freiwillig und ohne jeglichen Zwang von mir geschrieben
ist; und betrachte daher die ganze Angelegenheit für beendet.
Helene von Dönniges."
Das geharnischte Schreiben Rüstow's lautet so:
Oberst Rüstow an Herrn von Dönniges.
„Genf, den 22. August 1864.
Soeben läßt mich die Frau von Hatzfeldt rufen, um mir
zu sagen, daß sie heute Morgen an Ihr Fräulein Tochter geschrieben, daß sie darauf die mündliche Antwort erhalten: es
wäre keine Antwort darauf.
Ich meinerseits sage Ihnen, daß, wenn Sie mir nicht
binnen zwei Stunden erklären, daß Ihr Fräulein Tochter
Morgen Nachmittags zwischen 2—4 Uhr der Frau Gräfin von
Hatzfeldt einen Besuch in aller Bescheidenheit machen wird, —
ich aufhören werde, Lassalle von den Schritten ab-
zuhalten, die vorbereitet sind, und an denen ich ihn
bis jetzt gehindert habe.*)

---

*) Hiermit scheinen die telegraphischen Depeschen gemeint zu sein
die Lassalle in München zurückhalten wollten. Armer Lassalle!

Alle Freunde Laſſalle's, und ich in erſter Reihe, ſind überzeugt, nach Allem, was vorangegangen, daß es für Laſſalle das größte Unglück wäre, wenn er die Hand des Fräulein Helene noch erhielte.

Aber es muß Ihnen und Ihrer Familie bewieſen werden, daß Sie weder das Recht, noch die Macht haben, einen Mann, wie Laſſalle, eine Dame, wie die Gräfin Hatzfeldt, wie Zigeuner zu behandeln, die man keiner Antwort würdigt. Glauben Sie mir, Sie haben auf Gottes Welt Niemand für ſich. Es muß Laſſalle die Möglichkeit gegeben werden, ſelbſt zu ſehen, daß ſein über jeden Tadel erhabenes Benehmen in dieſer Sache beplaçirt war.

Und Dies wird geſchehen. Nehmen Sie mein Wort darauf, das ich nie umſonſt gegeben habe.

W. Rüſtow."

Umgehend kam an Rüſtow nachſtehende Rückäußerung:

Herr von Dönniges an Ritter Oberſt Rüſtow.

„Genf, den 22. Auguſt 1864.

Meine Tochter hat der Gräfin von Hatzfeldt das Reçu ihres Briefes eigenhändig ausgeſtellt und mir den Brief ſogleich mitgetheilt. Wenn Sie, Herr Oberſt, noch irgend Etwas in der Sache mitzutheilen haben, ſo ſtehe ich Ihnen vollkommen zu Dienſten. W. von Dönniges."

Und gleich darauf traf folgender Brief ein:

Herr von Dönniges an Rüſtow.

„Herrn Oberſt Brigadier W. Rüſtow,

Ritter des Ordens von Savoyen.

Hochwohlgeboren.

Herr Oberſt!

Genf, den 22. Auguſt.

Erſt nachdem ich Ihren Brief von Heute (22. Auguſt) genauer geleſen und gewürdigt, kann ich Ihnen auch natürlich Antwort darauf geben. Ich habe Ihnen als unparteiiſchem Vermittler in der Sache vollkommen und aufrichtig meine Anſicht dargelegt, habe Ihnen ſogar die Gelegenheit gegeben, Sich in Gegenwart meiner Tochter der Aufträge des Herrn Laſſalle zu entledigen und Sich Selbſt zu überzeugen, daß ich auf meine Tochter nicht einwirkte, noch einwirken konnte, da ſie das Zimmer verließ, wir beide zuſammen blieben, und ſie ebenſo unaufgefordert zurückkam, um Ihnen den Brief an

13

Herrn Laffalle zu übergeben, welcher ihren Rücktritt von Allem, was sie Herrn Laffalle zugesagt hatte, enthielt.

Ihr heutiger Brief, in welchem Sie mir nun als Partei der Frau Gräfin von Hatzfeldt und Ihres Freundes, Herrn Laffalle's, schreiben, enthält zunächst eine Unwahrheit als Veranlassungsgrund aufgeführt.

Die Kammerjungfer hat den Brief an meine Tochter Helene hinter dem Rücken meiner Frau übergeben, Helene hat ihn gelesen, und ihn dann ihrem Bräutigam und mir mitgetheilt. Ich weiß, daß meine Tochter selbst ein Reçu geschrieben hat und später antworten wollte. Ich selbst hatte den Boten gerufen und um die Adresse der Gräfin Hatzfeldt gefragt, die im Briefe nicht stand und mir dann Hôtel Métropole angegeben wurde.

Wie kommen Sie also darauf, mir zu schreiben, die Gräfin von Hatzfeldt habe die mündliche Antwort erhalten: Es sei keine Antwort darauf? Dies das Thatsächliche.

Nun aber weiter erkläre ich Ihnen, Herr Oberst, daß meine Tochter nach meinem väterlichen Willen in keinerlei Berührung mit der Gräfin von Hatzfeldt treten oder kommen soll, und daß meine Frau und meine Tochter damit vollkommen einverstanden sind, sowie auch ihr Bräutigam.

Was die rein menschliche Seite der Sache für mich betrifft, so irren Sie sowohl wie Herr Laffalle, wie es scheint, wenn Sie glauben, daß ich Herrn Laffalle, (sei es aus politischen, sei es aus persönlichen Rücksichten) keiner Antwort würdigte, oder, wie Sie Sich ausdrückten, als „‚Zigeuner behandelte.'"

Ich sage Ihnen, daß ich schon vorgestern meinem Neffen, dem Dr. Arndt, mittheilte, sobald Herr Laffalle zurückgekehrt sei, ihm durch Sie, Herr Oberst, wissen zu lassen, daß ich sowohl ihn wie Sie noch einmal empfangen und Herrn Laffalle persönlich als Vater eine Erklärung in dieser Sache geben wolle, die ihn zufrieden stellen könne, soweit Dies nämlich ohne erneute Szenen menschenmöglich sei.

Sie aber, Herr Oberst, hatten ja selbst Herrn Dr. Arndt erklärt, an demselben Tage, wie mir Herr Dr. Arndt sogleich sagte, daß Herr Laffalle abwesend in Karlsruhe oder in München sei. *) Ueberdem hatte Herr Lassalle im zweiten Briefe an mich gar keine Adresse angegeben. Das war der Grund, weshalb ich, wie ich Ihnen ebenfalls anführte, an seinen Rechtsanwalt Holthoff nach Berlin hin bereits einen Brief für ihn im Entwurf aufgesetzt hatte, als Sie zu mir kamen. **)

Was neben Ihren Drohungen und Warnungen die Insinuation betrifft, als verließe ich mich in dieser Angelegenheit auf meinen diplomatischen Charakter, als wenn er mich schütze u. s. w., so können solche persönlichen Imputationen, zu denen Sie weder ein Recht, noch eine Veranlassung haben, nur mein innigstes Bedauern erwecken, da Sie Sich vom Gegentheil zu überzeugen die Gelegenheit gehabt haben, sowohl weil ich, um Skandal zu vermeiden, Genf auf 8 Tage mit meiner Familie verlassen hatte, als auch daraus, daß ich nicht einmal die Hilfe der Polizei weiter in Anspruch nahm, als es mir angeboten war, als Herr Lassalle mein Haus mit Spionen und Robeurs***) umgeben ließ. — Doch widert es mich an, darüber Worte zu verlieren, denn die Sache ist nicht darnach angethan, mich den Vater vergessen zu machen.

Ergebenst

W. v. Dönniges."

Demnach machte Herr v. Dönniges einen großen Unterschied zwischen Lassalle und der Gräfin Hatzfeldt, wie nicht mehr denn recht und billig. Denn er erklärte sich bereit, Lassalle bei sich empfangen, nicht aber wollte er ihn, wie Rüstow sich ausgedrückt hatte, wie Zigeuner behandeln. Anders dagegen war sein Urtheil über die Dame. Denn nach seinem väterlichen Willen sollte seine Tochter mit der Gräfin von Hatzfeldt in keinerlei Berührung treten oder kommen. Die würdige Sprache des Herrn von Dönniges sticht sehr ab von den grundlosen Vorwürfen Rüstow's und macht durch ihre Ruhe und ihren einfachen Ernst einen überzeugenden Eindruck. Doch wir müssen sehen, was Rüstow hierauf zu erwidern hat.

---

*) Somit hatte Rüstow die Reise Lassalle's nach München dem Dr. Arndt verrathen, trotzdem, daß Lassalle auf die Geheimhaltung in seinen Briefen so viel Werth gelegt hatte.

**) Dieser wichtige Punkt wurde Lassalle von Rüstow in den uns vorliegenden Briefen nicht mitgetheilt.

***) Todtschlägern, Strolchen.

Er antwortete auf die Eingebung Sophiens, die man beim Lesen des Folgenden sprechen hört:

Ritter Oberst-Brigadier Rüstow an Herrn von Dönniges.

„Genf, den 24. August 1864.

Herr von Dönniges!

Der Worte sind genug gewechselt; ich habe mich über=zeugt, daß der beste Wille Nichts hilft, und ziehe mich also von dem undankbaren Geschäft des Vermittlers zurück. Nur noch Ein Wort zur Klarstellung des Vorangegangenen.

Ich habe keinen Grund, dem Kommissionär, der den Brief der Gräfin von Hatzfeldt überbrachte, bei einer für ihn so gleichgiltigen Angelegenheit eine Unwahrheit zuzutrauen. Das Reçu in drei Worten erfolgte erst, als er zum zweiten Male kam. Daß später die Gräfin von Hatzfeldt eine Antwort von Ihrem Fräulein Tochter erhielt, schließt nicht aus, daß der Bote anfangs allerdings den Bescheid erhielt: „es sei keine Antwort darauf." Kann übrigens Fräulein von Dönniges nur mit Erlaubniß Ihrer Frau Gemahlin Briefe empfangen, so wäre sie, die volljährige, also sequestrirt.

Wenn Sie am 20. August dem Herrn Dr. Arndt gesagt haben, daß Sie Lassalle persönlich eine Erklärung geben woll=ten, so thut es mir einfach leid, daß ich davon Nichts wissen konnte, da ich Nichts mit den Sinnesorganen jenes Herrn höre, sehe 2c., sondern mit den meinigen. Und mir hatten Sie wiederholt erklärt, von einer Explikation mit Las=salle könne nicht die Rede sein. Die Abwesenheit Las=salle's von hier, die ich bei seinem Zustande für nöthig gehalten, konnte kein Hinderniß sein, da ein Telegramm von mir genügte, ihn in zwei, spätestens drei Tagen nach Genf zu schaffen.

Drohungen sind nicht meine Sache. Gewarnt und auf=merksam gemacht habe ich allerdings und, wie ich glaube, in der konvenabelsten Weise, ohne indiskret und irritirt zu wer=ben. Daß ich das Ueberspringen von einem Liebesverhältniß zum andern in so kurzer Zeit unter solchen Umständen nicht für eine leichte Sache nehmen kann, sondern allerdings es sehr schwer auffasse, ist nicht meine Schuld, es liegt in meinem Charakter, meiner Erziehung und meiner Lebenserfahrung.

Meine Ansicht, wie ich sie nämlich noch dem Herrn Ra=kowitz mit all' der Delikatesse, die mir seine Stellung gebot, andeutete, war die, daß bei der Lage der Dinge nach dem

Vorgange in der Pension Bovet, nach den glühenden Briefen an Lassalle ꝛc., ihm doch wenigstens eine Unterredung mit Fräulein von Dönniges gestattet werden müsse, und daß dann auch Herr von Racowitza sich auf einige Zeit, z. B. ein halbes Jahr, zurückziehen möge, um nach Ablauf dieser Zeit erst seine Beziehungen öffentlich wieder anzuknüpfen, wenn er es dann noch wollte. Nur auf diese Weise schien mir den Be= dingungen genügt werden zu können, die nun einmal die Ge= sellschaft stellt, thue sie Das mit Recht oder mit Unrecht; Form und Sitte sind in meinen Augen Dinge, über die man ungestraft sich um so weniger hinwegsetzt, je höher man steht. Meine Ansicht ist, daß die acht Tage Abwesenheit, zumal in Begleitung des Herrn von Racowitza, nicht genügen.

Daß ich sagte, Sie schienen Sich auf den Schutz Ihres diplomatischen Charakters zu sehr zu verlassen, war doch wohl nicht so ganz ohne Grund. Ohne Zweifel erinnern Sie Sich, daß Sie mir z. B. von einer Ausweisung Lassalle's sprachen, die Sie bewirken könnten.

Die Gräfin von Hatzfeldt hatte anfänglich die Absicht, sich durch ein Schreiben ihrer Schwägerin, der Fürstin, welche angeblich mit Ihrer Frau Gemahlin bekannt ist, bei Ihrer Familie einzuführen. Von Lassalle gedrängt, wartete sie das Schreiben nicht ab, sondern kam früher hierher. Gestern nun erhielt sie von ihrem Bruder, dem Fürsten, einen Brief, in welchem dieser sagt, seine Frau sei in Ostende, und er werde sogleich dorthin schreiben bezweifle aber, daß sie mit Ihrer Frau Gemahlin bekannt sei, da er den Namen nie gehört habe.

Das Einführungsschreiben ist nun freilich durch die Ant= wort des Fräuleins von Dönniges und durch Ihre kategorische Erklärung an mich auch überflüssig geworden.

Ihr ergebenster
W. Rüstow,
Oberst=Brigadier,
Ritter des Militärischen Ordens von Savoyen."

Die Gräfin Hatzfeldt fand außer Rüstow in Genf noch einen andern Ritter, der ihr eine Zeitlang mit Treue, Liebe und opferwilliger Hingabe diente. Dieser führte gleich Rüstow den Titel „Oberst", nur hatte er vor Rüstow Das voraus, daß er, von Ursprung ein Plebejer, sich vom Bürstenbinder bis zum Obersten=Rang aufgeschwungen hatte. In einem Buche

über die letzten Lebenstage Lassalle's, welches Sophie zu ihrem
eignen Lob und Preise hatte ausarbeiten lassen, das aber
durch meine Intervention nicht in die große Oeffentlichkeit kam,
sondern von der Gräfin nur einem kleinen Kreise von Personen
mitgetheilt wurde: — in diesem Buche schreibt die Gräfin
Hatzfeldt (auf Seite 161, Zeile 15 bis 17 v. o.) über dieses
ihr Freundschaftsverhältniß, wie folgt:

„Auch Oberst Philipp Becker, den ich noch nicht kannte,
der mir aber in diesen Unglückstagen schnell zum so bewährten Freunde wurde, als hätten wir uns Jahre
lang gekannt, kam zu mir.“

Die neue bewährte Freundschaft dauerte bis zum Eintritt
der Herbstzeitlosen des Jahres 1865, wie daraus erhellt, daß
der Ritter, Spiegelfabrikant und Oberst in ihrem Dienste bis
dahin Schmähartikel gegen mich zu schreiben sich benutzen
ließ; aber, nachdem sie ihn zu dieser saubern Arbeit gebraucht
und ihm, um mit Goethe's Faust zu sprechen, jene „Würmer
aus der Nase gezogen“ hatte, warf sie ihn weg und bemerkte
dann über ihn in einem Briefe an einen natürlichen Sohn,
daß der „Oberst“ ein „unbedeutendes Subjekt“ sei. Eine so
familiäre Sprache läßt darauf schließen, daß Beide in der
That sehr vertraute, „jedenfalls beste Freunde“ gewesen sein
müssen. Sic transit gloria mundi!

Neuntes Kapitel.

Das offiziöse Kommissariat.

Dr. Haenle brachte vom baierischen Minister des Auswärtigen für Herrn von Dönniges ein Schreiben mit, welches uns dem Wortlaut nach nicht bekannt ist. Jedoch läßt der Auftrag, den Dr. Haenle erhalten hatte, auf den Inhalt jenes Schreibens schließen. Dr. Haenle sollte nämlich zunächst den Streit gütlich beizulegen suchen, und zwar sollte zu diesem Behufe Lassalle Herrn von Dönniges nochmals um die Gewährung einer Audienz bitten. Wenn indeß der Weg der Güte fehlschlüge, dann sollte Dr. Haenle den Herrn von Dönniges auffordern, Helene vor einem Notar zu sistiren, damit sie vor diesem erklärte, ob sie Lassalle noch heirathen wollte oder nicht.

Der Verlauf dieser Angelegenheit wird aus folgenden Aktenstücken von selbst ersichtlich werden, ohne daß wir nöthig haben, dieselben zu kommentiren oder ihnen viele Erläuterungen hinzuzufügen.

Brief Lassalle's an Herrn von Dönniges.

„Genf, 25. August.
Geehrter Herr!

Sie empfangen diesen Brief durch Herrn Dr. Haenle, welcher von Sr. Exzellenz dem Herrn Minister des Auswärtigen ersucht worden ist, sich zur gütlichen Beilegung der Sache zu Ihnen nach Genf zu begeben. Trotz Allem, was ich erlitten, entschließe ich mich, wiederum damit zu beginnen, Sie um eine Unterredung zu bitten, um eine Unterredung mit Ihnen allein oder in Gegenwart Ihrer Frau Gemahlin, aber mit Ausschluß jeder andern Person. Ich kann nicht annehmen, daß Sie diese Bitte zum dritten Male unerfüllt lassen werden!

Ich habe niemals die geringste Feindseligkeit gegen Sie begangen. Ich habe mit Aufopferung meines ganzen Lebens-

glücks Ihre Tochter ihrer Mutter zurückgeführt! Ich habe in
dieser Sache überall das Wohlwollen und Entgegenkommen
selbst solcher Personen gefunden, die ich niemals verpflichtet
hatte; warum sollten Sie allein so unlieb sein, nicht hören zu
wollen, was ich Ihnen zu sagen habe, und eine Unterredung
zurückweisen, deren Stattfinden Nichts ändert, wenn es mir
nicht gelingt, Ihren eignen Willen und Ihre eigne Einsicht be=
stimmende Gründe geltend zu machen?

Ew. Hochwohlgeboren wissen nicht einmal, was ich Ihnen
zu sagen habe. Sie sind nach dem Bericht, den mir Oberst
Rüstow gibt, durchaus nicht unterrichtet über den wirklichen
Hergang, und gleichviel, welches Resultat unsere Unterredung
hat, schon meine Ehre erfordert, Sie mindestens über den
wahren Hergang aufzuklären.

Endlich Se. Exzellenz, der Herr Minister des Auswärtigen,
hält es wenigstens für ganz selbstredend, daß, wenn ich nach
meinen beiden vergeblichen Versuchen, Gehör bei Ihnen zu er=
langen, dazu übergehen sollte, zum dritten Male mit diesem
gütlichsten und konvenabelsten aller Schritte zu beginnen
und Sie um eine Unterredung zu ersuchen, Ew. Hochwohl=
geboren schon in Rücksicht auf seine Demarche (seinen Schritt
— das offiziöse Kommissariat — d. h. die halbamtliche Kund=
gebung an Herrn von Dönniges) mir sicher nicht zum
dritten Male das erbetene Gehör abschlagen werden. Ich
habe mich entschlossen, zum dritten Male das zweimal nach=
gesuchte Gehör zu erbitten, um alle aus dieser unglück=
seligen Verwickelung entstehende Folgen weit von
mir abzuwenden. Noch stärker und bringender erfordert
es aber Ihr eignes Interesse, damit Sie in Kenntniß der
Sache handeln.

Ich verharre in erwartungsvoller Hochachtung

F. Lassalle.“

Herr von Dönniges an Herrn Dr. Haenle.

„Genf, den 25. August 1864.

Verehrter Herr Doktor!

Nachdem ich heute um 2 Uhr Herrn Lassalle bei mir
empfangen hatte, kam er nach mehrstündigen Auseinander=
setzungen seiner Angelegenheit und meinerseitigen Erwiderung
keineswegs etwa auf den Vorschlag zurück, von dem
Sie mir heute morgens sprachen, und von dem in
Freiherrn von Schrenks Brief die Rede ist, „„in

Ihrer und Herrn Lassalle's Gegenwart vor einem
Notar und in meinem Hause die Willensäußerung
meiner Tochter Helene konstatiren zu lassen,"" son=
dern Herr Lassalle verlangte die Entfernung des
Herrn Janko von Racowitz aus meinem Hause,
während er seinerseits den freien Zutritt zu dem=
selben erhielte, weil man ihm nur dadurch beweisen
könne, daß Helene freiwillig von ihm zurückge=
treten sei.

Auf dieses in meinen Augen sinnlose und unmögliche
Verlangen konnte ich natürlich gar nicht eintreten und sagte
ihm, daß das Aeußerste, wozu ich mich entschließen würde, die
freie Erklärung meiner Tochter vor den beiden betheiligten
Parteien sei.

Anstatt darauf einzugehen und nach stundenlangen Er=
örterungen zog es Herr Lassalle immer wieder vor, „„auf den
sogenannten moralischen Zwang oder Gewalt gegen meine
Tochter zurückzukommen;"" ich strafte ihn also ins Gesicht
Lügen, zeigte ihm den Beweis seiner Verleumbungen aus
seinem Briefe an Herrn Rechtsanwalt Holthoff*) und
als er sich auf die Erzählungen meiner Köchin berief, wurde
diese herbeigerufen und erklärte dem Herrn Lassalle ins Ge=
sicht, daß Dieses Unwahrheiten seien. Herr Lassalle nannte
dann als Quelle seiner Verleumbungen Herrn Colonel=Lieute=
nant Baucher, meinen Hauswirth. Ich komme soeben von
diesem Letztern, den ich befragt habe, ob er nur irgend Etwas
der Art von Zwang oder gar Mißhandlung Helenens geäußert
habe. Herr Baucher ist empört über diese Verleumbung und
wird Morgen früh zum Rechtsanwalt Dr. Ambernty gehen, um
seine Schritte mit demselben gegen Herrn Lassalle, da er öfters
in den Briefen**) als Zeuge genannt worden, zu berathen.

Ich theile Ihnen, Herr Doktor, dies in aller Eile mit,
weil ich jedenfalls wünsche, Ihnen natürlich an Herrn Baron

---

*) Demnach hatte Freund Holthoff den Brief Lassalle's Herrn
von Dönniges überliefert. Dies scheint im Zusammenhange zu stehen
mit dem abmahnenden Briefe Holthoff's, den Helene von Dönniges er=
wähnt. Armer Lassalle! (Diese ehrenrührige Beschuldigung Holthoff's
wird durch nachstehende „Bescheinigung" widerlegt, nach welcher der Brief
Lassalle's an Holthoff „durch Zufall" in die Hände des Herrn von Dön=
niges gerathen war. Anm. des neuen Herausgebers).
**) Somit waren mehrere Briefe überliefert worden.

von Schrenk schriftlich oder mündlich meine Entschließung mit-zugeben, wann Sie nach München zurückreisen.

Hochachtungsvoll und ergebenst
von Dönniges."

Bescheinigung.

Ich bescheinige hierdurch, daß soeben Herr Advokat Am-berny in meiner Gegenwart Herrn Ferd. Lassalle wiederholt erklärt und bestätigt hat: es sei ihm von Herrn Baucher er-zählt worden, daß nach einer Angabe der Köchin des Herrn von Dönniges dieser seine Tochter an den Haaren über den Parquetboden gezogen und gemißhandelt habe; er, Herr Am-berny, habe Dies damals Herrn Lassalle mitgetheilt.

Herr Advokat Amberny war bereits durch Herrn Baucher davon unterrichtet, daß Herr von Dönniges von dieser Mit-theilung des Herrn Baucher an ihn Kenntniß erhalten habe; er erklärte, daß, obwohl Dies ohne jede Schuld des Herrn Lassalle und nur durch den Zufall, daß der Brief des Herrn Lassalle an seinen Rechtsanwalt Herrn Holthoff in die Hände des Herrn von Dönniges gerathen, geschehen sei, sowohl Herrn Baucher als ihm selbst, die durch diesen Zufall hervorgebrachte Mittheilung an Herrn von Dönniges höchst unangenehm sei, daß er aber bennoch, da sie einmal geschehen, der Wahrheit gemäß keinen Augenblick bestreiten könne, obige Mittheilung damals gemacht zu haben. —

Zur Urkunde Dessen habe ich, als der bei der soeben zwischen den Herrn Amberny und Lassalle stattgehabten Unter-redung gegenwärtige Zeuge, Vorstehendes aufgesetzt und be-stätige die genaue Wahrheit seines Inhalts mit meiner Ehre.

Genf, ben 26. August 1864.

Joh. Ph. Becker,
Oberst."

Erklärung Lassalle's.

„26. August.

Nachdem ich gestern bei Herrn von Dönniges vergeblich eine gütliche Beilegung der obschwebenden Angelegenheiten ver-sucht habe: nachdem Herr von Dönniges bei diesem Anlaß und trotzdem ich ihn darauf aufmerksam machte, daß sein Charakter als Vater Helenens ihn für mich unangreifbar machte, ihn aber beshalb um so mehr verpflichte, jede beleidigende Aeußerung zu vermeiden, gleichwohl gegen mich, wegen meiner Behauptung, daß gegen Helene Zwang verübt worden sei, be-

leibigende Aeußerungen ausgestoßen und diese absichtlich in
seinem Briefe an Herrn Dr. Haenle wiederholt hat, mich der
Lüge und Verläumbung beschuldigend, obwohl dieser Zwang
durch die eignen schriftlichen Erklärungen seiner
Tochter „„on ouvre toutes mes lettres — il y a eu
des scènes affreuses — je suis enfermée depuis jeudi
matin — je pars ou plutôt on me part — je ne sais
ce que l'on fera de moi"" *) etc. etc. klar bewiesen ist,
und die in meinem Briefe an den Rechtsanwalt Holthoff in
Berlin erwähnte Erzählung der Köchin, „„daß Herr von Dönniges ~~seine Tochter auch körperlich gemißhandelt habe,""~~
von mir in jenem Brief ausbrücklich nur als eine durch andere
Personen bis zu mir gelangte Erzählung der Köchin hingestellt
worden ist;

nachdem Herr von Dönniges durch seine absichtliche und
schriftliche Wiederholung jener Aeußerungen sogar die Entschuldigung momentaner Uebereilungen ausgeschlossen hat, erkläre ich:

**Mir ben zuständigen Regreß gegen Herrn von
Dönniges wegen jener Beleidigung einstweilen zu
verwahren.**

In der obschwebenden Angelegenheit selbst aber, und da
Herr von Dönniges in seinem Brief an Dr. Haenle den
Schein erregen will, daß ich ben von dem Freiherrn von
Schrenk an die Hand gegebenen Weg verließe, während ich
vielmehr genau in dem Sinne des Vorschlags des Freiherrn
von Schrenk zunächst gütliche Beilegung versuchte, ehe zu notariellen Schritten und andern Wegen übergegangen würde,
erkläre ich nunmehr hiermit nach der von Herrn von Dönniges
abgelehnten gütigen Beilegung und in genauer Ausführung
des Vorschlags des Freiherrn von Schrenk folgende Forderung
zu stellen:

Herr von Dönniges gestattet mir, vierzehn Tage lang mit
seiner Tochter in seinem Hause ungehindert und frei zu verkehren:

eventuell und mindestens:

Herr von Dönniges sistirt seine Tochter vor einem Notar

---

*) Man öffnet alle meine Briefe — es hat schreckliche Auftritte
gegeben — ich bin seit Donnerstag Morgen eingesperrt — ich reise ab,
oder vielmehr man schafft mich fort — ich weiß nicht was man mit mir
machen wird u s. w.

zu der betreffenden notariellen Erklärung, welche vor sich zu
gehen hat, nachdem ich in dem Nebenzimmer des notariellen
Kabinets eine höchstens zweistündige Unterredung allein oder in
Gegenwart des ohnehin in diese Sache eingeweihten Oberst
Rüstow mit Helene gehabt habe, um ihr die erforderlichen
Mittheilungen zu machen und die Freiheit und Wahrheit ihrer
sonst zu einem bloßen Schein herabsinkenden notariellen Erklärung zu sichern — eine Sicherung, die um so mehr erforderlich ist, als durch die gestrigen Erklärungen des Herrn von
Dönniges in mir die Ueberzeugung von der Unfreiheit, in
welcher sich in Folge des zuerst gegen sie verübten physischen,
und des noch fortdauernden moralischen Zwanges seiner Tochter
Willen befindet, nur erhöht worden ist; und mir Herr von
Dönniges auf meine bestimmte Frage, ob er be-
haupten wolle, daß Helene aus eigenem Willen und
ohne den bestimmenden Einfluß seines Verbots das
zwischen uns ausgetauschte Heirathsversprechen zu-
rückziehe, erklären mußte, eine solche Behauptung
könne er allerdings nicht aufstellen.

Die notarielle Erklärung hat vor sich zu gehen im Beisein eines von den Eltern Helenens zu bezeichnenden Mitglie-
des oder Freundes der Familie, aber mit Ausschluß der
Eltern selbst, da durch die stattgehabten Vorgänge hinreichend
bewiesen ist, daß durch die Gegenwart der Eltern die Freiheit
des Willens Helenens vollständig aufgehoben wäre.

Um jede Entstellung zu vermeiden, habe ich diese Erklärung und Forderung schriftlich aufgesetzt und Abschrift derselben durch Herrn Dr. Haenle dem Herrn von Dönniges
zugestellt.

Genf, den 26. August 1864. F. Lassalle.

Gleichzeitig habe ich die beifolgende schriftliche Erklärung
des Oberst Becker, welche die Thatsache erhärtet, daß und in
welcher Weise mir die in meinem Brief an Herrn Rechtsanwalt Holthoff erwähnte körperliche Mißhandlung Helenens mitgetheilt worden sei, Herrn von Dönniges durch Herrn Dr.
Haenle zugestellt. F. Lassalle."

Also wollte Lassalle in einem Nebenzimmer des notariellen
Kabinets entweder allein oder im Beisein des ohnehin in diese
Sache eingeweihten Oberst Rüstow eine zweistündige Unter-
redung mit Helenen, ehe diese vor dem Notar die entscheidende

Erklärung abgäbe. Auf solche Art war die Gelegenheit zum „Raub der Sabinerinnen" angebahnt. Auf welche Weise die gewünschte Unterredung scheiterte, wird das nachstehende Schrift- stück lehren.

„Genf, 26. August 1864.

Herr von Dönniges hatte sich bereit erklärt, auf den zweiten eventuellen Theil der ihm überreichten schriftlichen For- derung des Herrn Lassalle einzugehen, falls seine Tochter selbst damit einverstanden sei; und ließ in Folge dessen, trotz unserer wiederholten Ablehnung, seine Tochter herbeirufen. Nach Wunsch des Herrn Lassalle konstatirten wir Unterzeichnete den Verlauf der Besprechung, die wir in der Gegenwart des Herrn von Dönniges mit seiner Tochter hatten, in ihrer Wesenheit, wie folgt:

Sie erschien uns vollkommen geistig frei und unbefangen, zeigte eher kalten Hohn und konventionelle Heiterkeit, als auch nur die Spur irgend eines bestandenen oder noch fortdauern- den Seelenkampfes. Oberst Rüstow erörterte ihr mit Ruhe und Entschiedenheit, aus welchen Gründen Herr Lassalle auf einer höchstens zweistündigen Unterredung bestehe, mit ihr allein oder unter einer Begleitung, die etwa aus Konvenienz verlangt werden sollte, die aber die Freiheit der Besprechung nicht be- einträchtige. Sie lehnte ab, indem sie auf einzelne Vorstel- lungen erwiderte:

„Wozu Das, ich weiß, was er will. Ich habe die Sache satt."

Auf die Erinnerung an ihre Schwüre erwiderte sie neckisch: „Schwüre! Ich schwöre ja nicht!"

Auf die Bemerkung, daß diese Antworten doch im schroff- sten Widerspruche stünden mit den so außerordentlichen Schritten, die sie gegenüber Lassalle gethan habe, z. B. mit dem Schritte in der Pension Bovet, entgegnete sie leichthin:

„Ja, Das ist richtig; aber das geschah nur im ersten Moment.'

Endlich stellte ihr Rüstow auch noch vor, daß eine ihrer Aeußerungen die Deutung zulasse: als ob sie von einer per- sönlichen Besprechung mit Lassalle eine Rückkehr zu ihrer früheren Stimmung selbst befürchte. Das verneinte sie und bezeichnete die Besprechung als „ganz nutzlos"; und da Dr. Haenle die Ansicht äußerte, es sei ja nicht nöthig, daß die Besprechung volle zwei Stunden dauerte, da ja Lassalle, wenn sie ihm in derselben Weise entgegnete, sicher früher abbrechen würde, sprach sie lächelnd:

„Lassalle spreche gern und viel, es würden wohl kaum die zwei Stunden reichen."

Oberst Rüstow stellte ihr vor, daß sie selbst zugebe, Lassalle ein tiefes Unrecht angethan zu haben, und daß sie ihm daher eine Genugthuung schulde. Sie warf dagegen lächelnd ein: „Seiner Eitelkeit?"

Und Oberst Rüstow berichtigte: Nein, ich spreche von seinem Mannesbewußtsein.

Nachdem also dieser Dialog beendigt war, führte ihr Dr. Haenle noch vor, daß sie die gewünschte Besprechung doch aus dem doppelten Grunde gewähren, ja selbst wünschen sollte, weil sie einerseits an Herrn Lassalle ein Unrecht begangen habe — und Dies gab sie sofort zu —, für das sie ihm irgend eine Genugthuung schulde, und weil für sie und ihre Familie hierdurch vielleicht die unangenehmen Folgen gemindert werden könnten, welche drohten, wenn die voraussichtlich leidenschaft- liche Verfolgung der Sache durch Lassalle das Bekanntwerden der Vorgänge im Gefolge hätte. Sie erklärte, daß sie die Richtigkeit dieser Vorstellung nicht bestreiten könne, sich daher die Sache überlegen und ihren Entschluß an Dr. Haenle schrift- lich mittheilen wolle.

W. Rüstow, Oberst-Brigadier.   Dr. Haenle."

Brief Dr. Haenle's an Herrn von Dönniges.

„Genf, 26. August 1864.

Verehrtester Herr Geschäftsträger!

Der Bericht, den Herr Oberst Rüstow und ich über Form und Inhalt der heutigen Erklärungen Ihrer Fräulein Tochter Helene wahrheitsgetreu an Herrn Lassalle erstatten mußten, hat auf diesen einen Eindruck gemacht, durch welchen das in Aussicht gestellte Schreiben Ihrer Fräulein Tochter ebenso, wie jede weitere anwaltliche Thätigkeit, überflüssig wird. Ich ver- lasse daher Genf, verabschiede mich auf diesem Wege und benutze diesen Anlaß zur Versicherung vorzüglichster Hochachtung.

Ihr

ganz ergebenster

Haenle."

Zehntes Kapitel.

Das Duell als Akt der Rache und Sühne.

Nachdem Dr. Haenle und Oberst Rüstow das im vorigen Kapitel mitgetheilte Protokoll über ihre Unterhandlung mit Helenen abgefaßt und es Lassalle vorgelesen hatten: da brach er in die leidenschaftlichste Wuth aus, rannte gleich einem verwundeten Tiger im Zimmer umher, zerraufte sich mit beiden Händen das Haar und stieß die Aeußerungen aus:

„Mir, mir sollte man ungestraft ein solches Spiel getrieben haben! Gegen mich sollte man solche Beleidigungen gewagt haben! Mich sollte man mit solcher Lächerlichkeit, mit solchem Hohn und Spott bedecken können! Ich sollte von einer solchen Dirne hintergangen und verspottet sein! Ich sollte mit solchen miserablen Gegnern und Hindernissen, die jeder dumme Junge überwunden hätte, nicht fertig geworden sein! Ich muß Rache haben!"

Sophie von Hatzfeldt triumphirte. Sie hatte über Helene die Partie gewonnen. Es handelte sich aber jetzt darum, den fürchterlichen Zorn Lassalle's von sich auf andere Personen abzulenken. In der That war es auch nicht schwer, die Familie Dönniges, welche dem Bewerber einen Korb zugestellt hatte, zur Zielscheibe der Wuth zu machen.

Es ist ein von Lassalle's Hand geschriebener Zettel in meinem Besitz gewesen, worauf wörtlich geschrieben stand: „Aus gewissen Veranlassungen habe ich meinem Leben durch einen Pistolenschuß ein Ende gemacht." Dieser Zettel soll zur Sicherstellung der Sekundanten geschrieben worden sein. Er wurde zwei Jahre lang von F. W. Fritzsche, Präsidenten des Allgemeinen Deutschen Zigarrenarbeitervereins, dem späteren Reichstagsabgeordneten, verwahrt und anfangs 1867 an Sophie von Hatzfeldt abgegeben.

Als Lassalle's Zorn auf die Familie Dönniges abgelenkt war, erfolgte die Provokation zum Duell, wie aus nachstehenden Briefen ersichtlich wird:

Lassalle an Herrn von Dönniges.

„Genf, 26. August.

Herrn von Dönniges, Hochwohlgeboren.

Nachdem ich durch den Bericht des Oberst Rüstow und des Dr. Haenle vernommen habe, daß Ihre Tochter Helene eine verworfene Dirne ist und es folgeweise nicht länger meine Absicht sein kann, mich durch eine Heirath mit ihr zu entehren, habe ich keinen Grund mehr, die Forderung der Satisfaktion für die verschiedenen mir von Ihnen widerfahrenen Avanien*) und Beleidigungen länger zu verschieben, und fordere Sie daher auf, mit den beiden Freunden, die Ihnen diese Erklärung überbringen, die erforderlichen Verabredungen zu treffen.

F. Lassalle.“

Lassalle an Herrn von Racowitz.

„Genf, 26. August.

Herrn von Racowitz, Hochwohlgeboren.

Nachdem Sie durch den Oberst Rüstow zum Theil über das zwischen mir und Fräulein Helene von Dönniges bestehende Verhältniß unterrichtet worden sind, würde es Ihnen vielleicht auffallend erscheinen können, nicht von mir aufgesucht und über die Uebernahme der eigenthümlichen Rolle, die man Ihnen zugetheilt hat, zur Rede gestellt zu werden.

Zur Erklärung Dessen übersende ich Ihnen Abschrift der Sie interessirenden Stelle eines Briefes, den ich soeben an Herrn von Dönniges zu richten mich genöthigt sah.

Sie ersehen daraus, daß Sie in mir keineswegs mehr einen Rivalen haben, und daß ich Ihnen gern ein Glück von nun an ungetheilt gönne, auf das ich meinestheils nach den heute erlangten Ueberzeugungen freudig verzichte.

Mit aufrichtiger Theilnahme

F. Lassalle.“

Sonst war Lassalle ein heftiger Gegner des Duells gewesen. Er hatte dasselbe verworfen, weil es prinziplos und feig sei. In einem glücklichen Liebesabenteuer zu Berlin hatten ihn seine Gegner, da er sich auf kein Duell einließ, im Thiergarten mit Stöcken überfallen, und er war handgemein mit

---

*) Beschimpfungen.

ihnen geworden. Aus Anlaß dieses Ueberfalls, in welchem er
sich tapfer vertheidigte, war ihm zur Belohnung für seine
Tapferkeit vom Geschichtsschreiber Förster der Stock Robes-
pierre's, den er nun immer bei sich führte, geschenkt worden.
Jetzt dagegen provozirte er selbst zum Duell und erklärte dasselbe unter Umständen für nothwendig als Mittel der Rache
und Sühne. So gerieth er mit seinen früheren Ansichten in
grellen Widerspruch.

Die beiden Freunde, die ihm als Sekundanten dienen
sollten, waren der Oberst Rüstow und der Oberst Johann Philipp
Becker. Letzterer versagte jedoch Lassalle den erbetenen Dienst und
wurde deßhalb von ihm geringschätzig behandelt. Lassalle erkor
darauf den ungarischen General Bethlen als seinen Sekundanten.
Indeß trat Niemand mit freundlicher Offenheit Lassalle entgegen, um das Duell zu verhindern; wohl aber zerbrach Johann
Philipp Becker an der einen Pistole, indem er mit dem Büchsenschmied becherte, eine Feder, die indeß leicht wieder hergestellt
wurde. Johann Philipp Becker war im entscheidenden Augenblick krank geworden.

Ueber das Duell liegt von Rüstow folgender Bericht vor:
„Die Würfel waren gefallen, die Briefe Lassalle's an
Herrn von Dönniges und Herrn von Racowitz abgeschickt. Ich
war in Verzweiflung, aber die Sache ließ sich nicht ändern,
ebenso wenig, wie sie hat verhindert werden können. Lassalle
bat Oberst Becker und mich, ihm vorkommenden Falles zu
secundiren; da Becker aus prinzipiellen Gründen ablehnte,
wählte er (Lassalle) an seiner Statt den ungarischen General
Bethlen; die Weigerung Becker's war auch der Grund gewesen,
daß der Brief an Dönniges, statt durch Becker und mich überbracht zu werden, durch einen Kommissionär überbracht worden war.

Noch an demselben Abend ging ich zweimal in das Haus
des alten Dönniges, fand ihn aber nicht. Am 27. Vormittags begab ich mich zu General Bethlen, um mit ihm zu Dönniges zu gehen, er konnte mich aber nicht begleiten, und ich
kehrte deßhalb in das Hotel Viktoria zurück, um zu sehen, ob
mittlerweile dort eine Botschaft von Seiten des alten Dönniges eingetroffen sei. Im Salon der Frau Gräfin von Hatzfeldt fand ich Lassalle, der mich bald auf sein Zimmer führte.
**Er wollte mir mein Ehrenwort abnehmen, mit der
Frau Gräfin Nichts über die ganze Angelegenheit**

14

zu reden, was ich jedoch entschieden verweigerte.
Er theilte mir darauf mit, daß am Morgen Graf Keyserling
und Dr. Arndt bei ihm gewesen sei, um ihn im Namen des
Herrn von Racowitza zu fordern. Ich erklärte, auf diese
Forderung könne er sich nicht einlassen, ehe der alte Dön=
niges ihm Genugthuung gegeben. Dieser habe die
Priorität, und es sei gegen alle Regeln, dem Herrn von Ra=
cowitz, der sich hier wieder dazwischen schieben lasse, zu
Gefallen zu sein. Lassalle antwortete, mich bei meiner Freund=
schaft beschwörend, es dürfe unter keinen Umständen eine Ver=
zögerung eintreten; um zwölf Uhr würden Keyserling und Arndt
wieder bei ihm sein, um mich zu treffen.

Ich protestirte, sah aber bald, daß Lassalle entschlossen
war, und fügte mich in das Unvermeidliche. Ich blieb auf
Lassalle's Zimmer. Zur angegebenen Stunde kamen die beiden
Herren und machten mir, nachdem Lassalle sich entfernt, ihre
Mittheilung. Ich wies nachdrücklich auf die Priorität des
alten Dönniges hin; allein man zeigte mir an, daß dieser in
aller Eile nach Bern entflohen sei und die Vertretung der
Familienehre seinem künftigen Schwiegersohne anvertraut habe.
Man äußerte das Verlangen, daß das Duell noch an selbigen
Abende — 27. August — stattfinden solle. Hiergegen pro=
testirte ich auf das Entschiedenste, hervorhebend, daß ich in so
kurzer Zeit den zweiten Sekundanten nicht zur Stelle haben
könne. Man kam zu keinem definitiven Beschluß, und schließ=
lich wurde verabredet, daß die Herren um drei Uhr in meine
Wohnung kommen sollten.

Nachdem die Herren sich entfernt, erstattete ich Lassalle
Bericht über die Zusammenkunft. Nochmals brachte ich die
Prioritäts=Frage vor und drang auf Ablehnung der Forderung
Racowitza's. Lassalle wies aber mit Heftigkeit jeden Aufschub
zurück. Ich erwiderte, die Sache habe keine solche Eile;
Bethlen schien ebenfalls einen Aufschub zu wünschen — doch
Lassalle wollte auf Nichts hören und forderte mich peremtorisch
(gebieterisch) auf, für den nächsten Morgen Alles für das
Duell anzuordnen.

Was sollte ich thun? Lassalle war von seinem Ent=
schluß nicht abzubringen. Meine Aufgabe war nun, die nö=
thigen Vorbereitungen möglichst günstig für Lassalle zu treffen,
falls das Duell nicht zu verhindern sei, was ich immer noch
für möglich hielt.

Zunächst eilte ich zu General Bethlen, theilte ihm Alles mit und bestellte ihn auf 3 Uhr zu mir.

Um 3 Uhr Nachmittags erschienen General Bethlen, Graf Keyserling und Dr. Arndt in meiner Wohnung. Ich versuchte ein Arrangement zu bewerkstelligen. Die Gegenpartei bestand auf folgenden Bedingungen: Abbitte seitens Lassalle's und Rückgabe der Briefe des Fräulein von Dönniges.

Dies mußten wir zurückweisen. Da ich aber doch die Hoffnung auf eine gütliche Beilegung nicht aufgeben wollte, veranlaßte ich, daß eine nochmalige Zusammenkunft bei mir auf Abends 8 Uhr festgesetzt wurde. Hierauf wurde der Modus des Duells für den Fall, daß es stattfinden sollte, festgesetzt. Die Gegner bestanden auf gezogenen Pistolen, wir auf glatten, und unser Vorschlag ging auch durch. Ich wußte aber, daß glatte Pistolen schwer zu haben waren, daß in ganz Genf blos Ein gutes Paar existirte.*)

In das Viktoria-Hotel zurückgekehrt, bat ich Lassalle, sich etwas einzuschießen, und gab ihm einen Ort an, wo er Gelegenheit habe. Er erklärte das aber für „„dummes Zeug""". Wie ich nachträglich erfuhr, war Herr von Racowiza anderer Ansicht; wenigstens hieß es allgemein in Genf, er habe an diesem Nachmittag auf dem Schützenstand 150 Uebungsschüsse abgefeuert.

Mit Becker — an den ich mich wendete, weil er den Büchsenschmied kannte, der das geeignete Paar Pistolen hatte — und mit Herrn Dr. Arndt holte ich hierauf die Pistolen, um sie einzuschießen. Ich hatte noch viel zu thun und bat deßhalb Becker, sie einzuschmieren.

Um 3 Uhr war zweite Zusammenkunft in meiner Wohnung. Alle Versuche, zu einem Arrangement zu gelangen, blieben fruchtlos. Die Gegenpartei beharrte auf ihren Forderungen, die nicht blos ich, sondern General Bethlen für unzulässig hielt. Ich war indignirt über die Forderung. Lassalle, der so tief gekränkte, sollte abbitten! Das Duell wurde nun auf den 28. Morgens festgesetzt.

Gegen 9 Uhr kam Becker mit dem Büchsenschmied, sagte, daß an der einen Pistole eine Feder gesprungen sei, und

---

*) Wenn Oberst Rüstow auf diese Weise das Duell, das er herbeiführen half, verhindern wollte: wie kam es dann, daß er sammt Johann Philipp Becker gerade dieses einzig gute Paar auftrieb?

brachte zwei Paar andere, ganz schlechte, glatte Pistolen, außerdem ein Paar gezogene (Kuchenreuter). Ich verlangte, die Feder solle gemacht werden, und zwar sogleich, und entschloß mich, um ganz sicher zu gehen, selbst mit zum Büchsenschmied zu gehen. In seiner Wohnung angekommen, erklärte mir dieser, wegen des Belagerungszustandes — in Folge der bekannten Genfer Augustereignisse — könne er bei Nacht nicht arbeiten, den andern Tag in aller Frühe werde er die Feder machen. Ich gestehe, daß ich über dieses Hinderniß beinahe mein kaltes Blut verlor, zumal ich ohnehin schon in einer sehr gereizten Stimmung war.

Es mochte unterdessen 10 Uhr geworden sein, und ich begab mich nun ins Viktoria-Hotel, wo ich schon am Morgen ein Zimmer bestellt hatte, um bei Lassalle sein zu können. Ich theilte ihm das Vorgefallene mit, und er nöthigte mich dann, einen Brief an Dr. Arndt zu schreiben, in welchem ich Diesem sagen mußte, daß möglicherweise für den 28. keine glatten Pistolen zu haben wären: für den Fall nehme er gezogene an, und da General Bethlen solche absolut verwerfe, würde er dann an dessen Statt Herrn von Hofstetten zum Sekundanten wählen. Diesen Brief besorgte Herr von Hofstetten selbst noch um 11 Uhr Nachts.

Ich unterhielt mich noch bis um Mitternacht mit Lassalle und machte ihn namentlich darauf aufmerksam, daß wir die Stellung beim Duell beliebig ausgemacht hätten, damit er sich nach seiner Bequemlichkeit postiren könne, und daß er doch nicht, wie es seine fehlerhafte Gewohnheit war, zu lange zielen möchte, da er nicht allein schieße u. s. w.

Um Mitternacht ging ich zu Bette. Schon um drei Uhr des andern Morgens stand ich auf und eilte, nachdem ich mich angekleidet, in meine Wohnung, wo ich mehrere Kleinigkeiten zu holen hatte. Von da ging ich zum Büchsenschmied, fand ihn — um 4 Uhr an der Arbeit, nahm gleich die eine Pistole mit und kehrte ins Viktoria-Hotel zurück. Um 5 Uhr weckte ich Lassalle, der sanft schlief. Zufällig sah er gleich die Pistole. Er ergriff sie, fiel mir um den Hals und sagte: „„Da habe ich ja gerade, was für mich paßt!““

Um 5½ Uhr war ich wieder beim Büchsenschmied

und erhielt nun auch die andere Pistole, die ich ins Hotel brachte.

Dann holte ich Bethlen ab.

Nach 6¹/₂ Uhr fuhren wir mit Hofstetten, den Lassalle für alle Fälle mitnehmen wollte, nach Carouge, einer Vorstadt von Genf, ab. Hier sollten sich die Parteien um 7¹/₂ Uhr treffen. Vor der Abfahrt hatte mir Lassalle sein Testament übergeben, das ich im Falle eines unglücklichen Ausgangs der Frau Gräfin von Hatzfeldt zur Beförderung an die Genfer Justiz übergeben sollte — wie auch geschehen ist. Vor 7 Uhr waren wir in Carouge. Unterwegs hatte mich Lassalle wiederholt gebeten, ich möge doch machen, daß das Duell auf französischem Boden stattfinde, damit er doch in Genf bleiben und die Angelegenheit mit dem alten „„Ausreißer““ erledigen könnte. So sehr ich mich über seine Sicherheit freute, war mir Das doch etwas zu arg. Ich bemerkte ihm, daß er auf der Mensur nicht allein stehe, und daß jede Kugel treffen könne; man dürfe einen Gegner nie verachten. Aber meine Worte machten keinen Eindruck.

Vor 7 Uhr waren wir in Carouge, und da die Gegenpartei noch nicht angekommen war, warteten wir: Lassalle, der nicht die geringste Aufregung verrieth, trank eine Tasse Thee.

Um 7¹/₂ Uhr kamen die Andern. Sie hatten den Dr. Seiler bei sich, der einen passenden Ort kannte. Sie fuhren voraus, und wir folgten. Hofstetten ließen wir in Carouge zurück, er sollte in einer Droschke nachfahren. In der Nähe des Platzes, den Dr. Seiler im Auge hatte, stiegen wir aus und gingen durch das Gebüsch, bis wir an Ort und Stelle waren.

Ich wurde durch das Loos dazu bestimmt, für den ersten Schuß*) zu laden und das Kommando zu geben.

Die Parteien wurden nun auf die Mensur gestellt, während ich lud. Man ermahnte mich von mehreren Seiten, ja recht akzentuirt und laut zu kommandiren; dieser Ermahnung bedurfte es natürlich nicht. Für jeden Schuß waren 20 Sekunden gegeben, welche von dem ladenden Sekundanten dadurch

---

*) Also war es auf mehrere Schüsse abgesehen. Wahrscheinlich sollte so lange geschossen werden, bis einer der beiden Gegner gefallen oder kampfunfähig war.

zu markiren waren, daß er beim Anfang 1, bei 10 Sekunden 2, bei 20 Sekunden 3 kommandirte. Ich beobachtete die Vorsicht, vorher noch: „„Achtung!"" zu rufen.

Ich gab das Kommando 1. Kaum 5 Sekunden nachher fiel der erste Schuß und zwar von Seiten des Herrn von Ra-cowitza. Unmittelbar nachher, es verging nicht eine Sekunde, antwortete Lassalle.

Er schoß vorbei, er hatte den Tod schon im Leibe. Es war ein Wunder, daß er überhaupt noch hatte schießen können.

Nachdem er gefeuert, trat er unwillkürlich zwei Schritte links. Nun erst hörte ich — denn ich hatte auf die Uhr sehen müssen — wie Jemand (ich weiß nicht, war es General Bethlen oder Dr. Seiler) fragte: „Sind Sie verwundet?"

Darauf antwortete Lassalle: „Ja."

Wir führten ihn nun sogleich auf eine Decke, wo man ihn niederlegte und den ersten Verband anlegte.

Während die Gegenpartei sich entfernte, führten Dr. Seiler und ich Lassalle zu einer Kutsche und halfen ihm hinein. Wir beide fuhren mit ihm und unterstützten ihn unterwegs, so gut es ging. Bethlen fuhr mit Hofstetten in der Droschke zurück, in welcher der Letztere gekommen war.

Ich ließ den Kutscher die Wege einschlagen, wo es kein Pflaster gab. Nur 200 Schritte weit hatten wir über Steine zu fahren.

Lassalle war unterwegs sehr still: nur, als wir über das holperige Steinpflaster kamen, sprach er von dem Schmerze, den ihm die Wunde verursache, und fragte, ob wir bald zu Hause seien.

Daß die Wunde gefährlich, wußte ich aus Erfahrung. Daß sie tödtlich sei, erfuhr ich erst gegen Mittag, als ich auf sein Dringen zu einem Notar eilte, von Dr. Seiler, der mir begegnete.

Als der Notar kam, schickte ich ihn wieder fort, weil Lassalle mir damals nicht in dem Zustand schien, Jemand zu empfangen.

Den Tag darauf mußte ich aber auf den dringend aus-gedrückten Wunsch Lassalle's zum Advokaten Amberny gehn, mit dem er noch über sein mir vorher schon über-gebenes Testament sprechen wollte. Amberny fand das Testament ganz in der Ordnung, und in seiner Gegen-wart wurde es von Lassalle wieder versiegelt, der auch eine neue Abresse darauf schrieb. Ambernh und ich waren mit Lassalle allein im Zimmer, der Krankenwärter war gerade zum Essen gegangen, wozu ich ihm die Erlaubniß gegeben. Vom Inhalt des Testaments erfuhr ich hier Nichts, da ich auf dem Kanapee saß. Die erste Kunde des Inhalts erhielt ich in Gegenwart der Frau Gräfin Haßfeldt durch Philipp Becker, der es im Auftrag dieser Dame dem Zivil-Tribunal übergab......

Nachträglich noch eine Bemerkung über den tödtlichen Schuß.

Wenn man die Ursache des Duells betrachtet; —

Wenn man speziell frühere Aeußerungen des Fräulein von Dönniges erwägt, die sie bem Herrn von Racowitza gegenüber gethan haben wollte, nämlich: sie werde ihm nie treu bleiben, sobald sie Lassalle wieder begegne; —

Wenn man betrachtet, baß Herr von Racowitza sich am Nachmittag bes 27. August sehr sorgfältig eingeschossen: —

so muß einem unwillkürlich der Gedanke kommen, baß Herr von Racowitza sich diesen Schuß einstudirt habe.

Das habe ich wiederholt öffentlich gesagt unb Das bleibt bestehen. Wollte ich aber eine Gewißheit barüber aussprechen, so würbe man mich einfach auslachen."

Soweit Rüstow's Bericht, wie er ihn in die Broschüre ber Gräfin geliefert hat.

Elftes Kapitel.

Lassalle's Tod, Testament und Leichenfeier.

Es ist oben erzählt worden, daß Lassalle, ehe er seine Badereise in die Schweiz antrat, einige Tage in Frankfurt am Main zubrachte. Am 2. Juli Abends, nachdem er seinen Vortrag im „Nebstock" gehalten hatte, gingen mehrere Mitglieder des Allgemeinen Deutschen Arbeitervereins in den Holländischen Hof, in welchem Lassalle logirte. Dort befanden sich auch die Gräfin Hatzfeldt, Baron von Schweitzer und Buchdruckereibesitzer Vaist, die es ungern sahen, daß Arbeiter erschienen waren, um mit Lassalle zu sprechen. Sie zogen sich mit Lassalle zurück, sahen sich aber genöthigt, endlich im großen Wirthszimmer mit den Arbeitern zu verkehren. Unter den Letzteren war ein Kunstgärtner, Namens Cluhy, mit welchem Lassalle in Streit gerieth, weil Cluhy in republikanisch-revolutionärer Weise sprach. Lassalle wurde dabei so heftig, daß er sagte, er werde den hiesigen Vereinsbevollmächtigten ersuchen, solche Leute, wie Cluhy, ohne Weiteres aus der Liste zu streichen. Hierauf machten Lassalle und Baron von Schweitzer sich lustig über die festen Charaktere: weßhalb ich zu ihnen sagte, ich müßte mich sehr über ihren Spott wundern, da gerade die festen Charaktere die Träger der Parteien und die Säulen der Zeit seien. Wir verabschiedeten uns spät in der Nacht, und ein Paar Vereinsmitglieder begleiteten mich, wie das häufig geschah, nach meiner eine Viertelstunde vor der Stadt auf dem Röberberge gelegenen Gartenwohnung. Unterwegs sagte ich zu einem von ihnen:

„Die Hatzfeldt ist eine — — Noch nie in meinem ganzen Leben habe ich eine solche Empfindung gehabt, wie heute Abends. Ich glaube mit Sicherheit, daß Lassalle ein Mann des Todes ist. Seine geschichtliche Mission ist aus. Es gehen Intriguen gegen die Demokratie vor sich; aber ich wache für die Partei."

Am 3. Juli ging ich mit Lassalle allein in den Straßen Frankfurts. Da sprach er zu mir: „Sie waren gestern Abends sehr verstimmt; was hatten Sie?" — Ich antwortete: „Die Unterhaltung war mir zuwider." Er fragte hierauf: „Also waren Sie meinetwegen verstimmt?" und ich sagte: „Ja, Lassalle." — Er schwieg, und wir gingen stillschweigend zu Baist, dem er einen Besuch abstattete. — Auf einer Spazierfahrt am folgenden Tag, wie ich oben angegeben habe, bemerkte er mir, daß seine letzte Hoffnung auf einen europäischen Krieg gerichtet sei.

Als er mit Schweitzer, um nach der Pfalz abzureisen, in den Eisenbahnwagen gestiegen war, machte ich beim Scheiden die höhnische Bemerkung: „Es gibt Leute, die für die Wittels-bacher Dynastie geschrieben und den baierischen Scheinkonstitu-tionalismus als echte Freiheit gelobt haben. Das hat Schweitzer da gethan!" — Das waren die letzten Worte, die ich mit Lassalle austauschte. Schweitzer lachte.

Gleich hernach gerieth ich in einen Federkrieg mit dem freigemeindlichen Predigern Flos und Uhlich, von denen der Letztere unsere Partei bei einem im Saale des Frankfurter Arbeiter-Bildungsvereins gehaltenen Vortrage angegriffen hatte, aber von mir zur Revokation*) genöthigt worden war. Flos hatte die Sache in einer Korrespondenz des „Frankfurter Journals" falsch berichtet und gerieth durch meine im Frank-furter „Volksfreunde" gebrachte Entgegnung dergestalt ins Gedränge, daß ihm der nach Magdeburg zurückgekehrte Uhlich zu Hilfe kam, indem dieser unter Anderm auch falsche An-gaben über die Mitgliederzahl des Magdeburger Arbeiter-Bildungsvereins machte. Er schickte aus Magdeburg dem Frankfurter „Volksfreunde" eine Bescheinigung zu, wonach die Zahl der dort aufgenommenen Mitglieder seit Gründung des genannten Vereins am 21. Januar 1863 nicht weniger, als 2943 betragen und wonach bis zum 9. August 1864 den Beitrag 1635 Köpfe regelmäßig bezahlt haben sollten. Die Wochenversammlungen sollten zufolge dieser falschen Angabe von 800—1000 Mitgliedern regelmäßig besucht worden sein. Ich reiste daher von Frankfurt nach Magdeburg, um dort eine Gemeinde des Allgemeinen Deutschen Arbeitervereins zu grün-den und zugleich das Material zu holen, durch welches ich die

---

*) Zum Widerruf.

Falschheit der Angaben des Verkünders freigemeinbürgerlicher Wahrheit konstatiren wollte. Leider verhinderten mich die Vorgänge,
welche in Folge des Lebensendes Lassalle's eintraten, von
meinem Material Gebrauch zu machen und den Strauß aus-
zufechten. Denn als ich in der Nacht vom 31. August auf
den 1. September wieder in Frankfurt am Main ankam, fand
ich drei telegraphische Depeschen auf meinem Zimmer. Die
eine, von dem inzwischen nach Berlin übergesiedelten Baron
von Schweitzer abgeschickt und Jean unterzeichnet, lautete:

„L. im Duell verwundet. Geheim halten. Auch meine
Adresse."

Die zweite, von eben daher, meldete mir, daß die Wunde
lebensgefährlich sei. Die dritte Depesche aber, durch Baron
von Hofstetten aus Genf geschickt und von ihm unterzeichnet,
enthielt die Worte:

„Höchst traurige Nachricht. Lassalle in Folge einer im
Duell erhaltenen Wunde heute gestorben."

Die Gräfin Hatzfeldt erzählte später mir und Andern in
Berlin, daß Lassalle, als er an seiner Wunde krank darnieder-
lag, gar Nichts mehr gesprochen habe. Nur einmal, sagte sie,
sei er vor Schmerz emporgeschnellt und habe stürmisch zu
trinken verlangt. Ihm wurde, wie das bei Duellverwundungen
zu geschehen pflegt, so viel Opium zur Stillung seines Schmerzes
eingegeben, daß er fortwährend davon ganz betäubt war. Obgleich ihn mehrere berühmte Aerzte behandelten, konnte er doch
nicht gerettet werden; denn seine Wunde war tödtlich. Auch
würde ihm, wenn er genesen wäre, das Leben wohl zur Last
gefallen sein, da die Erinnerung an die erlittene Schmach ihm
das Dasein verbittert hätte. Als Todestag Lassalle's gilt der
31. August.

Den ersten ausführlichen Bericht über den Hergang des
Duells erhielt ich durch Baron von Hofstetten. Nachdem ich
nämlich sofort eine Todtenfeier in Frankfurt ausgeschrieben und
den Tod Lassalle's in den Frankfurter Zeitungen bekannt gemacht hatte, fuhr ich am 4. September nach Leipzig, wohin
mich der von Lassalle eingesetzte Vizepräsident rief. Ich hatte
vorher zur Einberufung einer Vorstandssitzung ihn aufgefordert.
In Leipzig erhielt ich die Nachricht, daß Baron von Hofstetten,
von Genf kommend, mich in Frankfurt hatte sprechen wollen,
und daß er, als er mich nicht mehr angetroffen, weiter nach
Berlin zu Baron von Schweitzer gereist war. Inzwischen hatte

sich der Kaufmann Gustav Lewy von Düsseldorf, der Kassirer des Vereins, auch nach Frankfurt, wie ich bei meiner Rückkehr ersah, an mich mit der Aufforderung gewandt, sofort nach Genf zu reisen, um genaue Erkundigungen einzuziehen. Sonst liegen folgende Telegramme vor:

Telegramm Nr. 39.
„Düsseldorf, 1. September 1864.

An Willms, Berlin, Lützowerstraße 44.

C. von Genf auf meine Depesche an Becker keine Antwort. Rheinische Zeitung telegraphische Todesnachricht. Erwarte Drahtantwort. Lewy."

(Abgesendet 7 Uhr 30 Min. Nachm., angekommen 10 Uhr Abends.)

Telegramm Nr. 1.
„Leipzig, 1. September 1864.

Eduard Willms in Berlin, Lützowerstraße 44C. Dammer kommt heute mit erstem Zuge. Bis zu seiner Ankunft nichts beschließen. M. Dammer."

(Abgegangen Vormittags 7 Uhr 33 Min.)

Telegramm Nr. 22.
„Barmen, 2. September 1864.

Herrn Eduard Willms in Berlin, Lützowerstraße Nr. 10 (?). Die zweite Ausgabe der Elberfelder Zeitung von Heute bringt ein Telegramm von Berlin, Lassalle sei am Montag in einem Duell tödlich verwundet und gestern gestorben. Hierüber bitte Gewißheit auf telegraphischem Wege. F. C. Mann, Parlamentsstraße Nr. 8."

(Abgegangen 9 Uhr 20 Minuten Vormittags.)

Von Leipzig sandte Dammer folgendes Telegramm nach Berlin:

Telegramm 273.
„Leipzig, 5. September 1864.

C. Willms, Lützowerstraße 44C. Berlin. Becker hier. Hofstetten soll unter allen Umständen sofort kommen. Ich muß Nachricht haben. Dammer."

(Abgegangen 10 Uhr 49 Minuten Vormittags.)

Auf die Depesche Dammer's kam Baron von Hofstetten in Begleitung des Barons von Schweitzer mit dem Abendzuge am nächsten Tage in Leipzig an. Sie logirten sich im Hotel zur Stadt Dresden ein, und hier erzählte uns Hofstetten als Augenzeuge bei zwei Bowlen Glühwein, indem Schweitzer von Zeit zu Zeit ergänzte oder berichtigte, bis früh um 4 Uhr den Hergang des Duells. Außer den Genannten war noch der Leipziger Geschichtsprofessor Dr. Heinrich Wuttke, mein alter Lehrer, anwesend. Hofstetten reiste dann nach München, Schweitzer nach Berlin zurück. Hofstetten sagte mir: er habe von Johann Philipp Becker erfahren, Lassalle habe mir eine Jahresrente von 400 Thalern in seinem Testamente ausgesetzt. Die Gräfin Hatzfeldt erzählte mir später, daß sie am zweiten Tage der Verwundung Lassalle's das Testament von ihm habe abändern lassen, weil sie selber für mich in pekuniärer Hinsicht sorgen wolle. Hofstetten seien Lassalle's Waffen und Schweitzer 100 Stück Bücher vermacht. Außerdem habe Lassalle in seinem Testamente mich als seinen Nachfolger bezeichnet; er habe Hofstetten gesagt, daß er Schweitzer, der außer mir nur in Frage kommen könne, nicht als seinen Nachfolger wegen der Mannheimer Geschichte erwählen könne.

Was später als das Lassalle'sche Testament bekannt wurde, enthielt die Bestimmung, daß Lothar Bucher und Holthoff die Testaments-Exekutoren sein sollten. Ersterem war jährlich eine hohe Jahresrente, Letzterem die Summe von 2000 Thalern ausgesetzt. Auch Rüstow war mit einer Jahresrente bedacht: ebenso mehrere andere persönliche Bekannte Lassalle's. Die Gräfin Hatzfeldt erhielt 30000 Thaler und sollte die Papiere Lassalle's erben. An Lothar Bucher war das Autorrecht der Lassalle'schen Schriften übertragen. Er übertrug nach einiger Zeit das Autorrecht der Agitations-Schriften auf mich. In Bezug auf mich theilte mir die Gräfin Hatzfeldt einen von ihrer Hand beschriebenen Zettel mit des Inhalts:

„Abschrift aus dem Testamant Lassalle's. Dem A. D. Arbeiterverein empfehle ich, zu meinem Nachfolger den Frankfurter Bevollmächtigten B. Becker zu wählen. Er soll an der Organisation festhalten! Sie wird den Arbeiterstand zum Siege führen."

Die Richtigkeit dieser Stelle des Testaments wurde mir einige Zeit darauf vom Testaments-Exekutor Holthoff, den ich mit der Gräfin Hatzfeldt besuchte, dokumentarisch verbürgt.

In Bezug auf mich war in jenen Abschriften, welche vom fraglichen Testamente nach Deutschland gelangten, Nichts weiter enthalten.

Wenn also in öffentlichen Blättern die Nachricht ausgestreut worden ist, daß Lassalle mich mit den nöthigen Geldmitteln ausgerüstet habe, um die Agitation kräftig fortsetzen

zu können, so haben die Verbreiter jener Neuigkeit sich geirrt.
Lassalle hinterließ mir blos die Sorge für den Verein und
eine schon anbrüchig gewordene Organisation. Außerdem sei
nur noch bemerkt, daß Lassalle's Schwester in jenem Testamente gar nicht bedacht, ja nicht einmal erwähnt, und daß
seine Mutter zur Universalerbin eingesetzt war. Das Testament
wurde angefochten, weil seine Echtheit angezweifelt wurde, und
es entspann sich ein jahrelanger Prozeß, über dessen Verlauf
ich keine genauen Nachrichten eingesammelt habe, weil mich die
Sache nicht interessirte.

Das Testament Lassalle's ist nicht nur in einiges Dunkel
gehüllt, sondern auch seine Gültigkeit, selbst wenn die Echtheit
nicht bemängelt werden konnte, war nach preußischem Recht
sehr zweifelhaft. Die Rechtsautoritäten widersprachen sich.
Der Testaments-Exekutor Rechtsanwalt Holthoff selber war dieser
Ansicht, und er sprach sie vor der Gräfin Hatzfeldt in meinem
Beisein aus.

Nachdem Lassalle in einem so elenden Kampfe, in einem
Streite zwischen zwei Weibern — zwischen zwei Emanzipirten,
einer alten und einer jungen Kokette — sein Leben gelassen
hatte, ließ die Siegerin den Leichnam einbalsamiren und kam
nach Deutschland, um daselbst ihren Triumphzug zu halten.
Von Leipzig war ich nach Berlin gereist, weshalb die Gräfin
Hatzfeldt dahin folgendes Telegramm absandte:

Telegramm 323.
„Frankfurt am Main, 11. September 1864.
Willms, Potsdamerstraße 131, Berlin. — B. Becker
muß unter allen Umständen Montag Abends in Düsseldorf
sein, gibt keine Entschuldigung.   Gräfin Hatzfeldt.“
(Aufgegeben 9 Uhr Vormittags.)

Inzwischen war ich jedoch nach Frankfurt zurückgekehrt und
wohnte nun in Mainz der großartigen Todtenfeier bei, welche
vorzüglich mit Hülfe der katholischen Geistlichkeit, wie ich von
Mainzern erfuhr, ins Werk gesetzt worden war. Obschon die
Gräfin Hatzfeldt aus Haß gegen die Lassalle'sche Familie
später die kühne Behauptung aufstellte, Ferdinand Lassalle sei
zum Katholizismus vor seinem Tode übergetreten, sandte sie
doch noch von Mainz aus folgendes lange in meinem Besitz
gebliebene Telegramm nach Berlin an den Buchhändler Reinhold Schlingmann:

Telegramm 1532.

„Mainz, 11. September 1864.

Buchhändler Schlingmann, 31 Schönebergerstraße. — Komme Mittwoch Morgens, spätestens Donnerstag Morgens. Der Leichnam ist jedenfalls vom Potsdamer Bahnhofe abzuholen nach dem israelitischen Leichenhause, die andere Feier nachher. Willms nicht kommen. Gräfin Hatzfeldt."
(Aufgegeben 8 Uhr 50 Minuten Vormittags.)

Als Sophie von Hatzfeldt über ihre Nebenbuhlerin den Sieg errungen hatte, betrachtete sie den todten Lassalle ganz als den ihrigen und wollte beliebig über seinen Leichnam verfügen. Sie beabsichtigte ihn in Berlin nach israelitischem Ritus begraben zu lassen. Auf dem Rheinschiffe der niederländischen Gesellschaft, welches den Todten nach Köln beförderte, rief sie in Thränen aufgelöst schluchzend am Sarge: „Zwölf Andere ersetzen mir ihn nicht!" — Indeß legte sich, um dem Triumphzuge Einhalt zu thun, die Lassalle'sche Familie ins Mittel und brachte es bei der preußischen Regierung dahin, daß in Köln beim Landen des Fahrzeugs, welches den Sarg trug, zwei Polizeioffiziere den Leichnam im Namen der Regierung Sophien von Hatzfeldt abnahmen: worauf er über Berlin nach Breslau unter Polizeibedeckung geschafft wurde. Nun erst erfand Sophie von Hatzfeldt das Märchen: Lassalle sei als Katholik gestorben und dürfe folglich nicht an der Seite seines Vaters auf dem jüdischen Kirchhof in Breslau ruhen. Allein sie richtete mit dieser leeren Behauptung, die sie nicht beweisen konnte, Nichts aus, zumal da die katholischen Pfaffen nicht so dumm waren, sich der Dame zu Gefallen eine arge Blöße zu geben.

Wohl zu unterscheiden von dem Triumphzuge der Gräfin Hatzfeldt sind die für Lassalle veranstalteten Todtenfeiern. Die soziale Demokratie hatte in Lassalle den einstigen Demokraten, der Allgemeine Deutsche Arbeiterverein den dahingeschiedenen Führer, die persönlichen Bekannten den verlorenen Freund zu betrauern. Alle hatten sein Andenken zu ehren, wenn sie sich auch nicht verhehlen konnten, daß er auf eine unrühmliche, seiner geschichtlichen Mission ganz unwürdige Weise seinen Untergang gefunden hatte. Würde er sich nicht mit Frauen aus der Bourgeoisie und Aristokratie herumgetrieben, sondern weniger Uebermuth gegen die Töchter des Volks empfunden und daher, wenn er nun einmal heirathen mußte, sich mit einem Mädchen aus dem Volke verehelicht haben, so wäre Alles anders gekommen. Er lebte alsdann wahrscheinlich heute noch. Aber er hatte aristokratische Sitten bei demokratischem Bekenntnisse. Seine inneren Widersprüche richteten ihn zu Grunde. Zwar suchte er sich endlich von der Gräfin Haßfeldt loszumachen; allein er kaprizirte sich nun darauf, wiederum sich an ein aristokratisches Weib, das der Gräfin Haßfeldt nicht unähnlich war, zu fesseln.

Den Todtenfeiern, zu denen ich den Anstoß gab, lag die vom Partei-Interesse eingegebene Absicht zu Grunde, den die soziale Demokratie mit einem großen Nachtheile bedrohenden Tod Lassalle's als Parteikitt zu benutzen. Denn da die Nachricht von dem Tode des bisherigen Führers leicht die zum Allgemeinen Deutschen Arbeitervereine gehörenden Arbeiter dahin bringen konnte, daß sie, am Gelingen des angestrebten Zieles verzweifelnd, die sozialistische Agitation aufgaben, so schien die Todtenfeier das geeignete Mittel zu sein, um den Schmerz und die Trauer über den dahingeschiedenen Parteiführer zur Anspornung des Eifers und zum erneuten Angelöbnisse des Festhaltens zu verwerthen. Leider war mit der Anwendung dieses Mittels die Inkonvienz verknüpft, daß sowohl ein bemokratischer Heiliger geschaffen wurde, als auch, daß sich Sophie von Haßfeldt als „einziger, jedenfalls bester Freund" in den Vordergrund drängen und bei der Leichtgläubigkeit gewisser Schwachköpfe einen störenden Einfluß geltend machen konnte. Allein in Anbetracht des Reifegrades vieler Arbeiter war jenes Mittel nun einmal unvermeidlich. In der großen Menge, bei welcher das höhere geistige Leben sich nicht stark entwickelt hat, herrscht das widerspruchsvolle Gemüth vor: weshalb bei ihr die Trauer und der Schmerz fast ebenso zum Bedürfniß geworden sind, wie die Freude und Wonne. Schon der Tod Robert Blum's war von der Demokratie so benutzt worden, wie es jetzt der Tod Lassalle's wurde. Auf der großen Todtenfeier zu Castel bei Düsseldorf, an der die sämmtlichen Sozialisten-Gemeinden des Rheinlandes Antheil nahmen, konnte man in den Reden der Arbeiter Worte hören, welche sehr stark an den christlichen Mythus von der Kreuzigung und Auferstehung des Heilandes erinnerten. Die Zahl der sogenannten Lassalleaner war, wie ich in der Geschichte der Arbeiter-Agitation Ferdinand Lassalle's statistisch nachgewiesen habe, zu jener Zeit noch so klein, daß das einstweilige Auftreten der sozialistischen Propaganba im religiös=fanatischen Gewanbe, um ber Rettung ber Sache willen, von ber Klugheit geboten schien. Die Alter= native lag so: ob bie mit äußerster Anstrengung ins Leben gerufene, unb am Leben erhaltene Agitation unter bem Spotte ber Gegner entweber ganz als nutzlos sich herausstellen unb resultatlos verschwinben, ober ob sie burch Hinüberleitung auf bas Gebiet bes Glaubens gerettet werden sollte. Sowie unter günstigen Umständen bas kleine Häuflein wuchs unb erstarkte, konnte immerhin bie religiöse Form, bie mit ber Aufrechthal= tung ber Organisation innig zusammenhing, in Stücke zer= schlagen werden, bamit sich jetzt ein neues unb freieres Partei= leben entfaltete.

Schluß.

Der geehrte Leser hat oben erſehen, daß Laſſalle in ſeinem Teſtamente dem Allgemeinen Deutſchen Arbeiterverein empfohlen hatte, mich zu ſeinem Nachfolger zu wählen. Dieſe Wahl würde erfolgt ſein, auch ohne daß Laſſalle mich empfohlen gehabt hätte. Aber ich wäre dann vielleicht nicht ganz ein= ſtimmig auf die Zeit, die Laſſalle, wäre er am Leben ge= blieben, noch zu fungiren gehabt hätte, ernannt worden. Daß Niemand als ich gewählt werden könne, darüber waren der Vizepräſident, der Kaſſirer, der Sekretär und die ſonſtigen einflußreichen Mitglieder des Vereins einig, noch ehe ſie die Beſtimmung des Laſſalle'ſchen Teſtaments kannten. Indeß wurde mir in dieſer Beſtimmung zur Pflicht gemacht, an der Organiſation feſtzuhalten: was für mich inſofern vortheilhaft war, als ſie die von Vahlteich angeregten föderaliſtiſchen Ge= lüſte, die Zerſplitterung des einheitlichen Ganzen in Arbeiter= Bildungs= und Vergnügungs=Vereine, mir niederſchlagen half.

Die Gräfin von Hatzfeldt ſchrieb mir Brief auf Brief und ruhte nicht, bis ich zu ihr nach Berlin kam und hier meinen Wohnſitz im Hôtel Windſor in der Behrenſtraße, wo ſie ebenfalls wohnte, aufſchlug. Sie wollte mich zu ihrem unterhaltenen Günſtling machen, wie ſie es ſpäter mit Förſter= ling, Mende und Richter that, und zugleich durch mich die Vereinsleitung in die Hand bekommen. Ich ließ mich auf eine ſolche Stellung, weil ſelbige mir unwürdig ſchien, nicht ein, ſuchte aber jeden eklatanten Bruch mit ihr einſtweilen zu vermeiden. Beim Berliner Buchhändler Reinhold Schling= mann, meinem Verleger, nahm ich Geld auf, damit ich meine Rechnung im Hôtel, die ſie bezahlen wollte, ſelbſt ſofort be= zahlen konnte. Ich blieb ſechs Wochen in Berlin. Abgeſehen von allen übrigen Bedenken, die gegen eine nähere Verbindung mit ihr ſprachen, paßte ſie wegen ihres Alters und wegen ihrer

15

sozialen Stellung nicht zu mir. Da sie nach vielen vergeblichen
Versuchen, mit mir auf einen näheren Fuß zu kommen, zur
Ueberzeugung gelangt war, daß sie bei mir auf Antipathie
stieß, knüpfte sie mit dem damals in Berlin wohnenden jetzigen
Reichstags-Abgeordneten Liebknecht an und verfaßte mit ihm
gemeinschaftlich über das Lebensende Lassalle's ein Buch, das
nach meiner Ansicht an Einseitigkeit litt. Indeß fügten sich
noch vor der Veröffentlichung die Verhältnisse so, daß die
Gräfin die ganze Auflage des bei Schlingmann verlegten
Buches, bestehend in 1500 Exemplaren, diesem gegen eine Ent=
schädigungssumme abkaufte und ihn kontraktmäßig verpflichtete,
kein einziges Exemplar zu verbreiten.

Nach einem sechswöchentlichen Aufenthalte in Berlin sagte
ich ihr, daß mich Vereinsgeschäfte nach Frankfurt am Main
und nach der Rheingegend riefen, und verließ Berlin, um mit
ihr nicht wieder zusammenzutreffen.

Darauf schrieb ich eine General-Versammlung nach Düssel=
dorf aus und übernahm zugleich die Sekretariats-Geschäfte des
Vereins gegen eine Schabloshaltung von fünfhundert Thalern
jährliches Gehalt. Unsere Vereinskasse hatte 800 Thaler
Schulden, als ich Präsident wurde. Durch einen Zufall ent=
deckte ich aber, daß Lassalle im Jahre 1863 dem Vereins=
kassier Gustav Lewy in Düsseldorf, um ihn gegen etwaige
Verluste sicher zu stellen, einen persönlichen Vorschuß von
2000 Thaler geleistet hatte. Indem ich den Kassirer bewog,
diese Summe in die Kasse einzuzahlen, hatten wir jetzt in
unserer Kasse einen Ueberschuß von 1200 Thalern. Außerdem
übersandte mir die Mutter Lassalle's auf der General-Versamm=
lung für die Vereinskasse 200 Thaler, sobaß unser Ueberschuß
auf 1400 Thaler wuchs.

Als die Gräfin sah, daß ich auch in pekuniärer Hinsicht
von ihr völlig unabhängig war, gerieth sie in großen Zorn
und schrieb mir, daß das Geschenk der Mutter Lassalle's, das
diese der Vereinskasse gemacht, für sie (die Gräfin) eine Be=
leidigung sei, weshalb sie mich ernstlich auffordern müsse, die
200 Thaler an Lassalle's Mutter zurückzuschicken und wieder
nach Berlin zu kommen, um hier zu wohnen. Diesen Wunsch
der Gräfin konnte ich schon deshalb nicht erfüllen, weil ich
auf der General-Versammlung die 200 Thaler dem Verein
überliefert, und weil die General-Versammlung diese Summe

angenommen und der Mutter Lassalle's telegraphisch dafür ge-
dankt hatte.

Ich reiste darauf in die schlesischen Weberdörfer des
Eulengebirges im Anfange des Monats Januar 1865, wo ich
dem Vereine 1500 neue Mitglieder zuführte, und besuchte auf
dem Rückwege die Mutter Lassalle's in Breslau, sowie das
Grab Lassalle's auf dem Breslauer Friedhofe. Diesen Besuch
nahm die Gräfin für eine neue Beleidigung auf.

Von Breslau reiste ich über Frankfurt an der Oder nach
Berlin, um hier Verabredungen mit den beiden Baronen Jean
Baptist von Schweitzer und Jean Baptist von Hofstetten,
welche die Zeitung „Sozial-Demokrat" hier gegründet hatten,
zu treffen. Dieselben verpflichteten sich in einem Vertrage, daß
sie in ihrem Organ genau die Politik einhalten wollten, die
ihnen der Vereins-Präsident vorschrieb. Sie sagten mir offen,
daß sie mit der Regierung vielleicht hin und wieder transigiren
müßten. Ich antwortete ihnen, daß sie, wofern sie nur ihrer
kontraktlichen Pflicht gegen das Präsidium treu blieben, ganz
nach Ermessen handeln könnten; doch warnte ich sie, nicht
etwa in ihrem Blatte eine Haltung einzunehmen, die mein
Einschreiten nöthig machte. Von Berlin reiste ich nach Hamburg, wo mich Karl Bruhn, der Redakteur des „Nordstern",
des seitherigen Partei-Organs, um 200 Thaler für sein Blatt
ersuchte. Ich kam mit ihm überein, daß ich ihm diese Summe
binnen sechs Wochen durch den Vereins-Kassirer auszahlen
lassen wollte. Weil aber inzwischen sich Karl Bruhn an die
Gräfin Hatzfeldt um Geld gewandt und an diese sein Blatt
verkauft hatte, setzte ich den „Nordstern" als Vereins-Organ
ab, so daß jetzt der „Sozial-Demokrat" das alleinige offizielle
Parteiblatt war.

Meinen Wohnsitz schlug ich wieder in Frankfurt am
Main auf. Hierher schrieb mir Schweitzer, daß die Gräfin
Hatzfeldt Lärm schlagen und eine Spaltung im Verein hervor-
rufen wollte, wenn ich nicht sofort wieder zu ihr nach Berlin
kommen würde. Ich ließ der Gräfin durch Schweitzer die
Antwort entbieten, daß ich die von ihr mir zugedachte Stellung nicht annehmen würde, weil selbige unter meiner Würde
wäre, und daß ich mich vor ihrer Drohung, eine Spaltung her-
vorrufen, zu wollen, nicht fürchtete.

Sie ließ nun gegen mich ein Pasquill in der Gestalt
einer von einem gewissen May unterzeichneten Broschüre drucken,

15*

verbreitete dieselbe im Verein und gewann an einzelnen Orten Mitglieder gegen mich durch Geldspendung. Namentlich gewann sie, außer Bruhn in Altona, den früheren Vereins-Sekretär Willms in Solingen, zwei Mitglieder in Leipzig und die beiden Agitatoren Seegott und Böll in Mainz. Was diese beiden Letztgenannten anbetrifft, die gegen mich eine Erklärung veröffentlichten, so wurde Seegott wegen an Kindern verübter Nothzucht schon nach 14 Tagen in Untersuchung genommen und zu zehn Jahren Zuchthaus verurtheilt, während der Schuhmacher Böll nach einiger Zeit aus gleichem Grunde verhaftet werden sollte, sich aber dadurch rettete, daß er in die Schweiz flüchtete, von wo er unter anderem Namen nach Offenbach am Main zurückkehrte. Obschon ich seine Rückkehr erfuhr, war ich doch großmüthig genug, ihn nicht zu verrathen. Mir genügte es, daß er jetzt unschädlich war. Nach Solingen ging ich in Begleitung von 25 Mann aus den Städten Düsseldorf, Ronsdorf, Barmen und Elberfeld, berief eine Mitgliederversammlung ein und ließ die Anhänger der Gräfin, die dreißig Mann betrugen, in öffentlicher Sitzung durch Abstimmung der Solinger Mitglieder aus dem Verein ausschließen. Das Nämliche that ich in Leipzig, wo ebenfalls in öffentlicher Sitzung zwei Anhänger der Gräfin ausgestoßen wurden. So schlug ich in ganz kurzer Zeit den Spaltungsversuch der Gräfin völlig nieder, und ihre vereinzelten Anhänger konnten, so lange ich das Präsidium behielt, nie zu Kräften kommen. Nur in Altona behauptete sich unter Bruhn's Leitung ein kleiner Rest „Hatzfeldtianer", bis es mir gelang, Bruhn mit der Gräfin durch eine ihn bloßstellende Korrespondenz auseinanderzubringen, worauf die Gräfin ihrerseits sich ganz von Bruhn lossagte. Die Zahl der Mitglieder des Vereins, die bei Lassalle's Tod 4600 betragen hatte, brachte ich durch fortwährende Agitation auf 12,000, und höher ist viele Jahre hindurch die Zahl der deutschen Sozial-Demokraten überhaupt nicht gewachsen. Ich betrachtete es vor allen Dingen als meine Aufgabe, im Vereine eine strenge Disziplin herzustellen, sodaß er gegen andere Parteien ganz schlagfertig bastand. .

Von dem Agitator Hugo Hillmann aus Elberfeld, den ich im Londoner Exile hatte kennen lernen, wurde im Februar 1865 Tölcke in Iserlohn zum Eintritt in den Verein bewogen. Da ich erfuhr, daß Tölcke aus einem mir nicht genau bekannten Grund seine Stelle als Gerichts-Sekretär verloren hätte, frug ich schriftlich bei ihm an, wie sich diese Sache verhielt. Tölcke antwortete brieflich, daß er unschuldig in Verdacht gekommen sei und daß er sich in einer Vorstandssitzung rechtfertigen wolle. Diese Vorstandssitzung beabsichtigte ich mit der Feier unseres Stiftungsfests, die ich am 23. Mai 1865 in Frankfurt am Main abhielt, zu verbinden. Tölcke erschien zwar hier, allein die Vorstandsmitglieder waren nicht in beschlußfähiger Zahl anwesend, und namentlich war Hillmann, der speziell von mir beauftragt war, Erkundigungen über Tölcke's Sache einzuziehen, ausgeblieben. Der Tölcke'sche Fall konnte also nicht vom Vorstande erörtert werden. Da mir nun Tölcke persönliche Erklärungen seiner Unschuld abgab, beließ ich ihn im Verein und sein Fall blieb auf sich beruhend. Ich überzeugte mich aber von seiner vollständigen Unschuld.

Mittlerweile war in Berlin mein Verleger, Herr Schlingmann, wegen meines Werkes über die deutsche Bewegung des Jahres 1848 zu zwei Monaten Festungshaft verurtheilt worden. Das Gericht hatte sich an den Verleger gehalten, weil ich, der Verfasser des Buches, im Auslande wohnte. Merkwürdiger Weise war ich gerade in Berlin bei Herrn Schlingmann anwesend, als ein Polizei-Lieutenant mit zwei Schutzleuten bei ihm eine Haussuchung abhielt, um dem Gerichte das Mittel zu verschaffen, aus den Geschäftsbüchern die Verbreitung des Werkes nachweisen zu können. Der Polizei war es nämlich nicht gelungen, bei einer früheren Haussuchung irgendwelche Exemplare zu konfisziren. Jetzt konnte sie das Hauptbuch nicht finden. Herr Schlingmann überlieferte jedoch das Hauptbuch nach einigem Zögern, protestirte aber gegen die neue Haussuchung und zog bei seinem Protest mich nebst seinem Hauswirth als Zeugen zu. Der Polizei-Lieutenant frug mich, wie ich heiße, und obschon ich ihm richtig meinen Namen sagte, dachte er doch nicht daran, daß ich der Verfasser war, den er sofort hätte verhaften können. Weil Herr Schlingmann sich beim Polizei-Präsidium beschweren wollte, miethete ich einen Wagen und lud den Polizei-Lieutenant, da es regnete, ein, mitzufahren. Er nahm das Anerbieten dankend an. Ich fuhr mit bis auf den Molkenmarkt, hielt es aber für gut, hier nicht mit auf das Polizei-Präsidium zu gehen, weil ich mein Glück nicht allzusehr auf die Probe stellen wollte.

Wie bemerkt, wurde Herr Schlingmann zu zwei Monaten Festungshaft (nämlich wegen Majestäts-Beleidigung, die in der

Schilderung von der plötzlichen Reise des Prinzen von Preußen nach England im März 1848 gefunden wurde,) verurtheilt. Da ich voraussetzte, daß Herrn Schlingmann's Strafe niedergeschlagen würde, wenn ich mich dem Gericht in Berlin stellte, zog ich im Juni 1865 nach Berlin und nahm hier eine Wohnung in der Brandenburger Straße.

In der That wurde auch bald nach meiner Ankunft in Berlin die Untersuchung wider mich auf dem Stadtgericht eröffnet und Herrn Schlingmann's Strafe niedergeschlagen.

In Berlin bestimmte ich Schweitzer, scharfe Artikel gegen die Regierung zu schreiben, weil verschiedene Landräthe Versammlungen unserer Vereinsmitglieder in den preußischen Provinzen verboten hatten. Daher wurde unser Vereins-Organ in Berlin eine Woche lang täglich konfiszirt. Ich selbst wurde auf das Polizei-Präsidium beschieden und hier zwar sehr höflich behandelt, aber, weil ich offen sagte, daß die Haltung des Partei-Blattes auf meine Anordnung so feindlich gegen die Regierung wäre, aus dem Lande Preußen binnen 24 Stunden ausgewiesen. Das war den 25. Juli 1865.

Für mich hatte die Ausweisung den Vortheil, daß auf diese Weise die gegen mich wegen meines Geschichtswerkes anhängig gemachte Untersuchung ins Stocken gerieth und nun ganz begraben blieb. Denn ich ging ins Ausland, nach Frankfurt a. M., zurück. Aber sie hatte den großen Nachtheil, daß ich nicht mehr das preußische Gebiet, innerhalb dessen die meisten Mitglieder unseres Vereins wohnten, betreten durfte. Entweder mußte ich nun bei der Regierung um die Aufhebung der Ausweisung einkommen, oder ich mußte bald das Präsidium des Vereins niederlegen.

Ich zog vor, das Präsidium niederzulegen. Ich hielt am Ende des Jahres zu Frankfurt am Main noch eine Generalversammlung des Vereins ab und erklärte derselben die Gründe meines Rücktritts. Die General-Versammlung wollte meine Gründe nicht gelten lassen und ersuchte mich dreimal, das Präsidium zu behalten. Ich bestand jedoch auf meinem Rücktritt. Darauf ersuchte mich die General-Versammlung, ihr den Mann zu bezeichnen, den sie als meinen Nachfolger wählen sollte. Ich bezeichnete ihr den Iserlohner Bevollmächtigten Tölcke, weil ich wußte, daß der Verein einen energischen Mann brauchte. So kam es, daß Tölcke einstimmig nach meinem Rücktritt zum Präsidenten gewählt wurde. Zugleich drückte die General-Versammlung mir in einem von den sämmtlichen Delegirten unterzeichneten Schreiben ihren innigen Dank für meine Vereinsleitung aus, und dieses Schreiben wurde vollständig in der „Augsburger Allgemeinen Zeitung“ veröffentlicht, wo ein Jeder, der davon sich überzeugen will, es nachlesen kann. Auf die von einem Herrn Mehring über meinen angeblich durch die Gräfin Hatzfeldt erzwungenen Rücktritt ausgesprengte Fabelei zu erwidern, habe ich unter meiner Würde gehalten, wie ich denn überhaupt der Ansicht bin, daß ein öffentlicher Mann sich um Mückenstiche nicht kümmern soll.

Ich will noch hinzufügen, daß ich trotz meiner Ausweisung aus Preußen das Präsidium gleichwohl nicht niedergelegt haben würde, hätte ich nicht die Ueberzeugung gewonnen gehabt, daß ich mit den zwölftausend Mitgliedern unseres Vereins bei der Lösung der deutschen Einheitsfrage keinen Ausschlag im demokratischen Sinne geben konnte. Bloße Vereinsspielerei aber zu treiben, ohne irgend einen praktischen Zweck erreichen zu können, schien mir kindisch und langweilte mich. Außerdem waren meine Arbeiten für den Verein, da ich zugleich die Geschäfte eines Vereins-Sekretärs versah, sehr aufreibend, und ich war ihrer müde.

Erst nach meiner Niederlegung des Präsidiums gewann die Gräfin Hatzfeldt im Jahre 1866 wieder ein kleines Häuflein Getreuer zunächst unter Emil Försterling aus Dresden, dann unter E. B. Richter und zuletzt unter Mende. Försterling, der jetzt längst todt ist, war von ihr dadurch gewonnen worden, daß sie ihm vierhundert Thaler drückender Schulden bezahlt hatte. Richter wagte sich einmal nach Braunschweig, als ich daselbst lebte, in eine Volksversammlung, obschon ich ihn hatte durch den nun verstorbenen Bracke warnen lassen, und wurde hier von den über ihn empörten Arbeitern halb todt geschlagen. Mende verlor erst das Augenlicht im Fribolins-Dienste und wurde dann geisteskrank.

Die Gräfin Hatzfeldt verfolgte mich sogar bis nach Paris. Sie hatte es bei der baierischen Regierung, da gegen mich in München ein Preß-Prozeß wegen eines Artikels in einem dortigen Arbeiterblatte schwebte, dahin gebracht, daß dieselbe auf Grund des zwischen Baiern und Frankreich bestehenden Auslieferungs-Vertrags meine Auslieferung Ende 1869 verlangte. Nachdem aber der fragliche Artikel von dem kaiserlichen Dolmetscher ins Französische übersetzt worden war, haben der Kaiser und seine Minister sich, wie mir gesagt wurde, über den Artikel sehr gefreut und der baierischen Regierung zur Antwort gegeben, daß sie nicht wüßten, wo ich wäre, und folglich in der Sache weiter keinen Schritt thun könnten.

Im Ganzen habe ich die Gräfin Hatzfeldt so viel als möglich geschont und nur dann, wenn sie mich zu sehr provozirte, ihr hin und wieder einmal meine Ueberlegenheit gezeigt.

Sie ist den 27. Januar 1881 zu Wiesbaden fünfundsiebzig Jahre alt gestorben. Glücklich, sagt Salomo, ist der Mann zu preisen, der seinen Todfeind überlebt. Requiescat in pace!